教师教育学科核心素养丛书

主编 陈城钊 冯胜奇

物理教育专业核心素养提升读本

广东高等教育出版社
Guangdong Higher Education Press

·广州·

图书在版编目（CIP）数据

物理教育专业核心素养提升读本/陈城钊，冯胜奇主编. —广州：广东高等教育出版社，2021.7

（教师教育学科核心素养丛书）

ISBN 978-7-5361-6957-9

Ⅰ.①物… Ⅱ.①陈… ②冯… Ⅲ.①中学物理课－教学研究－高中－文集 Ⅳ.①G633.72-53

中国版本图书馆 CIP 数据核字（2021）第 256621 号

WULI JIAOYU ZHUANYE HEXIN SUYANG TISHENG DUBEN

出版发行	广东高等教育出版社
	社址：广州市天河区林和西横路
	邮编：510500　营销电话：（020）87554153
	http://www.gdgjs.com.cn
印　刷	广州市穗彩印务有限公司
开　本	787 毫米×1 092 毫米　1/16
印　张	22
字　数	528 千
版　次	2021 年 7 月第 1 版
印　次	2021 年 7 月第 1 次印刷
定　价	56.00 元

（版权所有，翻印必究）

总　　序

　　核心素养的概念最早是由欧美一些发达国家在20世纪90年代提出来的，目的是提高各国公民的综合素养与核心竞争力。如何定义核心素养？表述不一。联合国教科文组织将学生终身学习所需要的素养称为核心素养；欧盟的《终身学习核心素养：欧洲参考框架》指出：核心素养是个体在自我实现、社会融入中所需知识、技能与态度的整合。在我国教育界，最先引发对核心素养关注的是2014年由教育部发布的《教育部关于全面深化课程改革　落实立德树人根本任务的意见》，这份文件明确提出要"研究制订学生发展核心素养体系和学业质量标准"。之后，北京师范大学牵头组织核心素养课题组，并于2016年9月13日发布中国学生发展核心素养的研究成果：以培养"全面发展的人"为核心，将核心素养分为文化基础、自主发展、社会参与三个方面，具体又细化为人文底蕴、科学精神、学会学习、健康生活、责任担当、实践创新等六大素养和国家认同等18个要点。

　　接下来的问题是如何培养学生的核心素养。这个任务，恐怕最终必须要落实到中小学的学科教学中。核心素养的培育，当然也可以通过家庭、社会教育的途径，但是，对于中小学生而言，他们接受教育的主要途径毕竟是学校教育，而学科教育是学校教育的基本教学形态。这样，学科核心素养的概念就被提出来了。一方面，学科核心素养是核心素养在学科中的具体化，如果没有学科教育的支撑，核心素养最终只能是空中楼阁；另一方面，每一个学科对核心素养的支撑又不可能是面面俱到的，它们有各自的学科特点和任务，它们支撑的可能是核心素养中某几个方面的要素，但是，各学科核心素养的有机结合就构成了新时代背景下学生必备的核心素养。目前，各学科的核心素养已经在教育界形成共识，并且已经被落实到新课程标准中。

　　对师范院校来说，当然要研究核心素养，要将学科核心素养纳入学科教学论的教学内容中。但更重要的是，我们培养的学生最终都要成为中小学某个学科的教师，他们要在教育教学中培养学生具有某学科的关键素质和能力，他们自己首先必须具有这一学科的核心素养。也可以说，具有学科核心素养，是师范生将来从事学科教育工作最基本的前提条件。甚至，我认为，各学科的师范生，应该自觉地将学科核心素养内化在自己的价值取向、思维方式、行为方式、情感态度之中，彰显自己作为某学科教师的独特标识。这样，对学生而言，他们不仅从教学中，而且从教师的身上，感受到具有鲜明学科特征的素养与品格。一个语文教师和一个数学教师，他们的行为方式、情感态度和气质，应该是不一样的。一个数学教师，应该是一丝不苟的、严谨的；一个语文教师，应该具有一点诗性气质。所以，对师范院校来说，如何培养学生的学科核心素养是一个事关人才培养的重要问题。这套丛书的编写，凝聚了我们对这个问题的思考和探索的成果。丛书没有统一的体例，有理论的阐述，亦有实践的案例，但是必须解决两个问题：其一，如何解读学科核心素养？其二，如何培养师范生的学科核心素养？从形成的书稿来看，水平有高低，体例各不同，但是大都涉及了这两个问题。我们的初衷是把这套丛书作为大学教师、师范生的教学参考书和读物。相信丛书的出版，对于提升师范专业人才培养质量，是有所借鉴和帮助的。

　　近年，广东提出了"新师范"的概念，也出台了《广东"新师范"建设实施方案》，这个概念的提出和若干措施的推动，不仅对广东，而且对全国教师教育改革都起到了较大的推动作用。当然，"新师范"究竟新在哪里？还有较大的阐释和讨论空间。我以为，"新师范"的"新"，应该包括党和国家对新时代教师所提出的新要求，也应该包括基础教育改革对教师素质和能力的新要求，而学科核心素养，无疑应该包含在这个新要求中。从这个角度看，这套丛书的编写和出版，也是对广东的"新师范"建设做出的一个微小的贡献。

黄景忠
2020 年 12 月

目　录

教师篇　理论探索：专业教学改革与实践

物理专业师范生核心素养培养初探
　　——以韩山师范学院为例 ……………………………………… 冯胜奇（2）
核心素养视角下高中物理自制教具设计制作案例研究
　　………………………………………… 陈洪财　郑泽浩　陈家晓（6）
基于师范生核心素养的物理实验教学体系改革与实践
　　……………………… 王小怀　刘秋武　李卓凡　吴燕丹　李绍歆（15）
物理师范生教师资格证考试现状及对策 ……………… 陈城钊　高晓爱（39）
指向核心素养的"电磁学"课程教学改革试验研究 ……………… 陈城钊（53）
面向卓越中学物理教师培养的物理师范专业实践教学体系的构建……… 陈城钊（59）
"近代物理实验"课程中核心素养培养的探索与实践 …………… 刘秋武（68）
核心素养视角下同课异构课的赏析
　　——以"探究感应电流产生的条件"一课为例 ………………… 刘翠青（74）
大学生核心素养培养视角下的学风建设探索
　　——以物理与电子工程学院为例 ……………………… 林立立　郑逸文（81）
核心素养视角下的高校学生干部队伍的培养 ………… 许少芬　江远昭（84）
后进生的教育管理探索与实践
　　——以物理与电子工程学院为例 ……………………… 余梓璇　黄晓勋（87）

校友篇　实践研究：中学物理教学研究

"创、改、增、拓"提升学生科学探究能力 ………………………… 蔡冬阳（92）
基于 processing 模拟自然系统培养学生物理核心素养
　　——以高中物理课"宇宙航行"为例 ………………………… 蔡爵（96）
高中物理实验课型学习模式实例探究
　　——基于核心素养培养的实验课教学案例对比分析 ……… 曹剑　蔡晓阳（100）
核心素养导向下的高中物理分组实验课堂教学的构想和实践……… 陈菲（105）
基于核心素养的高中物理实验教学探索 ……………………………… 方木军（111）
学科核心素养导向下的高中物理实验课教学方式与策略 ………… 吴纪平（116）
如何将科学探究素养融入高三复习教学中
　　——高三核心素养教学探索 ……………………………………… 曹志权（120）

引领飞翔的科学梦想
　　——基于核心素养环境下研究性学习科创活动指导感悟 …………… 曹志权（124）
从原始问题走向物理习题的实践探究
　　——科学思维视角下的"单杆+双轨"模型 ………………………… 邹韩仕（130）
原始问题解决与物理课程思政有机融合的实践探究
　　——以交通违章问题为例 …………………………………………… 邹韩仕（137）
指向深度教学　提升核心素养
　　——以"验证牛顿第二定律"教学为例 …………………………… 邹韩仕（143）
声音的产生与传播教学案例 ……………………………………………… 王晓丰（152）
浅谈八年级学生物理学核心素养的培养
　　——以"探究凸透镜成像规律"为例 ……………………………… 黄少奕（155）
浅谈物理教学中创造性思维的培养 ……………………………………… 徐志坚（158）
中学物理实验教学困惑与导入方法 ……………………………………… 郑思敏（163）
从生活现象入手激发学生学习物理的兴趣 ……………………………… 徐志坚（166）
支架式教学在物理课堂中的应用 ………………………………………… 王玥璇（170）

学生篇　案例共享：创新教学设计

"单摆的周期"教学设计 ………………………………………………… 黄冬妮（174）
"流体压强与流速的关系"教学设计 …………………………………… 陈阳阳（186）
"液体的表面张力"教学设计 …………………………………………… 李敏儿（194）
"楞次定律"教学设计 …………………………………………………… 吴逸虹（201）
"动量守恒定律"教学设计 ……………………………………………… 李晓茵（213）
"涡流、电磁阻尼和电磁驱动"教学设计 ……………………………… 何文婷（222）
"离心现象及其应用"教学设计 ……………………………………………… 陈武（229）
"涡流、电磁阻尼和电磁驱动"教学设计 ……………………………… 彭桂鑫（237）
"共振"教学设计 ………………………………………………………… 连丹丽（246）
"光的偏振"教学设计 …………………………………………………… 陈丹雯（255）
"共振"教学设计 ………………………………………………………… 李文镔（266）
"静电屏蔽"教学设计 …………………………………………………… 潘文静（275）
"驻波"教学设计 ………………………………………………………… 许金铃（283）
"离心现象及其应用"教学设计 ………………………………………… 陈家晓（292）
"传感器及其工作原理"教学设计 ……………………………………… 陈幼丽（304）
"流体压强与流速的关系"教学设计 …………………………………… 詹清清（314）
"光的色散"教学设计 …………………………………………………… 姚慰生（324）
"探究平面镜成像的特点"教学设计 …………………………………… 张晓纯（337）

教师篇

理论探索：专业教学改革与实践

物理专业师范生核心素养培养初探

——以韩山师范学院为例

冯胜奇

一、引言

多年来，我国中学物理学教学改革进行得一直如火如荼，这种改革势必会影响高等学校的物理学专业的建设与教学，特别是对于培养未来中学教师的师范院校，其影响更是势不可挡。因此，作为培养未来合格教师的高等师范院校，开展教育教学改革，探索适应新教育形式的教学模式、方法、教学理念就是应该着重关注的事情。韩山师范学院作为广东省一所地方高等师范院校，义不容辞地开展教学研究与探索工作，努力为社会培养适应新时代的优秀的社会主义建设者与接班人。

最近几年来，物理学核心素养培养研究在我国中学开展得十分热烈，各地中学教师与教育工作者都在积极地参与多方面的研究与实践探索工作，有些地方也取得了一些较好的研究成果。作为培养未来中学物理教师的高等院校的物理系教师，与时俱进地开展本科师范学生物理学核心素养培养研究与实践就是一件非常有意义的事情。作为韩山师范学院的二级学院——物理与电子工程学院，我院在这个方面开展了大量的研究与探索工作，同时也开展了一些实践探索活动，既取得了一些研究成果与实践经验，同时也获得了一些经验与教训。

物理学核心素养包含科学思维、物理观念、科学态度与责任、科学探究四个方面的内容。什么是科学思维，这也是一个仁者见仁、智者见智的话题。有文章指出：科学思维主要是指从物理学角度去认识物质、运动、能量以及相互作用之间的关系，是对物理学的理论、模型以及经验事实相互之间关系的认识，是物理学中的一种科学的学习思维。关于物理观念、科学态度与责任、科学探究等方面也有文章进行了有益的探讨。明晰了这些物理学核心素养的内涵与本质，那么培养学生的物理学核心素养就可以从其内涵与本质以及外延出发，开展各个方面的研究与探索工作。

由于我国多年来一直开展的是应试教育，学生在各个学习阶段（小学、初中、高中等）面临着巨大的升学压力，人人都希望升入高水平的优质学校里接受高质量的教育。在应试教育中，教师也像学生一样面临着"升学率"等诸多方面的压力。这些问题无疑会影响到教师对学生进行学科核心素养的培养与训练。但是，不管过去与现在问题如何，我们都要着眼于未来，在未来的教育教学过程中始终不渝地坚持培养学生的学科核心素养，真正将对学生的学科核心素养之培养落实到教学的各个环节之中，为我国培养具有创新能力与创新意识的人才奠定良好的基础，也为我国中学教育教学改革闯出一条新路。由于物理学核心素养的内涵与外延十分丰富，在本文中对物理学核心素养进行全面的研究与探索是不现实的，也是做不到的，同时也限于文章的篇幅，本文仅仅就物理学核心素养之一的科学探究做一些分析与探索。

二、现阶段我国中学在科学探究素养培养方面存在的问题及其发生的原因分析

目前，在我国不少中学里，还是存在物理学核心素养培养方面的这样或者那样的一些问题，据有关学者针对物理学核心素养之一——科学探究的培养方面的调研，就发现存在诸多不容乐观的现实问题，主要可归纳为如下几点：

（1）迫于应试教育的种种压力，教师与学生将教学与学习聚焦在物理学的知识层面，导致教师在培养学生科学探究素养方面的意识不强，对学生缺乏科学探究素养的系统训练。同时，教师对课程标准的研读不够，且关注度也不够。这样的状况导致的结果就是：教师无法全面认识科学研究素养的实质，也往往忽视或者无力对学生的科学探究素养进行系统培养与训练。

（2）中学无法摆脱高考与升学的压力，应试教育的指挥棒高高在上，学校领导的行政指导方针与学生家长对升学的殷切期待使得教师将关注力与精力都放在学生的考分上，对学生的科学探究素养培养的想法通常也只能束之高阁，至于在行动上就可能更加难得有所作为了。

（3）中学领导往往由于政绩的需要，对中学生的科学探究素养培养的重视度严重不够。这主要表现在下面两个方面：第一，教师的教研活动不多甚至可以说较少，教师对培养学生的科学探究素养的关注度与重视度也不够；第二，学校实验室无法满足课标中所规定的物理实验之要求，同时学校的图书资料也不能满足学生开展物理学习与物理实验探究的需要。

（4）多数科学探究的教学模式是在学生成绩和课标要求的背景下开展的，在实验室条件无法满足科学探究素质培养的情况下，很少有教师愿意自制实验仪器来开展科学探究式的教学。对于培养学生的科学探究素养，学校还没有形成一个具体的、清晰的、可行的实施方案与对应策略。并且在平常的物理课堂教学中，往往忽视了对学生的科学探究素养的培养，整个学校与教师对科学探究素养的培养的认知往往不足，关注度也不高。

三、对学生科学探究素养培养之我见

近几年来,我校物理与电子工程学院就如何培养物理学专业学生的科学探究素养进行了一系列的探索与实践,也取得了一些看得见的可喜成效,同时也获得了一些宝贵的经验与教训。下面介绍一些我们针对物理学专业学生的科学探究素养培养方面的做法与措施,供读者借鉴与参考。

(1) 设置科学探究类的课程。我校在 2017 年正式接受 IEET 专业认证,我院是我校首批接受 IEET 专业认证的院系之一。借助这次专业认证的契机,我院新设置了 Capstone、综合性物理实验等课程。这些课程要求学生三五成群分成若干小组,每一个小组选做一个课题,课题可以自定,也可以由指导老师指定或者与指导老师共同商定,在指导老师的帮助与指导下,各个小组自行完成课题任务,小组成员各有分工又有相互帮助与协作,小组成员共同制定课题实施计划,各个小组不定期开展课题研究活动,对课题目前存在的问题提出解决措施与方法。这种由学生自己从课题选题到实验设计,再到实验过程实施全程参考,中间出现的各种问题要自行解决,最后进行实验数据分析并完成整个课题任务的教育模式,全面地提升了学生科学探究素养。随着整个课题的完成,学生的科学素养得以大幅度提升。

(2) 借助教师自己的课题需要,让学生参与到教师的科研过程之中。具体做法是:由教师与学生进行双向选择,成为教师科研助手的学生直接参与到教师的科研活动之中,学院及时为教师和学生提供一定的支持与帮助。在教师的帮助之下,通过一段时间的学习与适应,大多数学生都能够很快融入教师的科研之中,既帮助教师加快了科研进度,又大力地提升了自己的科研能力与素质。经过多年的尝试与实施,证明这种方式对培养学生的科学探究素养起到了极大的作用,完全得到了所有参与教师与学生的认可,成效显著。

(3) 对学生全面开放实验室。多年以来,我院一直支持学生成立课外研究小组。同时,我院还对这些小组指派一些指导老师给予专业上的指导。这些课外研究小组可随时申请在相关实验室开展实验。在指导老师与实验老师的帮助之下,学生的研究往往也是成果丰富。这样课外研究小组成员不但极大地提升了自身的科学研究素养,也为建设良好的班风与学风起到了促进作用。

(4) 我院已经建成多个院级研究所,如:凝集态物理研究所、人工智能研究所和机器人创新研究所等。这些研究所常年都招有学生开展多项课题的研究工作,学生在研究所里接受教师的指导与帮助,学生可参与到教师的科研项目之中。借着在研究所里学习与研究的机会,学生的科研能力都能够获得大力的提升,学生的科研素质培养也得以实实在在地实现。

(5) 建立学生配备指导教师的制度。最近几年来,我院在着手实施学生配备指导教师的制度,一般 10 位左右的学生人数配备一位指导教师,指导教师对学生进行全方位的指导，其中当然也包含对学生的学习与科研方面的指导。在导师制度实施之后，学生有什么生活问题、人生困惑、学习问题、科研问题都可以寻求导养的指导与帮助。导师制度实施以来，学生的科学素养的培养也取得了可见的成效。

以上是我院对物理学专业学生的科学探究素养培养方面的一些做法。长期坚持下来，我们确确实实地取得了一些优异成果。比如：我院每一年都要参加由广东省教育厅组织的广东省本科院校师范生（物理学科）教学技能竞赛，自2017年连续三年我院选派的参赛选手获奖总成绩都是名列所有参赛学校的排名第一位。另外，最近几年来，我院选手参加广东省本科院校物理学实验竞赛也获得了非常好的成绩，如去年选派三个小组，其中一个获一等奖，另外两个获二等奖。当然，在对物理学专业学生的科学探究素养培养方面，也发生过一些不尽如人意甚至是没有成效或者失败的情况。这些都给我们提供了宝贵的经验与教训。我相信，只要我们善于总结经验与教训，不断坚持教育教学改革，在对学生的科学探究素养培养方面一定会获得愈来愈多的丰硕成果。

我国是一个发展中的国家，国家建设需要大量的高素质、高水平的人才。只有大力开展教育改革与新形势下的教育探索，才能够大力提升我国人才培养的质量。钱学森的世纪之问正是对我国现行教育制度与教育现状所存在的问题之反思！作为一名在教育界的教师，我们更有责任面对钱学森之问，努力破解这一问题，努力为我们的国家培养出更多更好的优秀人才。鉴于此，我认为：在中学与大学里开展核心素养的培养应该是一件极其重要的而且是必须常抓不懈的工作。只有大力地在中学阶段开展好物理学核心素养的培养，才能够在大学里进一步培养学生的物理学核心素养，因为一座高楼大厦不是凭空就可以建造的，只有打好基础，才能够建造出质量可靠的高楼大厦！培养高素质的人才更是如此！

核心素养视角下高中物理自制教具设计制作案例研究

陈洪财　郑泽浩　陈家晓

2017 年，最新发布的高中物理课程标准中提倡学科核心素养。其中，科学思维是一种能力与品格，包含完整的科学探究能力以及敢于质疑、勇于创新的精神等；科学探究是指进行如实验、猜想、观察实验、处理数据等一系列科学探究行为的训练。自制教具作为课堂教学的有效途径之一，对培养学生的科学创新精神十分重要。

而就目前的情况而言，很多学校确实存在实验设备不齐全的情况。此外，统一配备的教学仪器，有时却难以满足物理教师多样化教学的需要，对培养学生的创新意识也造成了一定的阻碍。因此，物理教师通过自制教具尤其是教具创新，不仅可以填补实验仪器的空缺，而且可以促进教师专业化发展，增加物理教学资源。自制教具对好奇心强、求知欲旺盛的学生而言，影响是长远而深久的；它可以提升学生的观察能力、实践能力、思维能力等，并且在培养学生的学习兴趣、探究能力、科学态度等方面有着至关重要的作用。

自制教具作为教学演示实验快速展现在大众眼前。笔者查阅了中国知网上的相关资料，键入"自制教具的制作"出现的总共有 281 条，而查找"物理自制教具的制作"时，仅找到了 29 条；键入"自制教具的设计"时，总共有 409 个相关文献，而键入"物理自制教具的设计"时，仅仅出现了 22 条。可见，尽管自制教具不断发展创新，但物理教师们在教具方面的研究相对较少。1994 年，广东省东篁镇中学沈新家和广水师范卢运国发表的关于自制教具的文章，主要从两方面出发：一、为什么要制作物理教具；二、如何对自制教具进行改进。这篇论文明确了制作物理教具的原因并且为后人提供参考建议。2001 年，福建师范大学物理系黄树清通过物理通报，展示了多个自制教具的设计与改进的案例，认为设计和制作直观具体、形象生动的教具能够很好地突破教学的重难点，是教学成败的关键，为后来的教具提供了制作标准。2013 年，首都师范大学范亚颖通过对优秀案例的研究，对自制教具的过程中出现的普遍问题进行分析，并得出有效的解决策略，为中学物理自制教具的开发者们提供了一个可以借鉴的经验资料。2014—2016 年，毛吓梅、邵娇美为中学物理教具的制作提供了方法与策略。2017—2018 年、赵慧、揭梦昀和韦颖怡通过对教具的研究体现了自制教具在物理教学中的重要地位，鼓励更多物理教师利用自制教具进行课堂演示。2019 年，云南师范大学杨晓燕利用自己在比赛中设计教具的经验，为我们提供了多个教具制作的案例，总结了制作教具的原则、方法及过程。

国外在教育中更侧重于知识的运用，也更注重实践教学和实验教学。1960年美国物理科学研究会编写了一套名为"PSSC（physics science study committee）"的物理教材。这套教材重视对物理实验的设计，并配有详细的实验指导书、实验仪器手册等。从教材中可以看到，美国中学的教室里摆满了各种各样的实验仪器。它们大多是师生用一些简单便宜的生活物品自制的，构思巧妙，结构简单，极富创造性、启发性。20世纪六七十年代，英国推出了奈菲尔科学教程，强调学生动手实验。他们在教具自制方面秉持的理念是：因陋就简、实验资源本地化、生活化，并且有与开发生活资源、制作物理实验教具相关的课程和培训。他们认为教师要具备自制教具的能力。在德国，物理教师也十分重视实验，其物理实验日常教学情况是：课程安排343个实验，其中48个教师演示实验，295个学生自主探究实验（占总数的86.1%）。另外，日本、意大利、荷兰、挪威、俄罗斯等国家都非常重视物理实验，尤其是低成本制作的教具。

综上所述，西方发达国家高度重视物理实验的发展，而一些发展中国家以及不发达国家也陆续开始重视物理实验在教学中的应用。因此，可以说，自制教具顺应时代发展的潮流。国外的实验设计为我国自制教具的发展提供了宝贵的借鉴经验，拓宽了我们教具设计的思路，跨国思想的融合更能启发我们创造出新颖的教具。

近些年来，物理自制教具不断为世人认识，它具有的特征值得人们去研究与思考。本文分析学生参加教学比赛时设计的创新性教具以及其他优秀教具的设计制作，为更多人制作物理教具提供案例参考。

一、自制教具的特点和设计原则

自制教具符合课堂教学的需要。自制教具作为教学中实验演示的有效手段，利用自制教具能够创设情境，导入新课；进行实验猜想，建立概念；进一步实验验证，得出结论；利用课后小制作，留下悬念。自制教具的设计必须要符合教学的需要，能够突出重点，突破难点，体现一定的教学效果。

自制教具符合学生认识发展规律。高中阶段的物理知识相对抽象、难理解，而此阶段的学生又正处于抽象逻辑思维发展阶段且感性认识不够。自制教具有利于化抽象为具体，帮助学生更好地理解知识，突破他们的最近发展区。

自制教具取材于生活，制作方便。自制教具是教师利用生活材料来加工制作的、能够反映出中学物理教学理论知识或者研究定理的教学工具。例如自制教具"让子弹飞"，仅仅利用悬挂在木棒上的、距离棒远近不同的三颗子弹，就揭示了共振的产生条件，达到突出教学重点、突破难点的效果。

自制教具的设计要求具备科学性、直观性、创新性和安全性的原则。自制教具体现了科学知识和科学过程相统一的原则，有利于学生学习科学知识和树立科学意识。如果教具不具备科学性或者是出现了科学错误，就会导致学生出现严重的认知困难，失去了它原本的设计意义。自制教具必须能够清晰直观地展现在学生眼前，帮助学生认识物理现象，学生可以直接从现象当中获取相关的信息，从而增加学生的学习兴趣。在教学中，可以利用理论知识与自制教具相结合对学生循循善诱，帮助他们了解所学知识的本质特点，从中发现深奥的物理规律。自制教具具有一定的创新性，能够激发学生的好奇心，提高学生学习物理的兴趣，设计新颖，构思巧妙；实验现象新奇，效果明显，能高度吸引学生的注意力，引发学生学习兴趣和思考。使用自制教具一定要保障安全，规范操作。它的可靠性体现在偶然性低，实验结果具有稳定性，能够被反复操作和使用。例如：许多物理教师在课堂上采用播放视频让学生观看在高压电下金属笼子中的静电屏蔽现象而不是亲身操作，其原因便是该实验具有一定的危险性。

二、高中物理自制教具设计制作的案例

以下六个案例，展示了自制教具对比传统的教具对授课以及学生的影响：一是使实验变得具体、科学；二是避免操作失误，增加实验准确性；三是将理论与实践结合，提高学生的理论分析能力；四是利用当下流行因素，增加课堂趣味性；五是化静为动，引发学生学习兴趣；六是利用现代技术，培养学生科学精神。

（一）案例一：离心现象猜想环节的教具制作

高中物理知识难度深且逻辑性强，因此教师在设计课堂猜想实验时，必须要考虑学生的特征以及知识之间的联系，利用科学、具体的教具，充分发挥学生的想象，帮助他们获得直观感性的认识，端正科学态度。

离心现象猜想环节的教具制作基于粤教版高中物理必修二第二章第三节离心现象及其应用。本节课的重点是探究离心现象的产生条件，因此，通过实验引导学生猜想离心现象的产生条件是非常有必要的。在查阅了大量的文献资料后可得出结论：大量的猜想实验都是利用细线甩乒乓球。这个教具设计十分简单：将乒乓球与细线相连，甩动乒乓球后松手，乒乓球便会飞出去，从而直观地展现乒乓球做离心运动的条件。但此实验忽略了乒乓球与桌面的摩擦力，松开手后乒乓球是不受外力的，因此会导致学生的猜想不全面，认为当合外力为0时物体才会发生离心现象。为了增加学生对离心现象产生条件的全面认识，本案例提供了一个创新的自制教具"流动彩珠"。

此教具创新融合了获得第四届和第五届广东省本科高校师范生教学技能大赛一等奖的自制教具，分别是2016年韩山师范学院陈武的"立体三脚架"以及2017年肇庆学院的"会发光的自行车钢圈"，如图1、图2所示。本案例自制教具"流动彩珠"吸收了两副教具的设计理念，根据离轴不同位置的乒乓球在相同转速的作用下会呈现不同的离心效果，而自行车车轮的辐条与地面正好能够形成三角形的结构，由此总结得出转动自行车车轮时，距离中心转轴远近不同的物体会发生程度不同的离心现象。基于此，可以将两种颜色不同、规格相同的珠子挂在离车轮转轴不同的位置，通过调整

手的速度，先缓慢转动车轮使两种颜色的珠子都做圆周运动；接着稍微加快转速，让离轴远的珠子发生离心现象，而离轴较近的珠子依旧做圆周运动（如图3所示）。圆周运动的知识正好能够解释发生的现象，由 $F_{需} = m\omega^2 r$ 可得，在相同的转速下，珠子半径大，所需的向心力会比较大，而提供珠子做圆周运动的向心力是珠子与车轮之间的摩擦力，这是一个定值。由此便可以引发学生猜想，得出当合外力小于所需的向心力时（换一种说法即当合外力不足以提供做圆周运动所需的向心力时），物体就会发生离心现象。

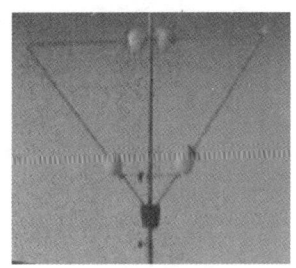 

图1　立体三脚架　　　　　　图2　会发光的自行车钢圈

（a）缓慢转动自行车车轮　　　（b）稍微加快转速转动自行车车轮

图3　流动彩珠

相比传统的自制教具中采用继时对比的方法，"流动彩珠"教具通过同时对比能够引起学生更加强烈的视觉效应，突出教学重点。教师通过科学具体的教具，能够鼓励学生进行科学、细致的探究活动。在此之前，学生只知道自行车车轮能转动，而从没有思考过车轮也能够用来当做物理教具，"流动彩珠"为学生展现了一幕奇特的现象，激发学生的学习兴趣，从而使他们更好地理解"物理来源于生活"这一理论，鼓励学生多利用生活中的物品来制作教具并且解释现象。

（二）案例二：离心现象探究环节一的教具制作

一些配好的教具对实验人员的操作技术要求较高，这在一定程度上影响实验的成败以及演示效果，从而影响课堂教学效果。对教具进行创新，既可以避免存在的问题，又能够提高实验的科学性与准确性。

本节课的授课对象是高一理科生，这个阶段的学生空间想象力不强，难以进行知识的迁移，对离心运动的轨迹缺乏感性的认识，因此许多的教具设计都是用来展示离心运动的轨迹。在探究合外力为 0 时物体的运动轨迹时，许多文献资料都是利用一个乒乓球、一个塑料碗和一张水写布，将沾了水的乒乓球放在水写布上，通过旋转塑料碗带动乒乓球做圆周运动，而当提起塑料碗，忽略乒乓球与水写布之间的摩擦力，乒乓球就失去了水平方向的外力，便会做离心运动。

笔者在查阅资料后，参考郭可馨的《几种离心运动创新教具的制作》进行教具的制作。但是，甩动乒乓球提起塑料杯时，由于乒乓球比较轻，对水的吸附性不强，并且水写布质地薄且光滑，所以乒乓球沿圆周切线的轨迹不明显，还有另一方面的原因是手部技巧练得不够，提起塑料杯时太缓慢。为了避免以上提及的缺点，笔者在乒乓球中注入了一些水，增加了将乒乓球浸在水中的时间，将三张水

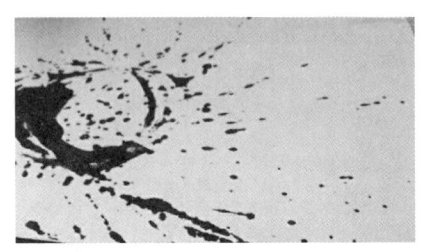

图 4　水写布示迹

写布叠在一起进行实验，并且进行了多次实践，然而最终还是以失败告终了。乒乓球的轨迹依旧不明显，若是手部动作控制得不好，多转几圈就会导致轨迹不叠，水滴飞溅，现象很不美观，如图 4 所示。

在受到生活中轨道小车的启发后，笔者对上述教具进行了创新：通过将完整的圆形玩具轨道换成不完整的来突出小车脱离轨道后的向心力为 0，再观察小车脱离轨道后的轨迹。其中的关键是如何显示小车运动的轨迹，这无疑是个难题。笔者试图在小车的车轮上沾水，但是轨道较长，沾在车轮上的水很快变干，因此小车脱离轨道后无法显示轨迹。在进行了一番思考后，笔者提出了一个想法：如果将水滴在小车的轨道上，情况会怎么样呢？于是笔者利用胶头滴管，将水滴在轨道的后半部分，小车脱离了轨道能够显示痕迹，痕迹正好与圆形轨道相切。依据教具的直观性原则，在实验时可以将水换成墨水，增加学生视觉上的体验，如图 5 所示。

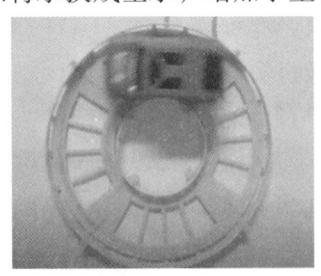
（a）小车在轨道内做匀速
圆周运动

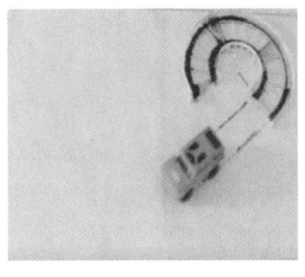
（b）小车脱离了轨道后
做离心运动

（c）小车的运动轨迹图

图 5　轨道小车

综上所述，通过对教具进行创新，可以排除手部技巧对实验成败的影响，从一定

程度上降低实验的不科学性，减少实验失败的次数，并且教会学生利用科学的方法解决问题。

（三）案例三：离心现象探究环节二的教具制作

有些教具只能用来展示物理现象而不能够用理论知识来解释现象，这在一定程度上会造成学生的认知困难。因此，在设计教具时要注重理论与实践相结合。

在离心现象及其应用这门课中，还需要展示当合外力小于所需的向心力时的情况。通常使用的教具是利用一台手摇转台，当加快转速时水写布上的水滴会渐渐地远离圆心，如图6所示。这个教具虽然直观明显地展示了离心运动的轨迹，但是学生在此之前却不清楚物体需要更大的向心力才能加快转速，因此回归到理论上，用这个教具来解释"合外力不足以提供做圆周运动所需的向心力时，物体发生离心现象"会让学生觉得难以接受。为了避免这个弊端，增加学生的感性认识，本案例从离心现象产生的条件出发，对教具做出了创新改造。

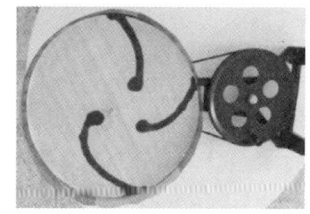

图6　离心实验

这个教具的创新改造来源于生活中的遥控小车以及韩山师范学院的陈武同学在参加2016年广东省本科高校师范生教学技能比赛中的自制教具"猴子捞月"。如图7所示，用细线的一端将遥控小车绑起来放在圆盘上，细线的另一端连接一个小物体并悬挂在圆盘下方，控制遥控器，便能使小车做圆周运动。回归到离心课题上，要满足合外力渐渐减小，那么假如细线上的质量会发生改变，小车的运动轨迹可能会随着变化。检验可行性的方法就是采取实际行动：采用一个直径为40 cm的圆形木板，并且设置细线上小物体的质量梯度为15 g、10 g、5 g，质量梯度的改变是通过手取钩码来实现的。在这种情况下，由于木板的直径小，小车在10 g的质量牵动下已经脱离了木板，并且在整个实验的过程中都是利用手拿钩码，是不科学的。经过进一步的思考与实践后，自制教具换用直径为60 cm的木板，将钩码换成具有一定质量的小彩泥，将手取钩码转换为剪刀剪断细线。

　　　　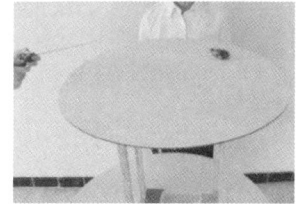

图7　猴子捞月　　　　　　图8　离心飞车（无轨迹线）

在一系列的尝试与改进之后，这个创新实验得到了初步的成功。遥控小车充电4分钟，在3 g、8 g、13 g的质量梯度之下，能够展示稳定的运动轨迹，如图8所示。而为了能够清晰地展示小车的运动轨迹，于是笔者对自制教具进行改进，即在木板上画出在不同质量牵引下小车的运动轨迹，如图9所示。

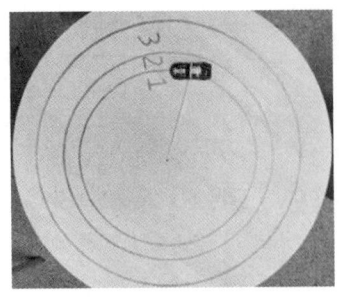 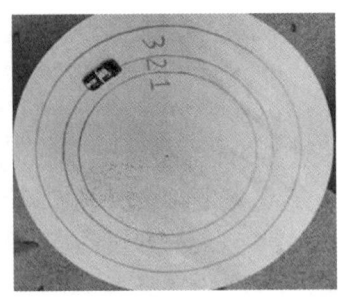 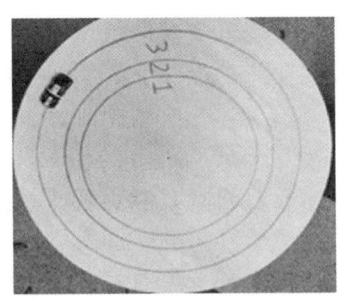

(a) 小车在 13 g 的质量牵引下的运动轨迹　　(b) 小车在 8 g 的质量牵引下的运动轨迹　　(c) 小车在 3 g 的质量牵引下的运动轨迹

图 9　离心飞车

此实验轨迹明显，能够体现离心效果，与之前的教具相比具有新颖性、创新性，最主要是能够利用理论来解释现象，提高学生利用理论知识分析问题的能力。笔者曾参加过教学技能比赛，在结束环节，专业教师的点评是实验要注重能用，与教学需要相符合，并且要善于运用原理，扎实理论，重视理论与实践相结合。这也正是笔者对原先的教具进行创新的原因。

（四）案例四：色散导入环节的教具制作

充分利用当代流行因素设计教具，更加能够增加教具的教学效果。

色散导入环节的教具制作基于人教版高中物理选修 3－4 第十三章第七节光的颜色——色散。色散对于处在强烈好奇心阶段的高中生而言是一种非常神奇的现象，在授课过程中，如果能够充分利用学生的好奇心，将激发学生的求知欲。本节课的教具多是常见的"变脸魔术""消失的小孩"，学生可能在课前就已经有所耳闻。如果能够在教具中加入一些当前的流行因素，就更能吸引学生的注意。韩山师范学院的张楚仪同学在参加第七届"华夏杯"全国物理教学创新大赛暨物理教育研究论坛活动比赛中，利用 2019 年下半年一部非常受欢迎的电影——《哪吒之魔童降世》中两个十分出名的角色哪吒与敖丙，为我们展示了神奇而又有趣的一幕（见图 10），并且在比赛中获得了第三名成绩。

(a) 哪吒与敖丙原图　　(b) 色混下只出现敖丙　　(c) 色混下只出现哪吒

图 10　消失的哪吒与敖丙

（五）案例五：光敏电阻导入环节的教具制作

在教具制作过程中，将静态效果转化为动态，将能够很好地吸引学生的注意，从而达到将无意注意转换为有意注意的目的。

光敏电阻导入环节的教具制作基于人教版高中物理选修3-2第六章第一节——传感器及其工作原理。这一节课为学生展示了多种传感器，例如光敏电阻。对于这部分的教具，很多物理教师的设计要么是通过在杯子底部安装一个光敏电阻，杯子放在桌上时会发光，提起杯子反而不能发光，从而激发学生的思考；要么是利用不同光照照射光敏电阻，通过多用电表测量光敏电阻的阻值，这一种方法虽然直观，但容易显得课堂枯燥无味。以上的教具都是静态展示在学生眼前，如果能够利用学生对于课题的陌生感来制作教具，化静为动，将会达到不一样的效果。于是，韩山师范学院的陈幼丽同学在参加第七届广东省教学技能大赛时便对此类教具做出了改进。她设计的"仿生向日葵"，利用光敏电阻对光强敏感的特点，将四个光敏电阻分别放在十字挡板隔开的四个区域，当手电筒的光从不同的方向照射到向日葵上时，有的光敏电阻受到的光强比较强，有的受到的光强比较弱，所以电阻就各不相同，通过转换电路引起向日葵随着光转动，如图11所示。

图11　仿生向日葵

这个教具化静态为动态，展示了神奇的现象，将学生的无意注意转换为有意注意，同时激发学生思考，对于处在抽象逻辑思维发展阶段的高中生而言是非常有意义的。陈幼丽同学凭助在该项赛事获得了一等奖的佳绩。

（六）案例六：光导纤维的应用教具制作

在自制教具中融入现代技术，提升教具功能，促进教具的更新换代，启发学生的科学思维，鼓励学生进行科学探究。

光导纤维的应用教具制作基于人教版高中物理选修3-4第十三章第二节——全反

射。根据新课标的要求，本节课的教学重点是理解全反射及发生全反射的条件，因此很多自制教具的设计目的都是突出教学重点，例如变脸魔术、黑猫变白猫、水流光柱等展示了全反射的神奇现象，而一套自制的全反射演示仪更是被反反复复地用来揭示发生全反射的条件。但是，体现本节课的教学难点"认识并解释全反射在生产生活中的应用"方面的教具少之甚少。略微涉及全反射的一个应用是光纤通信，但是对光纤通信究竟是什么形式、真实效果如何，学生只是被动地接受知识，没有直观的体会，更没有感性的认识。韩山师范学院物理专业16级的詹镇业同学，设计了一套光纤通信演示仪，如图12所示，并于2019年获得了本校物理与电子工程学院"教具设计与制作"比赛一等奖。

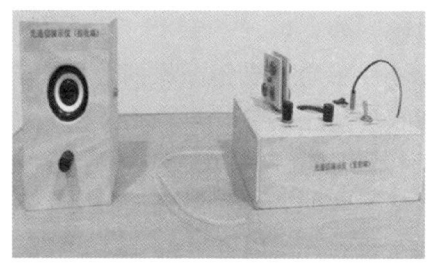

图12 光纤通信演示仪

光纤通信演示仪由两个部分组成：信号发生器和信号接收器。信号发生器的主要器件有音乐芯片和激光灯，信号接收器的主要器件有光敏电阻和喇叭。打开开关，喇叭并不会发出声音；如果在它们中间加一根塑料软管，喇叭还是不会发出声音；如果换上一束光纤，喇叭就能发出悦耳的音乐声。其设计原理是：光纤是由光密介质内芯和光疏介质外套构成，光在光纤内部可以发生多次全反射，从而传播了光信号，这就是利用光纤可以使喇叭发声的原因。

与传统的教具相比，这套教具充分利用现代技术，借助实验原理，直观形象地为学生展示了光纤在全反射中的应用，满足了学生的一腔好奇心。

三、结束语

本文主要通过案例分析自制教具的创新来源，介绍教具的改进创新对教学的作用以及对培养学生科学思维、启发创新精神的作用，解决了当下一些课题中实验教具不科学、不具体、不全面、理论性低的缺点，在此基础上提出更高的要求——利用创新性素材帮助学生更好地理解所学的知识。在本研究中也存在一些不足，新时期对教具的要求很大程度上要体现新技术特别是信息技术，而在本研究中对新技术的涉猎较少，这是在教具创新自制中的不足之处。

因此，希望通过这篇论文传递给更多后来的学习者自制教具的制作经验，启发他们通过对生活经验的积累以及学习观察，对教具进行创新制作，鼓励后人朝着教具科技化的方向发展。

基于师范生核心素养的物理实验教学体系改革与实践

王小怀　刘秋武　李卓凡　吴燕丹　李绍歆

一、物理师范生核心素养

在教育部 2014 年印发的《关于全面深化课程改革落实立德树人根本任务的意见》中，首次提出"核心素养体系"概念。2016 年 9 月 13 日，北京师范大学联合国内高校近百位专家成立的课题组正式发布了《中国学生发展核心素养》研究成果。

学生发展核心素养指学生应具备的，能够适应终身发展和社会发展需要的必备品格和关键能力，是关于学生知识、技能、情感、态度、价值观等多方面要求的综合表现。核心素养以培养"全面发展的人"为核心，分为文化基础、自主发展、社会参与三个方面，综合表现为人文底蕴、科学精神、学会学习、健康生活、责任担当、实践创新六大素养，具体细化为国家认同、理性思维等十八个基本要点。针对物理学科，育人过程中应让学生具备怎样的必备品格和关键能力，学生发展核心素养又具体化为物理学科核心素养。物理学科核心素养主要包括"物理观念""科学思维""实验探究"和"科学态度与责任"。

为贯彻落实党的十九大精神，培养高素质教师队伍，按照国家教育事业发展"十三五"规划工作要求，推进教师教育质量保障体系建设，提高师范类专业人才培养质量，教育部 2017 年公布《普通高等学校师范类专业认证实施办法（暂行）》，明确提出了新时代教师专业发展的新要求——"一践行三学会"。于是，践行师德、学会教学、学会育人、学会发展等四个方面便形成了师范生特有的核心素养体系。

近年来，国家对教师教育越来越重视，尤其是师范类专业认证的实施，对教师素质提出了新目标和新要求。在 2018 年 1 月 20 日颁布的《中共中央国务院关于全面深化新时代教师队伍建设改革的意见》中明确提出"坚持兴国必先强师，大力振兴教师教育，不断提升教师专业素质能力"的要求。

物理专业师范生具有多重身份属性，因此其所需的核心素养也应该是多方面综合的。首先是学生身份，要以中国学生发展核心素养作为基础；其次学的是物理专业，须在学生发展核心素养整体框架下，根据物理学科的特点及育人功能，在物理学科知识学习过程中形成体现学科思维特征及态度的必备品格和关键能力；再有就是作为师范生，还须符合"一践行三学会"这一新时代教师专业发展新要求。基于上述三个方面，综合形成如图1所示的物理专业师范生五大核心素养。

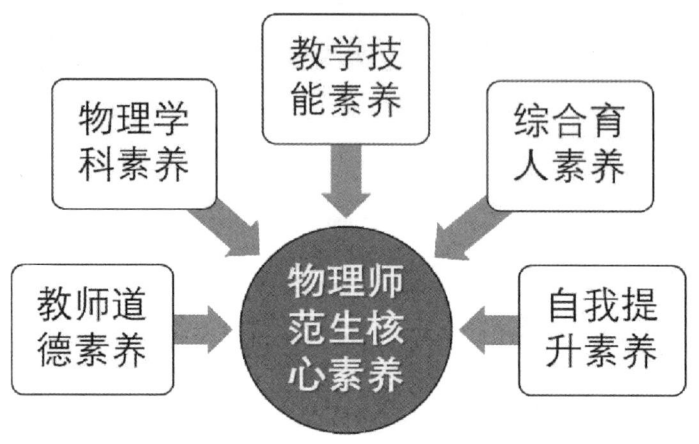

图1　物理专业师范生五大核心素养

明确物理专业师范生核心素养，一方面可引领和促进教师的专业发展，另一方面又可以为物理师范生指明未来发展和努力的方向。

核心素养无法被直接教授或传输，它是学生在经历学习与实践的具体情境中通过解决问题逐步养成的。物理学是实验科学，实验是物理学的基础。物理实验对培养和提升师范生核心素养起到至关重要的作用。因为实验探究过程中，可以引导学生形成经典物理的物质观、运动观、能量观和相互作用观，并且能用来解释自然现象和解决实际问题，牢固树立"物理观念"；也可以通过物理实验模型建构、科学推理、科学论证、质疑创新等要素来发展科学思维；还能够培养学生弘扬科学、实事求是、独立思考、敢于质疑、勇于创新，逐渐形成正确的科学态度，强化国家及社会责任感，从而全面提升物理师范生应具备的核心素养。

二、物理实验教学体系改革与实践

围绕物理师范生核心素养提升目标及师范专业认证要求，开展物理实验教学体系的一系列改革与实践。改革的基本思路及整体架构如图2所示。

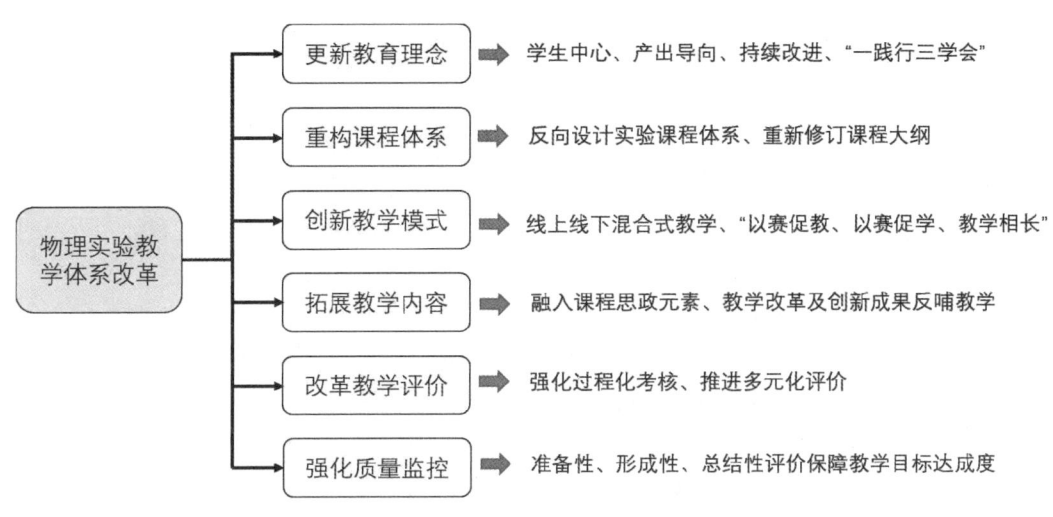

图 2　物理实验教学体系改革架构图

（一）更新教育理念

新时代对教育提出了新的要求，教育理念必须与时俱进，及时更新。应当坚持教学改革和教育创新，以学生为中心，以成果为导向，以应用能力培养为重点，以核心素养提升为目标，实施实践育才、践行立德树人。

（1）贯彻落实全国教育大会精神。在全国教育大会上，习近平总书记发表重要讲话，全面总结了党的十八大以来我国教育改革发展实践中形成的新理念、新思想、新观点，并围绕立德树人这一教育根本任务，提出工作要求，作出战略部署，为加快推进教育现代化、建设教育强国、办好人民满意的教育指明了方向。

习总书记强调要把立德树人融入思想道德教育、文化知识教育、社会实践教育各环节，贯穿基础教育、职业教育、高等教育各领域，学科体系、教学体系、教材体系、管理体系要围绕这个目标来设计，教师要围绕这个目标来教，学生要围绕这个目标来学。

广大教育工作者要认真学习贯彻习近平总书记在全国教育大会上的重要讲话精神，在党的坚强领导下，坚持中国特色社会主义教育发展道路，培养德智体美劳全面发展的社会主义建设者和接班人，为加快推进教育现代化、建设教育强国、办好人民满意的教育做出新的贡献。

（2）秉持师范专业认证核心理念。师范类专业认证是专门性教育评估认证机构依照认证标准对师范类专业人才培养质量状况实施的一种外部评价过程，旨在证明当前和可预见的一段时间内，专业能否达到既定的人才培养质量标准。

认证的核心是保证师范生毕业时的知识能力素质达到标准要求，目的是推动师范类专业注重内涵建设，聚焦师范生能力培养，改革培养体制机制，建立基于产出的持续改进质量保障机制和质量文化,不断提高专业人才培养能力和培养质量。

师范专业认证理念包含三个层面:专业建设以学生发展为中心,人才培养质量以学习效果为导向,专业教学的持续改进。

学生中心(student-centered,SC):强调从以"教"为中心的传统模式向以"学"为中心的新模式转变,要求遵循师范生成长成才规律,以师范生学习效果和个人发展为中心配置教育资源和安排教学活动,并将师范生和用人单位满意度作为师范类专业人才培养质量评价的重要依据。

产出导向(outcome-based education,OBE):聚焦师范生受教育后"学到了什么"和"能做什么",强调明确学习产出标准,对接社会需求,以师范生学习效果为导向,对照毕业生核心能力素质要求,反向设计课程体系与教学环节,配置师资队伍和资源条件,评价师范类专业人才培养质量。

持续改进(continuous quality improvement,CQI):强调聚焦师范生核心能力素质要求,对师范类专业教学进行全方位、全过程跟踪与评价,并将评价结果用于教学改进,形成"评价—反馈—改进"闭环,建立持续改进质量保障机制和追求卓越质量文化,推动师范类专业人才培养能力和质量不断提升。

(3)应对教师专业发展新要求。《普通高等学校师范类专业认证实施办法(暂行)》明确提出了新时代教师专业发展的新要求"一践行三学会"。

其中"一践行"是指践行师德规范和教育情怀,即贯彻党的教育方针,遵守教师职业道德规范,还要有一种专业素养和教育情怀。

"三学会"是指学会教学、学会育人、学会发展。

"学会教学"要求具备学科素养、掌握教学方法及相关能力,主要包括教材处理能力、教学组织能力、教学实施及应变能力等等。

"学会育人"要求具备班级管理和综合育人能力,让爱国主义精神在学生心中牢牢扎根,教育引导学生培育和践行社会主义核心价值观。

"学会发展"要求具备自主学习能力,掌握沟通合作技能,具有团队协作本领,能够在学习共同体中进步。

(二)重构课程体系

"学生中心、产出导向、持续改进"的人才培养理念要融入专业人才培养全过程。紧扣"素养、能力、创新"三个维度,遵循人才成长规律和教育教学规律,以学生为中心,以社会需求为导向,以知识、能力和素质协调发展和综合提高为重点,将思想政治教育、创新创业教育、劳动教育融入教育教学全过程各环节,通过对标《普通高等学校本科专业类教学质量国家标准》和《普通高等学校师范类专业认证实施办法(暂行)》,深化教育教学改革,基于物理专业师范生核心素养提升来重构实验课程体系。

1. 反向设计实验课程体系

首先,是对接社会需求,特别是中学对物理教师的用人需求,重新审视修订专业办学定位、培养目标、毕业要求,制订专业培养方案。其次,是优化课程体系和教学大纲,根据培养方案,对照毕业生核心能力素质要求,反向设计实验课程体系。

在新师范建设背景下,通过搭建实验教学平台,支撑基于核心素养的物理实验教学体系的重构。新构建的物理实验教学体系围绕核心素养提升,由内容深度和应用层次逐渐提高的三个教学子平台构成,每个平台有3~5门实验课程予以支撑,实验教学过程中注重实施两个教学模式转变,即教师中心向学生中心的转变,学科导向教育向产出导向教育的转变。

如图3所示,搭建三个分级物理实验教学平台,实施两个教学模式转变,支撑一个人才培养核心,构建形成基于核心素养提升的物理实验教学体系。

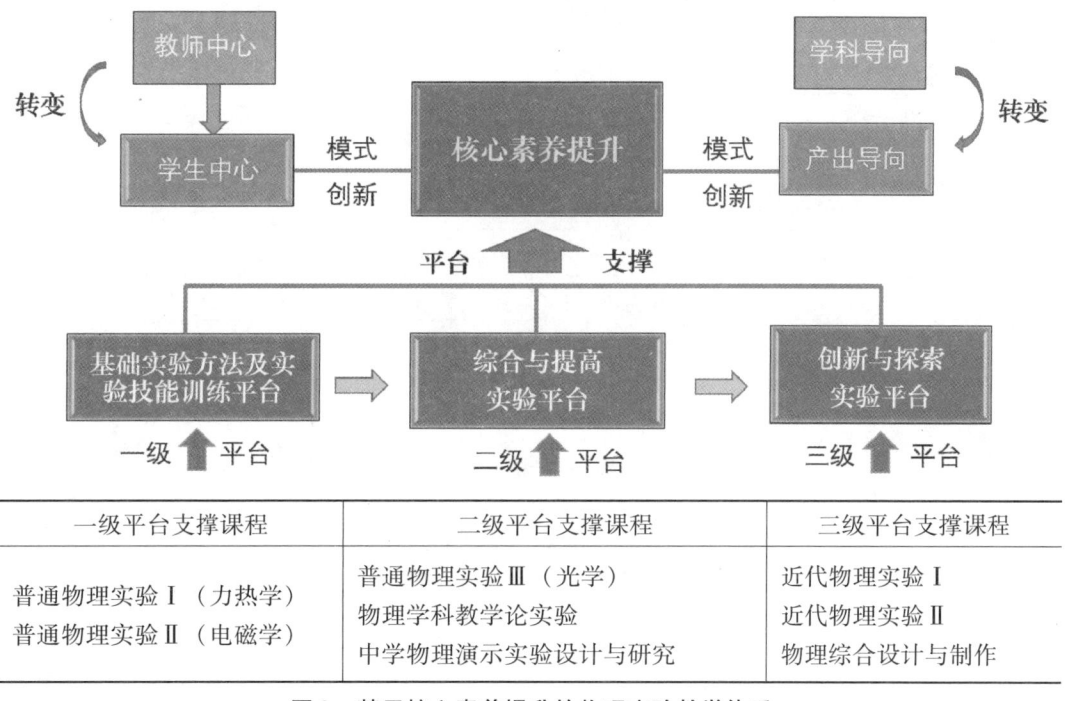

一级平台支撑课程	二级平台支撑课程	三级平台支撑课程
普通物理实验Ⅰ(力热学) 普通物理实验Ⅱ(电磁学)	普通物理实验Ⅲ(光学) 物理学科教学论实验 中学物理演示实验设计与研究	近代物理实验Ⅰ 近代物理实验Ⅱ 物理综合设计与制作

图3 基于核心素养提升的物理实验教学体系

该实验教学体系实现了从演示实验、预备实验、基础型实验、综合设计型实验到个性化和创新实验项目、科研项目实验的全覆盖。这些内容适应不同专业、不同年级学生的学习需求,充分保证了分层次、模块化的教学,实现了教学内容的贯通,实现了从基本能力、综合设计能力到科研能力训练的贯通。教学实践中,强化实验教学与科学应用相互融合、相互促进,引入现代科技新技术、新方法对传统实验进行改造,同时注重实验方案设计的时代性和实用性,建立具有鲜明特色的应用型、开放型教学模式。建立与理论教学有机结合,以核心素养提升为目标,涵盖基本型、综合设计型和研究创新型实验的分层实验教学体系。

2. 重新修订实验课程大纲

实验课程大纲修订遵循两个基本原则：

第一，明确课程目标。必须明确各门实验课程在专业人才培养方案中的地位和作用，以毕业要求为导向，确定通过学习该门课程应达到的课程目标，在此基础上设计课程的教学任务、教学环节和考核要求等。同时，实验教学目标也应当从原来的三维目标——知识与技能、过程与方法、情感态度价值观，转变到当前的核心素养目标。

第二，注重能力导向。课程实验应以解决真实问题为目的，加大创新性、设计性和综合性实验项目比例，重点培养学生的创新意识、操作技能和实验综合设计能力。

【实验课程大纲解析案例】

"普通物理学实验Ⅲ"课程大纲分析

表1 大纲基本情况

课程编码	******		课程类别	专业必修课
课程名称	普通物理学实验Ⅲ			
英文名称	Experiments in General PhysicsⅢ			
学分	2		建议修读学期	4
总学时数	33	其中：实践30学时	实验学时	30
			讲授学时	3
预修课程	高等数学、光学			
考核方式	考查（实验预习：10%；实验操作：40%；实验报告：20%；期末考核：30%）			
适用专业	物理学			
大纲编写组	王小怀、李卓凡、李绍歆		大纲审核人	

一、课程目标

1. 了解实验室常用光学仪器的性能，并掌握其正确的调节和使用方法。主要包括光源、光具座、显微镜、分光计、迈克尔逊干涉仪等常用仪器。（支撑毕业要求3）

2. 了解常用的光学实验方法和实验技术，掌握基本光路的调节及相关物理量的基本测量方法。如焦距、基点、曲率半径、介质折射率、光波波长、光栅常量等测量。（支撑毕业要求3）

3. 通过观察、分析、研究实验中的光学现象和规律，加强对经典光学理论的理解。通过相关实验发展背景和实验拓展的介绍，激发学生的实验兴趣，开拓学生的视野。（支撑毕业要求1、3、4）

4. 提高实验数据处理能力和实验结果误差分析水平。能分析误差产生的原因，能

正确表达和评价实验结果,养成良好的反思习惯。(支撑毕业要求3、7)

5. 一人一套仪器锻炼自主学习能力,小组讨论锻炼团队沟通协作能力;培养良好的实验习惯和严谨的科学作风,杜绝实验数据弄虚作假,树立实事求是的科学态度和品质,积极践行社会主义核心价值观。(支撑毕业要求1、7、8)

二、课程目标与毕业要求的对应关系(见表2)

表2 对应关系

毕业要求	指标点	权重	课程目标
1. 师德规范	1-1 贯彻党和国家教育方针政策,积极践行社会主义核心价值观,增进对中国特色社会主义的思想认同、政治认同、理论认同和情感认同,以立德树人为己任。 1-2 遵守中学教师职业道德规范,具有高度的教书育人责任感和使命感。在大学课程学习和中学物理教育实习过程中,立志成为有理想信念、有道德情操、有扎实学识、有仁爱之心的"四有"好老师	M	课程目标3、5
3. 学科素养	3-1 掌握专业理论基础:理解物理知识体系与结构、基本原理,掌握物理学发展的过程与研究方法,形成科学物理观念;能运用物理学理论和正确的科学思维方法定性或定量地解释自然现象,并整合形成物理学科教学知识。 3-2 具备专业实践能力:掌握基本物理实验方法与技能,能根据中学物理教学目标、仪器设备情况和学生学习实际设计和改进一些较简单的实验方法或装置。 3-3 认识学科作用:了解物理学相关研究方向前沿、发展动态和应用前景,了解物理学在自然科学和人类社会发展过程中的重要作用以及与其他相关学科的密切关系,了解跨学科知识。理解物理学科与社会实践的关系,认识其在学生知识体系形成和道德品质养成中的作用	H	课程目标1、2、3、4

续上表

毕业要求	指标点	权重	课程目标
4. 教学能力	4-1 初步理解教育理论，具备物理学科教学知识。理解中学物理课程教学的基本理念、基本要求。充分理解把握"物理观念""科学思维""科学探究""科学态度与责任"等物理核心素养的具体内涵。具备良好的教学基本技能，熟悉物理教学的基本理论和初、高中物理课程标准	L	课程目标3
7. 学会反思	7-1 具有反思意识和批判性思维：能够认识到反思对于教师专业成长的重要性，在学科学习、教育实践过程中形成反思习惯。具有一定的创新意识，尝试运用批判性思维方法，能够初步从学科理解、学生学习、课程教学等不同角度分析和解决学科问题和教学问题。 7-2 具有终身学习和发展意识：能够熟悉国内、了解国外基础教育特别是物理学教育改革发展动态并在学科教学实践和研究中尝试应用。有终身学习的理念，能制定专业学习和职业生涯规划，理性分析自我，循序渐进，获得职业提升	H	课程目标5
8. 沟通合作	8-1 具有团队协作精神：在大学课程学习过程中，能够认识到学习共同体的作用，并在日常学习中参与小组合作学习，具有团队协作精神。在物理教育实践过程中，积极开展小组互助和合作学习。 8-2 掌握交流沟通技巧：掌握沟通与交流技能，热情开朗、有亲和力，语言规范健康，举止文明礼貌，在课上和课下与教师、同学、学生形成和谐的关系	M	课程目标5

三、教学内容、重难点和课时安排（如表3）

表3 教学安排

序号	教学内容	教学要求	学时安排	支撑的课程目标
	光学实验绪论	*1. 介绍本课程的教学要求，实验室注意事项； *2. 介绍课程所涉及实验的原理方法和实验仪器； 3. 讲解课程所涉及实验的数据处理方法和误差处理方法	3	课程目标1、2、4
实验一	望远镜、显微镜放大率的测定	1. 熟悉显微镜和望远镜的构造及其放大原理； *2. 学会一种测定显微镜和望远镜放大率的方法； 3. 掌握显微镜的正确使用方法，并学会利用显微镜测量微小长度	3	课程目标1、2、3、4、5
实验二	准直管的调节和使用	1. 掌握准直管的调节； *2. 掌握准直管测透镜的焦距； 3. 了解透镜分辨率及其测量的方法	3	课程目标1、2、3、4、5
实验三	分光计的调节及棱镜折射率的测定	*1. 了解分光计的结构，学会调节和正确使用； *2. 测定棱镜顶角和最小偏向角； 3. 测定棱镜的折射率	3	课程目标1、2、3、4、5
实验四	迈克尔逊干涉仪的调节和使用	*1. 掌握迈克尔逊干涉仪的调节和使用方法； 2. 调节和观察迈克尔逊干涉仪产生的干涉图，加深对各种干涉条纹特点的理解； *3. 测量待测光波波长	3	课程目标1、2、3、4、5
实验五	钠黄光双线波长差的测定	1. 了解F-P系统的结构及原理； *2. 熟悉法布里—珀罗干涉仪的构造及使用方法； *3. 测定钠黄光双线的波长差	3	课程目标1、2、3、4、5
实验六	透镜组基点的测定	1. 了解透镜组的基点的一般特性； *2. 测定透镜组的基点（主点、节点、焦点）	3	课程目标1、2、3、4、5

续上表

序号	教学内容	教学要求	学时安排	支撑的课程目标
实验七	用双棱镜干涉测钠光波长	1. 观察双棱镜产生的双光束干涉现象，进一步理解产生干涉的条件； *2. 学会用双棱镜测定光波波长	3	课程目标1、2、3、4、5
实验八	用极限法测固体和液体的折射率	*1. 学习极限法测固体和液体折射率的原理和方法； 2. 了解阿贝折射计的工作原理，并熟悉其使用方法	3	课程目标1、2、3、4、5
实验九	用透射光栅测定光波波长	1. 加深对光栅分光原理的理解； *2. 用透射光栅测定光栅常量、光波波长和光栅角色散率	3	课程目标1、2、3、4、5
实验十	超声光栅	1. 了解超声光栅产生的原理； *2. 利用超声光栅测定声波在介质中的速度	3	课程目标1、2、3、4、5

四、课程教学方法

1. 实验前绪论课采用讲授法和演示法。
2. 分组实验中采用演示法和实验法。
3. 实验完成后采用经验总结法和问题讨论法。

五、课程教学评价（见表4）

表4　教学评价

课程教学目标	考核内容	评价依据
课程目标1	光源、光具座、显微镜、准直管、分光计、迈克尔逊干涉仪等常用仪器的调节和使用	预习报告、实验操作过程评价、实验报告、期末操作考试或闭卷考试
课程目标2	自准直光路、分光光路、助视放大光路等基本光路的调节；焦距、基点、曲率半径、介质折射率、光波波长、光栅常量等物理量的测量方法	预习报告、实验操作过程评价、实验报告、期末操作考试或闭卷考试
课程目标3	实验项目中涉及的基本物理概念、基本原理、实验现象观察分析与研究	课间提问、实验操作过程评价

续上表

课程教学目标	考核内容	评价依据
课程目标4	实验数据的处理能力和实验结果误差原因的分析水平，实验结果的表达和评价	实验报告、期末操作考试或闭卷考试
课程目标5	实验操作过程、实验数据记录、实验习惯	实验操作过程评价、检查实验数据、交流互动

六、成绩评定方法（见表5）

实验预习：10%；实验操作：40%；实验报告：20%；期末考核：30%

表5　评定方法

	实验预习占分比例/%	实验操作占分比例/%	实验报告占分比例/%	期末考核占分比例/%	课程分目标达成评价方法
课程目标1	40	25	40	30	分目标达成度 = 10%×分目标实验预习平均成绩/分目标总分 + 40%×分目标实验操作平均成绩/分目标总分 + 20%×分目标实验报告平均成绩/分目标总分 + 30%×分目标期末考核平均成绩/分目标总分
课程目标2	40	25	40	30	
课程目标3		20		10	
课程目标4	20	10	20	20	
课程目标5		20		10	

七、课程学习资源

1. 选用教材。

物理与电子工程学院物理实验室自编《普通物理实验讲义》（主编：张庆，王小怀，刘秋武）。

2. 主要参考书目。

（1）杨述武.《普通物理实验》（第5版）. 高等教育出版社，2015.

（2）谢行恕，康士秀，霍剑青.《大学物理实验》. 高等教育出版社，2005.

（3）马文蔚.《物理学》（第四版，上、中、下册）. 高等教育出版社，1999.

3. 其他学习资源。

超星学习通平台上自建的网络课程：《普通物理实验Ⅲ（光学）》。

https://mooc1-1.chaoxing.com/course/201673104.html。

八、课程学习建议

1. 重视三个主要教学环节。

（1）实验预习——实验能否取得主动的关键。

（2）实验操作——提高实验技能，养成良好实验习惯。

（3）实验报告——实验过程及结果的分析与评价。

2．实验注意事项。

（1）严格遵守实验室规则。

（2）迟到或未认真预习和完成预习报告者，教师有权不让其进行本次实验。

（3）按照实验安排表分组进行实验，数据记录表须经指导教师审阅签名，离开实验室前须整理好仪器。

（4）实验报告在实验完成后一周内上交。

（三）创新教学模式

（1）线上、线下混合式教学模式。随着信息技术的飞速发展，在物联网、云计算、大数据、人工智能等技术的助力下，"互联网＋教育"作为一种新的教育形式，正深刻地影响着传统的学习方式和教学模式。

2016年教育部发布的《教育信息化"十三五"规划》中提出，教育信息化将从无线覆盖、云计算大数据、STEAM教育、教育管理信息化等技术和管理中发力，未来教育信息化的重点是推动信息技术与教育教学的深度融合。

探索信息化时代的教学模式改革、创新素养教育方式、提升课程建设水平，成为当前推动物理实验教学改革的一个突破口。

引导教师利用超星慕课、智慧树、优课联盟等慕课教学平台上的优质慕课开展线上线下相结合的翻转课堂教学改革。学院实验教学部统筹规划，安排各门实验课程负责人牵头、物理实验课程群的所有教师参与，在超星慕课平台上建设SPOC课程，充分利用现代教育技术手段改革教学方法，成体系地整体推进线上线下混合式物理实验教学模式改革，增强学生自主学习能力，提升师范生综合素质，不断提高人才培养质量。

新型冠状病毒感染疫情对实验教学造成比理论教学更严重的影响。为实现"停课不停教，停课不停学"目标，保障理论教学与实验教学不脱节，进一步创新实验教学模式，采用了"线上平台学习引导＋虚拟仿真实验＋学生线下居家实验"混合式教学模式，最大限度弥补了学生不返校的缺陷，取得了良好的教学效果。特别是学生居家实验，摆脱了原有实验空间的限制和仪器设备的束缚，充分发挥学生的主观能动性和个人聪明才智，既激发了学习兴趣，又能有效提高实验探究能力，受到学生的普遍欢迎。

【混合式教学模式实施案例】

2019—2020学年第二学期《普通物理实验Ⅲ》教学及考核方案

一、指导原则

（1）疫情防控期间，停课不停教，停课不停学。

（2）线上教学辅导、仿真实验为主，线下居家DIY实验、实验室自主体验为辅。

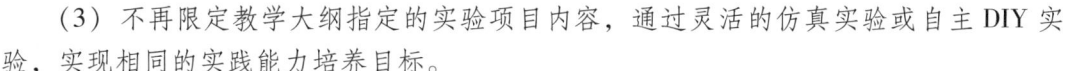

（3）不再限定教学大纲指定的实验项目内容，通过灵活的仿真实验或自主 DIY 实验，实现相同的实践能力培养目标。

二、教学形式及内容

1. 学生自主学习。

学生加入超星学习通平台《普通物理实验Ⅲ》网络课程，按要求完成相关学习任务。学习内容包括教学大纲原规定的十个实验项目，分成两轮实验（第一轮 5 个实验和第二轮 5 个实验），章节学习内容包括教学视频、课件、文档等资料。

2. 学习通平台线上教学与辅导。

（1）实验绪论课网络教学（6 学时）。

光学实验绪论课共 6 部分内容，由教师录制成 6 个讲解视频，开展录播教学，课间老师全程在线，与学生互动，为学生答疑。学生在完成视频学习并掌握相关知识后可进入章节测验环节，规定时间内可多次答题，系统自动计分并留取最高分。

（2）第一轮大纲实验和"分光计实验"仿真实验线上辅导（3 学时）。

开展第一轮 5 个大纲实验和"分光计实验"仿真实验线上辅导，教师在线辅导并进行第一轮实验随堂测验。

（3）第二轮大纲实验和"迈克尔逊干涉仪"仿真实验线上辅导（3 学时）。

开展第二轮 5 个大纲实验和"迈克尔逊干涉仪"仿真实验线上辅导，并进行第二轮实验随堂测验。

（4）"干涉法测微小量"实验仿真教学辅导（3 学时）。

（5）"单缝衍射"实验仿真教学辅导（3 学时）。

3. 虚拟仿真实验（12 学时）。

借助科大奥锐虚拟仿真实验教学云平台，开展虚拟仿真实验。指导教师负责制作相关实验的仿真教程并辅导学生开展实验，解答学生在开展仿真实验期间所碰到的专业或技术问题。

"分光计实验"仿真，指导教师：王小怀；

"迈克尔逊干涉仪"仿真，指导教师：王小怀；

"干涉法测微小量"仿真，指导教师：吴燕丹；

"单缝衍射"仿真，指导教师：李绍歆。

（由学生自主安排开展仿真实验的时间，但每个实验要求在一周内完成，因电脑、网络等客观原因确实无法完成仿真实验的学生应阐明原因并由各班统计上报。）

4. 居家 DIY 实验（6 学时）。

学生可从三个参考项目中任选一个（也可自定实验项目，但必须属光学类实验），居家完成 DIY 实验，具体实验设计方案及要求详见学习通课程第 5 章相关内容，实践过程中如有问题可联系相关指导老师。规定时间内提交一份实验报告，并附上实验装置实物照片和本人实验操作过程的照片或视频。

参考项目 1：基于手机传感器的光照度测量实验；指导教师：王小怀。

参考项目2：显微镜和望远镜的组装；指导教师：吴燕丹。

参考项目3：双孔夫琅和费衍射实验，指导教师：李绍歆。

5. 实验室实操体验及补做实验。

下学期正常开学后实验室将开放两周时间，供同学们根据需要自主进行实操体验。安排原报备无法完成仿真实验的同学补做相应实验。

三、课程考核方式

本学期课程采取全过程化考核方式，不再安排期末考试，总评成绩由以下三部分构成：

（1）学习通网络课程成绩（包括签到、章节学习、章节测验、作业、讨论等）：40%。

（2）虚拟仿真实验成绩：40%。

（3）居家 DIY 实验：20%。

（2）"以赛促教、以赛促学、教学相长"教学模式。积极探索和实践"以赛促教、以赛促学、教学相长"教学模式，组织并支持学生参加有利于创新实验能力培养的相关竞赛，如全国本科生教具设计与制作大赛、广东省物理实验创新大赛等，也组织开展本学院的实验设计比赛、教具设计与制作比赛、专业技能展评等赛事，通过备赛、参赛来充分激发学生的学习兴趣，提高学生自主学习和解决实际问题的能力，锻炼和提升学生核心素养，实现"以赛促学"。

指导过程中往往需要指导教师拓展个人专业技术领域，学习新的专业知识和技能，并且更加注重学生创新能力、团队协作能力的培养。这也促进教师自身素养及教学水平的不断提高，达到"以赛促教"的效果，从而实现教学相长。

主要通过以下举措来推动该教学模式的具体实施：

①骨干教师组建专业指导团队加强指导；

②建设综合设计与制作实验室提供硬件支撑；

③开展院级比赛搭建校内初赛平台；

④往届获奖队伍分享比赛经验；

⑤指导教师带队参加现场比赛；

⑥举办年度创新成果展激励参赛师生。

（四）拓展教学内容

课程内容设置力求科学全面，课程内容的深度、广度、难度应符合课程大纲要求。准确体现该课程的基本内容及研究方法，如了解实验目的、熟悉实验仪器并掌握正确的使用方法、掌握实验基本原理及测量方法、正确处理和分析实验数据等等。在满足常规实验教学的基础上，基于核心素养提升目标，从以下两个方面进一步丰富教学形式及内容。

1. 融入课程思政元素，强化课程育人功能

围绕立德树人的根本任务，挖掘实验课程中的德育、美育元素，将思想政治教育和人文教育贯穿课程教学的始终，注重知识传授、能力培养与理想信念、价值理念、道德观念教育的协调发展。

【课程思政设计课例】

"望远镜的组装和调节实验"思政教学设计如表6所示。

表6　教学设计

课程名称	普通物理实验Ⅲ（必修课）
实验项目	望远镜的组装和调节
任课教师	吴燕丹　王小怀
学生层次	物理学专业（师范）第四学期
课程目标	1. 熟悉折射望远镜、折反射望远镜的构造及其放大原理；2. 学会一种测定望远镜放大率的方法；3. 掌握望远镜的正确使用方法
思政目标	1. 引入"陈伟南天文馆"的建设背景，介绍校友陈伟南先生的慈善捐资事迹，弘扬爱国爱校的社会主义核心价值观；2. 介绍我国建造的世界上最大500米口径射电望远镜"天眼"，提升民族自豪感；3 介绍射电望远镜总工程师"天眼之父"南仁东事迹，倡导敬业爱岗的价值准则和"忠于职守，克己奉公，服务人民，服务社会"的社会主义职业精神

2. 将教师实验教学改革及创新成果引入教学

积极鼓励教师结合自身实验教学实践，开展实验教学改革和创新研究。据不完全统计，韩山师范学院物理与电子工程学院实验系列教师自2005年以来所发表的关于物理实验教学研究论文达50多篇，表7是其中部分文章。

表7　韩山师范学院物理与电子工程学院教师发表的部分物理实验教学研究论文

序号	题目	作者	刊物	发表时间
1	利用光杠杆测量流体压强及流速的微小变化	王小怀	物理实验	2018 – 10 – 20
2	迈克尔逊干涉仪应用功能的扩展	王小怀　李卓凡　陈怀	物理实验	2012 – 03 – 20
3	超声多普勒效应实验装置的设计与应用	李卓凡　王小怀	实验技术与管理	2011 – 08 – 20
4	单色仪定标曲线的非线性拟合	李卓凡	大学物理实验	2014 – 02 – 26

续上表

序号	题目	作者	刊物	发表时间
5	光电效应实验数据处理系统的设计	李卓凡	实验科学与技术	2013-04-28
6	分光计调节和使用中的困难及解决措施	王小怀	实验室研究与探索	2007-02-15
7	重火石玻璃 ZF6 棱镜色散关系的测定及非线性拟合	王小怀 张庆	实验室研究与探索	2005-11-20
8	数码相机在近代物理实验中的应用	王小怀	大学物理实验	2016-08-26
9	物像等大法测量双棱镜干涉中虚光源间距	刘秋武 王小怀	大学物理	2017-03-15
10	测节仪测量透镜组基点的讨论	刘秋武	大学物理	2016-10-15
11	利用测节仪测量透镜组基点位置的变化规律	刘秋武	物理实验	2016-04-20
12	光学衍射仿真软件的设计与实现	刘秋武 黄贤群	韩山师范学院学报	2010-12-15
13	数字全息的计算机仿真	刘秋武	物理与工程	2010-08-15
14	计算机模拟任意形状衍射屏的衍射	张庆 刘秋武	物理实验	2006-10-20
15	多点测量法与最小偏向角法在色散特性测量中的比较分析	张奕雄	大学物理	2016-04-15
16	高阶多项式在拟合铁磁物质磁滞回线中的应用	张奕雄	大学物理	2008-02-15
17	塞曼效应实验的 CCD 图像数字处理	张奕雄	韩山师范学院学报	2006-06-30
18	基于声卡的虚拟仪器及其在声速测定实验中的应用	黄贤群 刘秋武 张庆	实验技术与管理	2010-08-20
19	基于 Moodle 的《大学物理实验》网络课程的设计	黄贤群 石燕飞 刘秋武	韩山师范学院学报	2017-06-15
20	大学物理演示实验教学与对外开放的探索与实践	温小静 王小怀 吴燕丹等	物理通报	2018-11-05

在取得丰硕实验教学研究及创新成果的基础上，又引导教师将其应用到具体的人才培养中，反哺教学，促进实验教学质量的提升。

【实验装置的创新设计案例】

多普勒效应实验装置的设计与应用

尽管多普勒效应应用广泛，但大学物理实验教学中相应的项目却较少。而且，相当一部分仅局限于多普勒效应演示或粗略验证，缺乏精确的测量，不利学生对该重要内容的直观认识和深入理解。现有的成套综合仪器不仅价格高，也难以兼顾良好演示效果和精确测量，不利于学生对实验原理及过程的分析和理解。

针对以上问题，利用实验室已报废的一台LQ1600K针式打印机精密的传动导轨搭建出一个匀速运动控制平台；由L297和L298共同组成步进电机驱动电路；由555定时器产生频率可调的步进时钟脉冲，以控制电机的转速；利用移动滑块触碰导轨两端的行程开关产生D触发器的清零和置位信号，输出的高低电平接至驱动电路方向控制端从而实现运动方向的自动控制；利用AD633JN构成混频器，将移动接收器的接收信号放大后与波源信号混频，再通过低通滤波器便可检出它们的差频信号。自制了一套结构紧凑且性价比很高的多普勒效应实验装置并应用于教学，取得良好效果。

图4、图5是该装置的整体结构示意图和实物图。

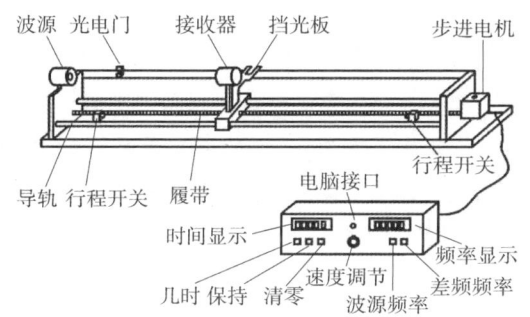 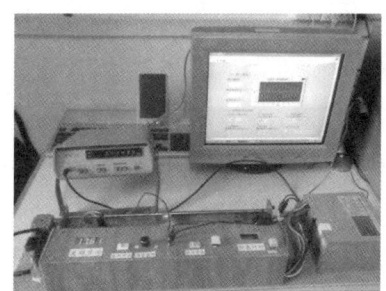

图4　实验装置结构图　　　　　　图5　实验装置实物图

数据自动采集及处理系统利用计算机的声卡的一个声道对差频信号进行实时数据采集并测出频率，另一声道获取移动接收器的运动速度及方向信息，通过软件的分析处理后，得到相应实验结果。

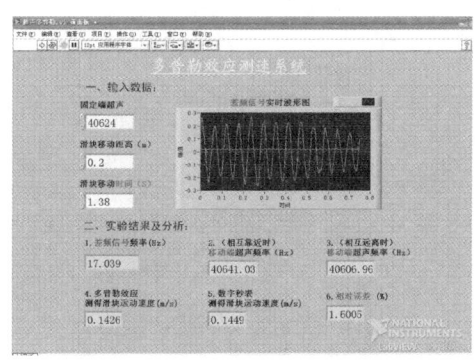

图6　数据采集及处理系统界面

此外，还增加演示功能，通过电脑音响系统可直观地模拟多普勒效应，当移动接收器靠近波源时音调增高，远离时则变低，移动速度越快，效应越明显。当然，这里播放的不可能是超声本身，而是经过了特殊的同步降频处理。通过计算机的辅助处理，使系统进一步数字化和智能化。

实验结果不仅直观验证了多普勒效应，还可以精确测定声速。该装置不仅测量精度高、性能稳定、制作成本低廉，更重要的是实验原理及实验中信号的产生、转换和处理过程清晰透明，有利于学生对多普勒效应及其应用的理解。此外，还具有现成仪器产品无法相比的优点。如，通过报废仪器的再利用，给学生传递了环保的理念；秒表的改装让学生切身感受日常用品的科学用途；教学中使用自制仪器更能激发学生的兴趣，培养学生的创新意识和实践能力，从而有效提升其核心素养。

【实验仪器的改造及应用案例】

分光计的改装及应用

分光计是一种重要的光学仪器，在大学物理实验中的应用十分广泛。在实验教学中发现，对于刚刚接触分光计的学生，调节过程都会碰到很大的困难。主要原因是分光计通过助视目镜来观察对象，而目镜的视场角很小。

（1）加装激光准直系统。

在原有JJY型分光计上加装一套自行设计的激光准直系统，改装后的仪器基本结构如图7所示，袖珍型半导体激光器和标有刻度的显示屏组成的准直系统通过固定支架分别安装在望远镜两侧。

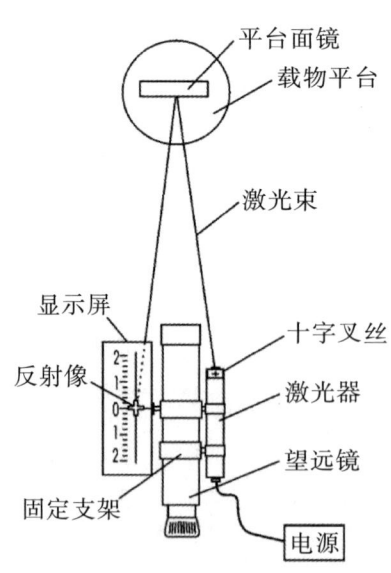

图7　分光计激光准直系统

安装调试时要求满足下述条件：一是激光器光轴与望远镜光轴在同一水平面内；二是显示屏面与望远镜光轴垂直；三是经双平面镜投射至显示屏的激光束反射像与望远镜内所观察到的绿色十字反射像的运动状态同步，当望远镜光轴被准确调校后，双平面镜两反射面所反射的激光束反射像均落在显示屏的零刻度线上。

利用 3~9V 可调直流稳压电源为激光器供电，可根据不同情况选择工作电压，在达到设计要求的前提下尽量降低激光束的强度，以确保安全。

利用红色激光束优越的准直性能直观显示分光计的操作光路，使调节由盲目变得明了。即使目测粗调后反射叉丝像仍未落于目镜视场中，但有了激光束清晰的轨迹作为导向，不再担心调节失去方向。只要将反射光束调至显示屏中央，便足以使望远镜反射叉丝像落在视场中，轻松地完成粗调任务。

（2）加装广角系统。

如图 8 所示，将一伽利略式望远镜倒置固定于分光计望远镜物镜前充当广角系统，可使分光计望远镜的狭小视场有效地扩大，如采用一组焦距分别为 -15mm 和 45mm 的广角系统，可使原先仅 1°40′ 的视场扩大至 4~5°，从而使反射叉丝像更容易捕捉。

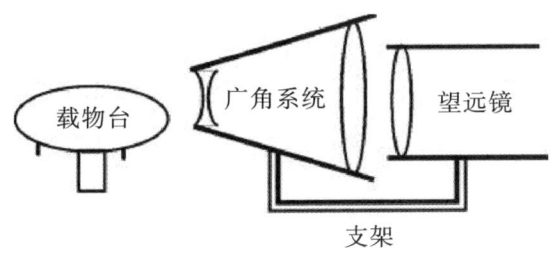

图8　分光计望远镜广角系统

【仪器功能的创新拓展案例】
迈克尔逊干涉仪应用功能的扩展

迈克尔逊干涉仪作为经典的光学仪器，在光学实验中占据十分重要的地位，但在普通物理实验中基本上都是用于观察光干涉图样和测量光源的波长。其实，只要用心挖掘，其应用功能远不止于此。下文在确保迈克尔逊干涉仪原有结构和功能不变的基础上，通过简易改装，实现了光速测量、透明固体和液体的折射率测量、金属丝弹性模量测量以及多普勒效应的演示，从而创新性地拓展了迈克尔逊干涉仪的应用功能。

（1）测量光速。

装置实物如图 9 所示，重物通过绕于迈克尔逊干涉仪粗动手轮的绳子使动镜做匀速运动，从而使与动镜光信号相对固定光路产生多普勒频移。自制光电测

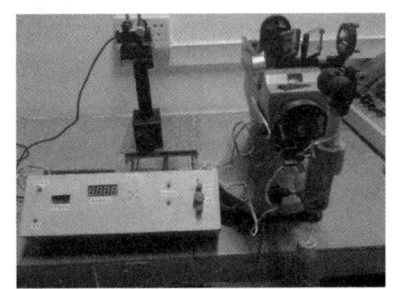

图9　测速装置实物

速装置记录转轮转动一圈所用时间,从而求出动镜速度 v。利用硅光电池代替观察屏接收两路光的差频信号,经滤除直流和放大后测出差频频率 Δf,再结合已知的光源频率,便可求得光速。

(2) 形象直观演示多普勒效应。

将差频信号经功放电路后输出至扬声器,可听到相应的呼啸声。通过挂不同的重物,改变动镜速度。当相对速度 v 增大时,多普勒频移也相应增大,呼啸声的音调变高,反之则音调变低,形象直观地演示了多普勒效应。

(3) 测量透明固体、液体的折射率。

实验光路如图 10 所示,改用白光做光源,当干涉仪的两臂光程相等时,在 E 处可看到彩色的干涉条纹。若在镜面 M_1 前置一厚度为 d 的透明薄片,设该薄片的折射率为 n,则光路的光程差增加了 $2(n-1)d$,彩色条纹消失。调节动镜 M_1,使其向分光板 G_1 靠近 Δx,当 $2\Delta x = 2(n-1)d$ 时,光程差再次为零,此时又出现彩色条纹。只要测出厚度 d 及动镜的移动距离 Δx,便可根据 $n = 1 + \dfrac{\Delta x}{d}$ 算出透明固体的折射率 n。

如将透明固体改成玻璃槽,同理可测出透明液体的折射率。

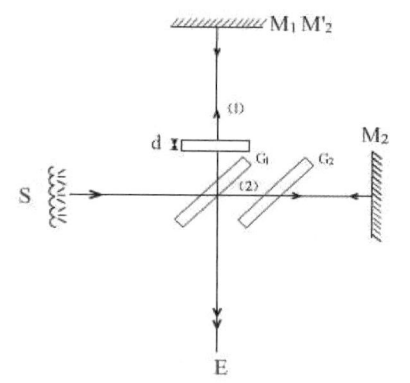

图 10　实验光路图

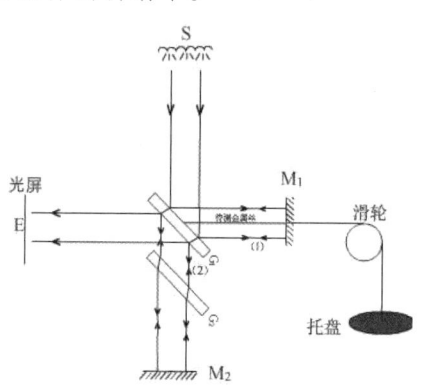

图 11　弹性模量测量装置图

(4) 测量金属丝的弹性模量。

实验装置的原理图如图 11 所示。被测金属丝的一端固定在分光板下,另一端被固定在动镜 M_1 下。将与动镜相连的一根细线绕过滑轮连接一托盘。当不同质量的砝码放在托盘上时,待测金属丝将受到不同的拉力作用产生不同的微小拉伸并使动镜发生一定微小位移。通过观测干涉条纹移动的数量可测得金属丝的长度变化量,结合对应砝码重量,便可测出金属丝的弹性模量。

以上这些应用功能扩展实验都保证了迈克尔逊干涉仪原有结构和功能不变,只是自制并加装了部分辅助器件,便能在同一台仪器上实现多种物理量的测量,实际测量结果及分析表明各种方案均切实可行。特别是其中光速测量的方案更提供了一种前所未有的全新方法,且结果相当精确。对迈克尔逊干涉仪应用功能的扩展,不仅扩充了实验教学的内容,培养学生的综合实验能力,还激发了学生的学习乐趣和创新意识,同时又可提高仪器的使用率,充分体现物尽其用的科学理念。

【实验操作技巧的应用案例】

分光计镜外辅助调节法与各半调节法

利用镜外辅助调节法和各半调节法，使目测粗调有章可循。

镜外辅助调节法，是指在助视目镜外围直接用眼睛寻找观测对象，为最终利用助视目镜观测做必要的辅助调节。其意义在于利用人眼视域开阔、灵敏度高、操作方便快捷的优点，能快速发现目标，弥补了目镜视场狭窄的不足，节省仪器调节的时间。如图12所示，先将平面镜转到即将与望远镜正对的位置，眼睛直接在望远镜左右两侧P处观察，并将视线沿着望远镜镜筒的外壁朝平面镜望去，同时稍微左右转动平面镜，一般可看到绿色的光斑L。以镜筒外侧母线AB为基准，用各半调节法使绿光斑位于AB延长线上的C点处。换用双平面镜的另一面，用同样的方法调节。经过此番辅助调节后，一般可使两个反射像均能落在望远镜的视场内，达到粗调效果，为顺利完成实验奠定良好基础。

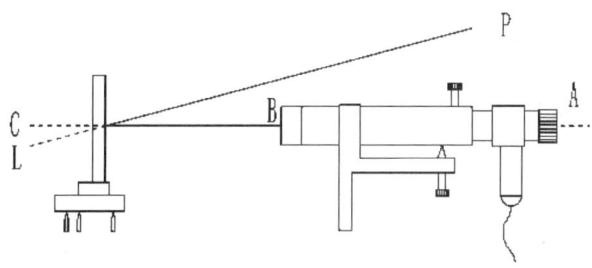

图12　镜外辅助调节法示意图

（五）改革教学评价

通过改革学生学习评价体系，强化过程评价，推进多样化考核评价，提高学生学习效果，根据课程性质和学科特点，建立过程评价与终结考核相结合的课程评价体系，设置多元化的评价指标，合理分配成绩比例。

大力推动多元化、过程化考核改革，使考核评价更科学、准确、全面。

多元化体现在对学生考核方式的多样化，可包括：笔试、口试、操作考试、实验演示、实验报告、实验微课、实验设计、教具制作、实验技能竞赛、创新创业能力、翻转课堂、学习通积分等等。

过程化考核把重点放到平时的考核当中去，主要包括实验习惯、实验预习、实验操作技能、实验过程、故障处理、互动交流、回答问题等方面。

成绩评定的分配比例是：

（1）过程考核占60%～70%（其中，实验预习20%，实验习惯10%、实验操作40%、实验报告30%）。

（2）期末实验操作和实验理论考试占20%～30%。

（3）参与实验设计类竞赛获奖可获10%～20%额外加分。

【过程化考核改革案例】

《物理学科教学论实验》实验过程化考核改革实施方案

吴燕丹，王小怀

一、实验课程的改革

《物理学科教学论实验》是与中学教学联系最紧密的实验，以往的实验安排都是挑选六个中学实验进行研究，由于实验较为简单，学生重视度不够，匆匆测数据完成实验报告了事，没有对实验进行深入研究。为了使师范生更加清楚地了解和认识中学物理实验教学的目的和任务，明确教学方向和责任，了解中学物理实验的类型、基本教学要求和教学目的，掌握中学物理实验的基本技能和物理实验教学的方法，并且在课程学习中能培养学生的合作沟通能力，形成良好的团队合作精神，我们在原来六个常规实验的基础上调整为常规实验+设计性实验+综合实验三大部分，即常规实验、教具设计与制作和综合演示实验。

二、过程化考核实施方案

1. 常规基础实验考核方案。

常规实验由原来的六个实验调整为四个，包括楞次定律、光学演示实验组合、海波的熔化与凝固、基于PASCO的传感器在中学物理实验中的应用等。要求学生在做实验前摒弃之前写实验报告的习惯，调整自己的身份，以教师的身份进行备课，对照《普通高中物理课程标准（2017年版）》的要求，备教材，备学生，明确实验在教科书中的位置、实验的类型和教学重难点，确定教学方法，写出初步教学设计。在实验过程中除了研究实验怎么做，更重要的是以小组讨论的方式研究实验怎么讲，作为中学教师如何引导学生探究实验，并与实验指导老师进行讨论，甚至进行模拟授课，同组同学提出意见建议，调整和优化教学方案，最后根据自己的优势，在四个实验中挑选最适合自己的一个写出基于核心素养的教学设计。考核该部分时，教师会对学生实验操作时的情况、实验教学设计方案进行评分。

2. 教具设计与制作。

教具设计与制作作为创新性实验，难度较大，需花费大量的人力物力，该设计性实验部分分成三个阶段贯穿于整个学期完成，包括学期初组队选题、中期汇报、期末作品展示和评比。第一阶段：学期初学生分3~4人一组自由组队共同协商教具制作的主题和设计方案，并选出组长，明确每个组员的任务，包括方案设计、教具制作、测量数据和讲解等。同时开始采购教具制作中需要的材料和元器件，实验室则提供制作的场所、通用的材料和工具。第二阶段：学期中，每组学生需要向教师提供教具设计的方案或者教具的初期作品，并进行口头汇报和答辩。教师根据学生提供的方案和答辩的情况给每个学生打分，并对方案提出意见和建设性建议。这种面对面的师生交流讨论，更能开拓学生的思路和创作灵感。第三阶段：学期末，在作品完成后，提供展示和讲解的机会，对全院学生开放，并对作品进行评比，分一、二、三等奖对学生给予奖励；教师根据作品的完成情况进行评分。评分标准如表8所示。对优秀的作品，在修改和完善后推荐到更高级别的赛事，达到以赛促学的效果。

表8　教具设计与制作评分标准

评价内容	权重	得分
符合科学原理，突出教学重点、难点	0.3	
构思新颖，有启发性和创新性	0.2	
取材容易，便于自制，性价比高	0.15	
可重复使用，坚固耐用	0.15	
可见度大，现象演示清晰	0.2	

3．综合演示实验。

演示实验在中学物理实验教学中占据重要的地位，本课程依托物理实验走廊为学生提供进行更深更广的演示实验操作和实践的机会——为学生提供30个以上的物理演示实验，如鱼洗、龙卷风、逆风行舟、最速降线等。学生在完成所有实验后，挑选其中一个演示实验，录制演示实验教学视频作为作业提交，教师根据演示的效果进行评分。

三、评分占比

学生总评成绩由常规实验占40%，教具设计与制作占50%，综合演示实验占10%三部分构成，如图13所示。

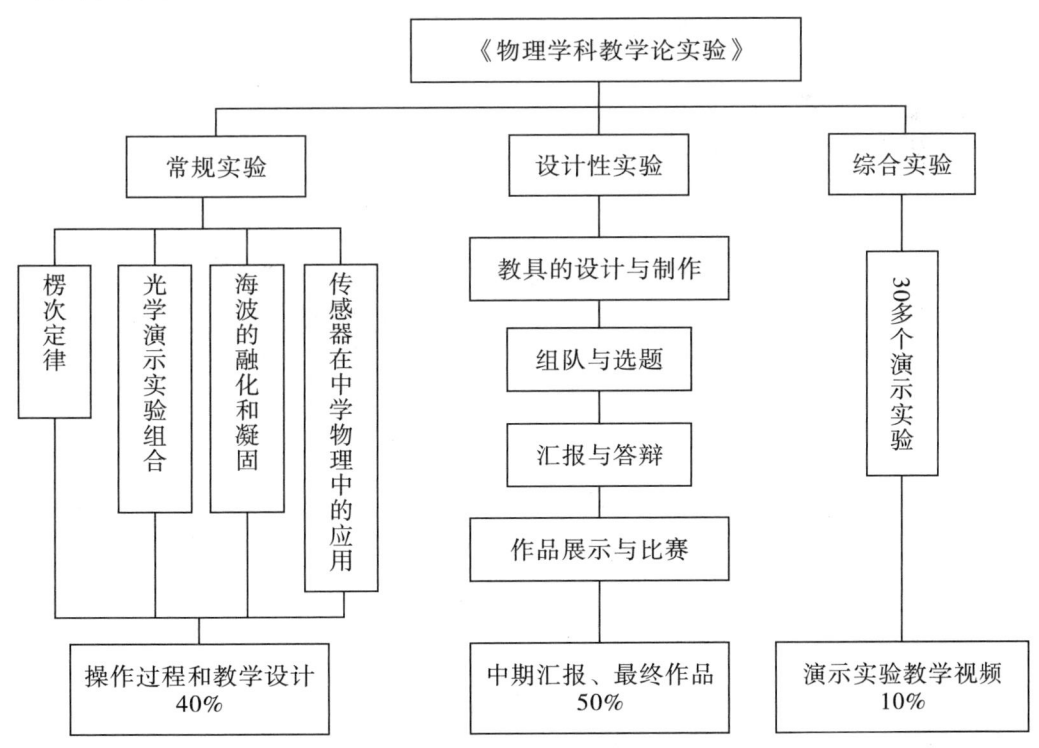

图13　《物理学科教学论实验》教学评价改革结构

（六）强化质量监控

提高教学质量是学校发展的永恒主题，建立并完善教学质量监控和评价体系是实现教学质量良性循环的重要保证。

建立多途径、多形式、多措施、全教程的实验教学质量保证体系，如图 14 所示。

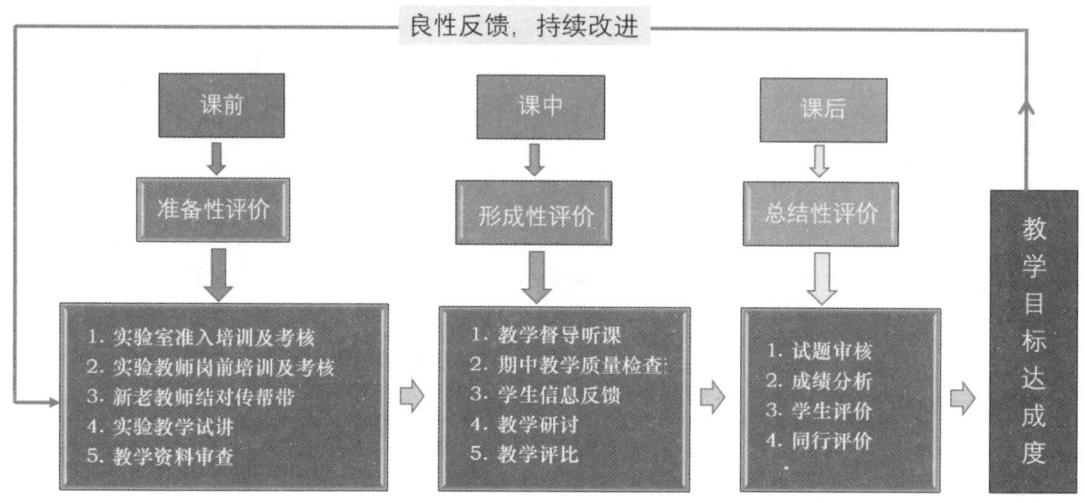

图 14　实验教学质量保证体系

实验教师课前须通过实验室准入培训及考核、实验教师岗前培训及考核、实验教学试讲、教学资料审查等形式接受准备性评价并获得合格以上等级；教学过程中采取教学督导听课、期中教学质量检查、学生信息反馈、教学研讨、教学评比的方式对其开展形成性评价；课后通过试题审核、成绩分析、学生评价、同行评价等程序对教师进行总结性评价。结合以上三种评价考查该课程教学目标的达成度，并将考查结果形成良性反馈回路，促进教学质量的持续改进，从而保障实验教学质量的有效监控。

物理师范生教师资格证考试现状及对策

陈城钊　高晓爱

自我国于 2015 年正式全面实施教师资格证国考制度以来，各高校师范生已不再享有免试获得教师资格证的特权，备考教师资格证已成为师范生们未来从事教师岗位的第一道关卡，也成为各师范高校教学成果的一个检验标准。在这种政策背景下，通过教师资格证不单是学生的目标也是学校的指标，但现实不容乐观。以韩山师范学院为例，物理师范生教师资格证考试通过率不尽如人意，已明显影响到学生就业及专业发展。因此，调查与分析韩山师范学院物理师范生教师资格证考试应试情况，使得本课题研究具有现实意义。

一、物理师范生教师资格证考试调查

（一）物理师范生教师资格证考试概况

1. 通过人数

截至 2020 年 1 月，韩山师范学院物理学专业 2016 级（大四）学生共参加 3 次物理教师资格证考试，2017 级学生（大三）参考 1 次，此次有效调查对象共计 149 人，其中 2016 级物理师范生共计 78 人。通过表 1 可以看出，经过三次教师资格证考试后，笔试（所有科目）共计 43 人通过，通过人数占 2016 级被调查总人数的 55.13%；面试共计 35 人通过，通过率为 44.87%。2017 级物理师范生共计 71 人，经过一次教师资格证考试，笔试（所有科目）共计 4 人通过，通过人数占 2017 级被调查总人数的 5.63%；面试共计 2 人通过，通过率为 2.82%。通过对比，我们可以看到，2016 级物理师范生考试整体情况优于 2017 级物理师范生，其原因与 2016 级考生参考次数多有直接关系。而只经历一次教师资格证考试的 2017 级物理师范生，笔试和面试的通过情况都非常差，不容乐观。

2. 科目分布

2016 级、2017 级物理师范生教师资格证笔试科目未及格详情如图 1 所示。在本次 149 名调查对象中，分别有 34 名 2016 级学生和 40 名 2017 级学生未通过《综合素质》考试科目，占总人数的 43.04% 和 56.34%；在"教育知识与能力"科目考试中，分别有 30 名和 37 名学生未过达标线，未通过率分别为 37.97% 和 52.11%；在"物理专业知识与能力"科目考试中，未通过率也高至 53.16% 和 67.61%，分别有 42 名和 48 名学生未通过该科目考试。根据所得数据比较得知，大部分学生对于"物理专业知识与能力"这一科目知识掌握得不够牢固，其考试通过率明显低于另外两个科目。由此表明现阶段物理师范生在专业知识与能力方面相对薄弱，有待加强，应在这一方面有针对性地做出调整，加强专业课程与考试内容的衔接性，为提高教师资格证考试通过率打下更好的基础。

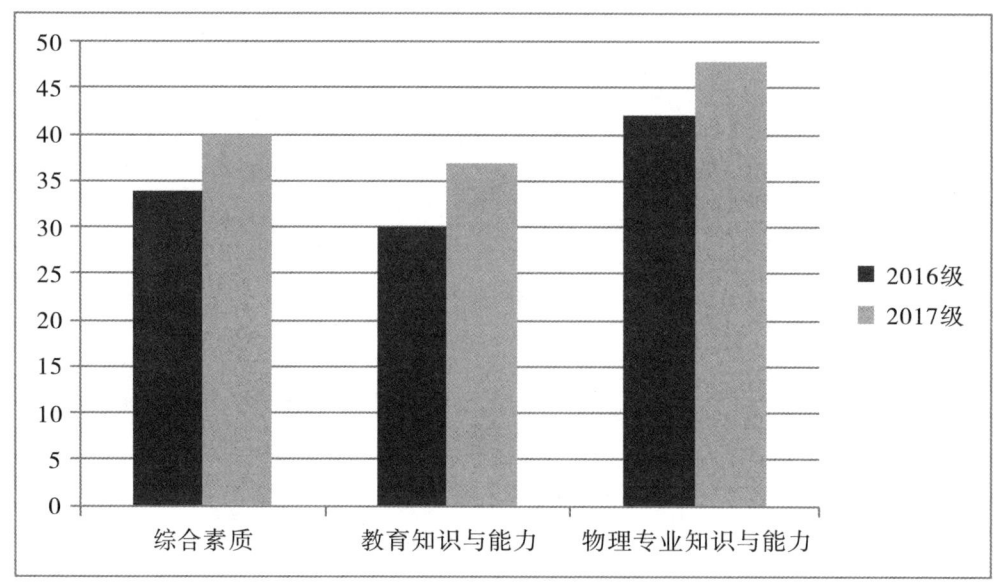

图 1　笔试科目未及格人数详情图

（二）物理师范生教师资格证考试现状问卷调查

1. 调查对象综述

为了解韩山师范学院物理师范生因教师资格证采用全国统考模式而受到的影响程度，据此进行数据分析，为学校和学生个人在往后的教师资格证考试中提供有效建议，从而提高物理师范生教师资格证整体通过率，故开展此次问卷调查。因为到目前为止，只有大三学生和大四学生参加过教师资格证考试，故本调查问卷只对韩山师范学院物理师范专业大三学生和大四学生发放。问卷分为三个维度：应试态度、应试方法和考试内容。本次调查共发放 120 份调查问卷，收回有效问卷 112 份。参与问卷调查的学生中，大三年级填写 52 份，占总份数的 46.43%；大四年级填写 60 份，占总份数的 53.57%。调查问卷共设有 22 个题目，现选取 14 个具有代表性的问题进行统计和分析，如图所示。

2. 关于应试态度的问题

关于物理师范生的应试态度，笔者调查了如下4个问题。

①你是否有从事教师职业的想法？调查结果如图2所示。

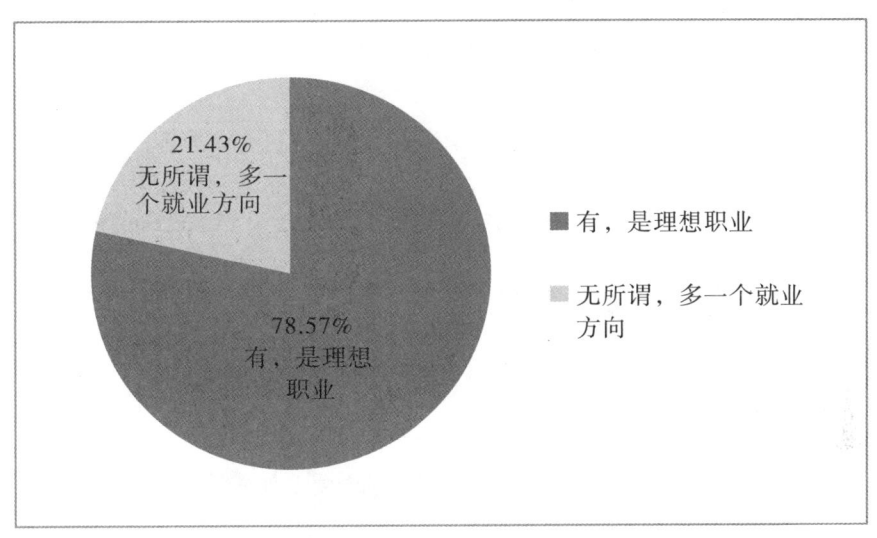

图2 是否有从事教师职业的想法调查结果图

②对于取消师范生直接获得教师资格证书的做法，你的看法是什么？调查结果如图3所示。

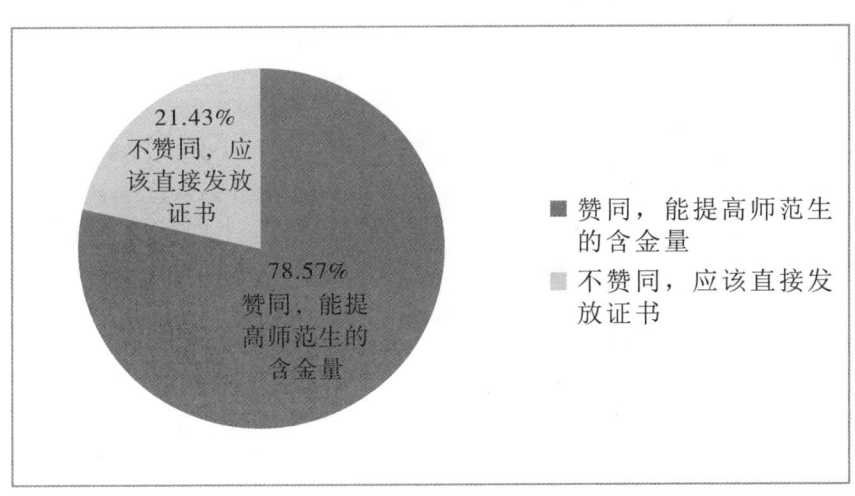

图3 对于取消师范生直接获得教师资格证书的做法的看法调查结果图

③你是否全面了解教师资格证国考制度？调查结果如图4所示。

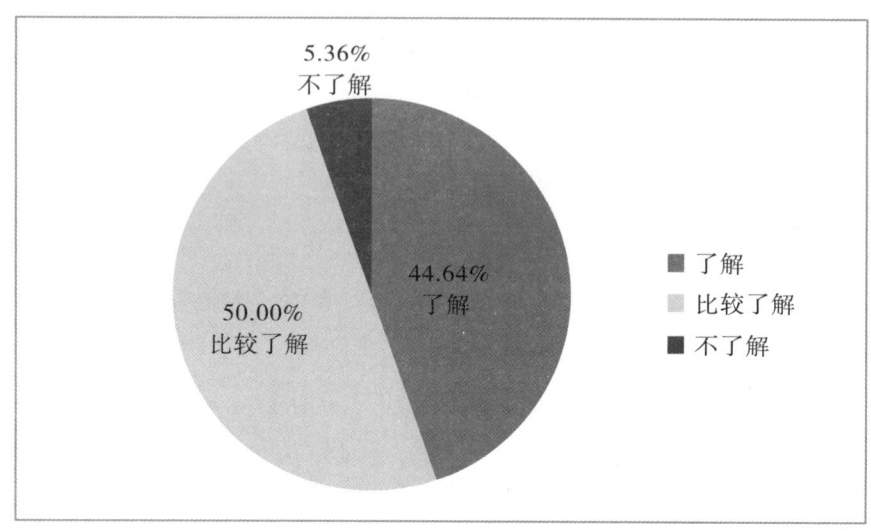

图4　是否全面了解教师资格证国考制度调查结果图

④据统计，物理师范专业学生的教师资格证考试通过率较低，你认为是什么原因？调查结果如图5所示。

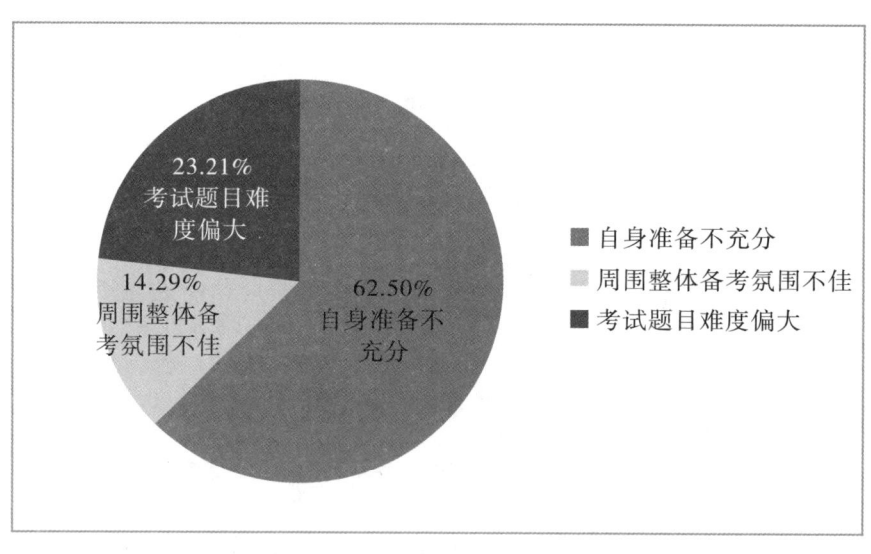

图5　物理师范生教师资格证考试通过率较低的原因调查结果图

3. 关于应试方法的问题

关于物理师范生的应试方法,笔者调查了如下 5 个问题。

①备考期间,你课余安排的备考时间是多少?调查结果如图 6 所示。

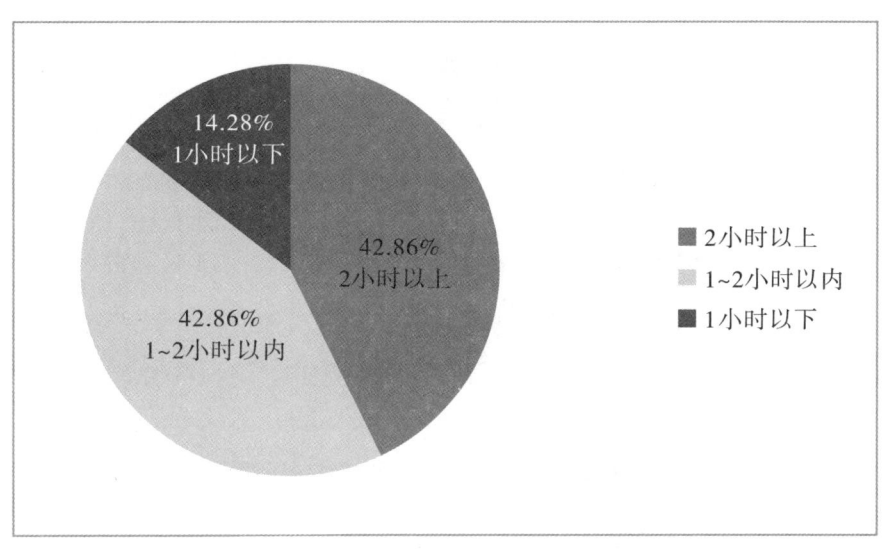

图 6　备考期间课余安排的备考时间调查结果图

②你备考是否有做计划?调查结果如图 7 所示。

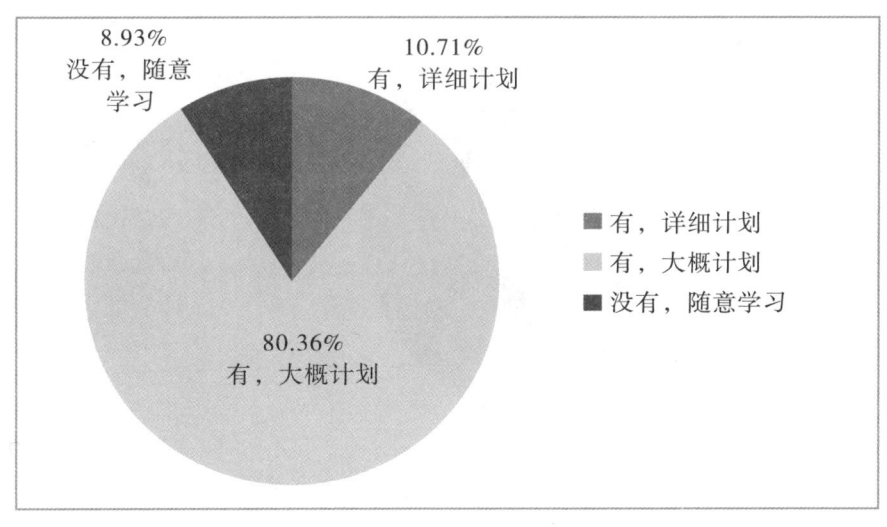

图 7　备考是否有做计划调查结果图

③你对学校所安排的教育类课程的看法？调查结果如图8所示。

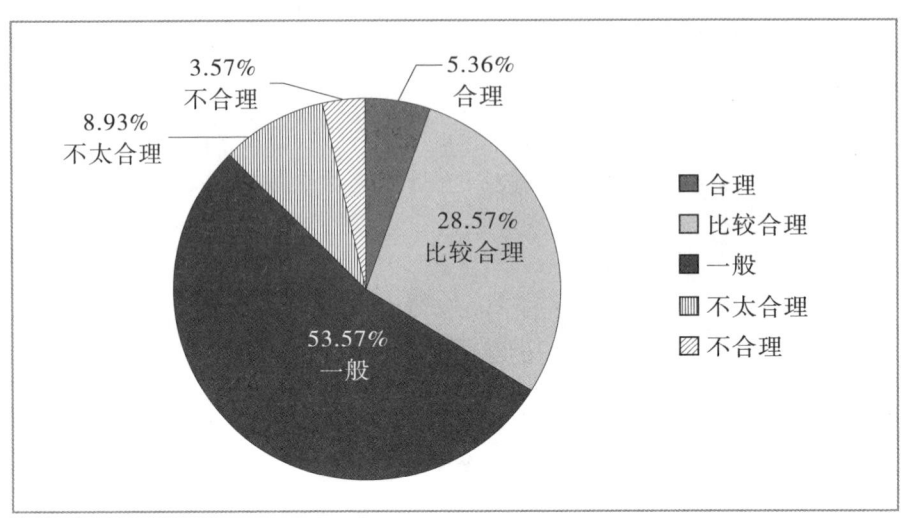

图8　对学校所安排的教育类课程的看法调查结果图

④你对物理专业类课程安排的看法？调查结果如图9所示。

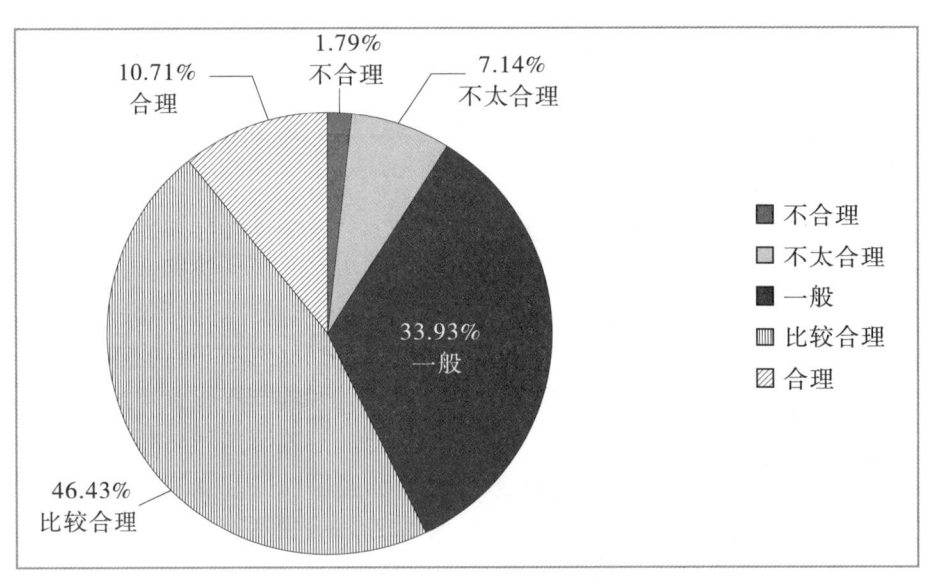

图9　对物理专业类课程安排的看法调查结果图

⑤对于面试，你认为是否需要学校在考前组织强化模拟？调查结果如图10所示。

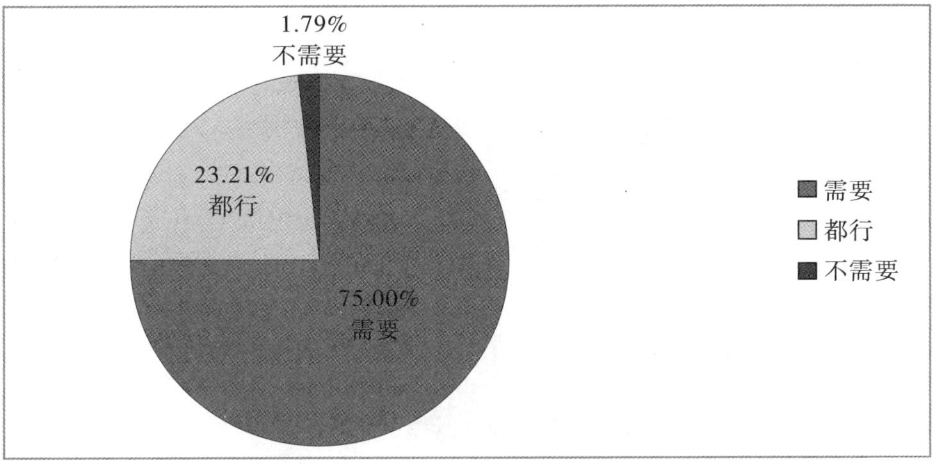

图10　对于面试是否需要学校在考前组织强化模拟调查结果图

4. 关于考试内容的问题

关于物理师范生的考试内容，笔者调查了如下5个问题。

①你是否了解教师资格证笔试科目考试大纲？调查结果如图11所示。

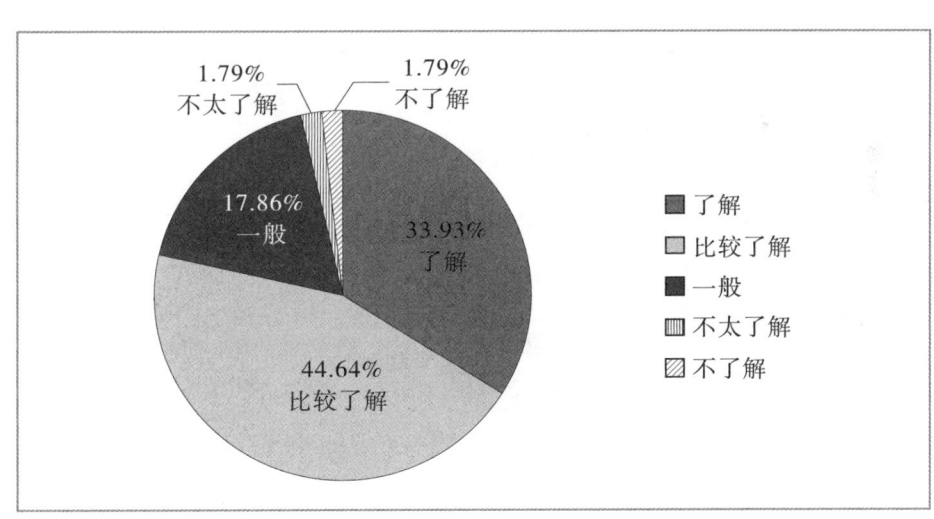

图11　是否了解教师资格证笔试科目考试大纲调查结果图

②你认为综合素质、教育知识与能力、物理专业知识与能力哪科难度大？调查结果如图12所示。

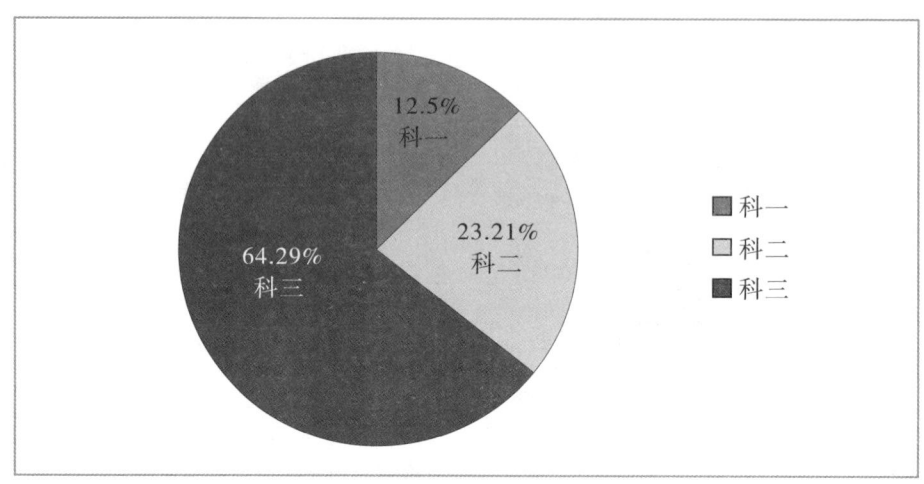

图12 综合素质、教育知识与能力、物理专业知识与能力哪科难度大调查结果图

③在"物理专业知识与能力"的笔试板块中，你认为较难的部分是什么？调查结果如图13所示。

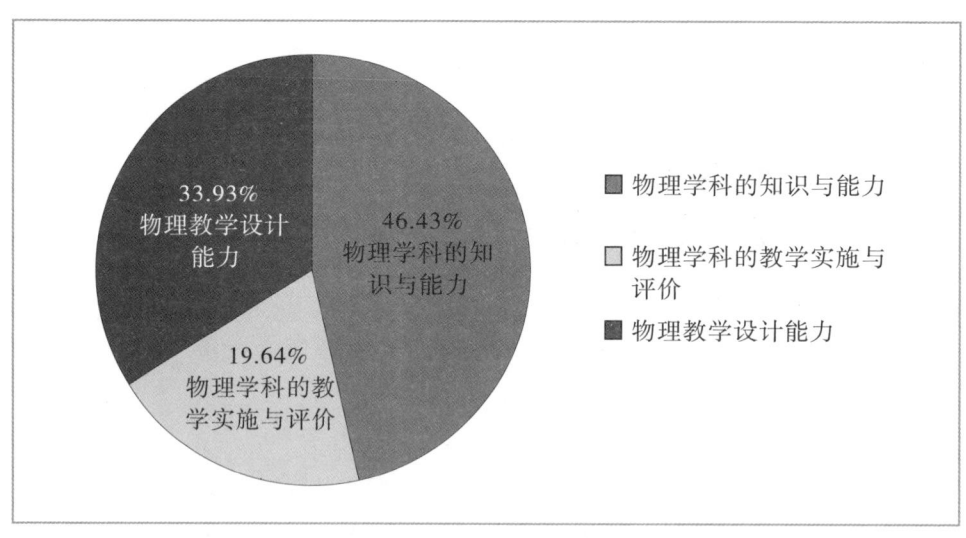

图13 在"物理专业知识与能力"的笔试板块中你认为较难的部分调查结果图

④在面试测试内容中哪一部分让你觉得有难度（多选）？调查结果如图14所示。

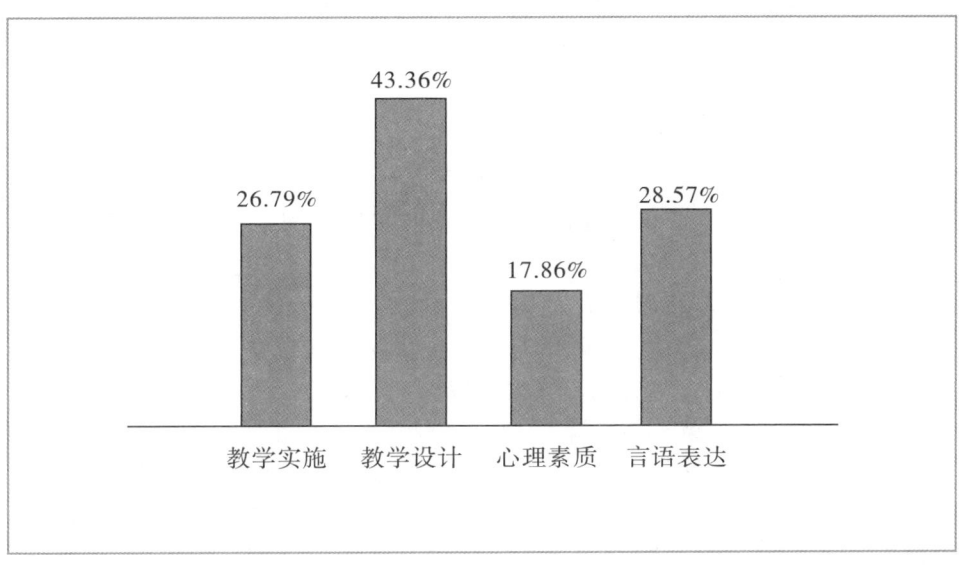

图14 在面试测试内容中哪一部分让你觉得有难度调查结果图

⑤你认为在教学设计方面你有什么不足？调查结果如图15所示。

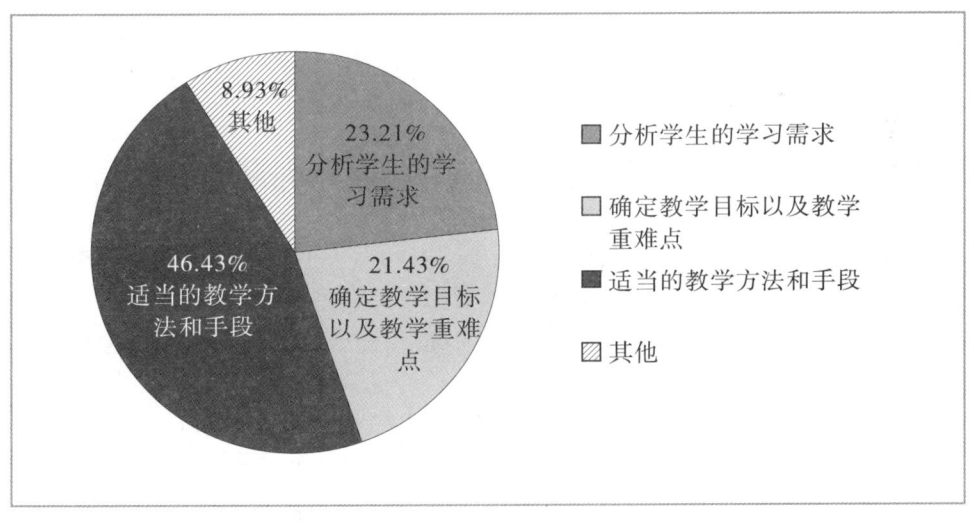

图15 你认为在教学设计方面你有什么不足调查结果图

二、对本课题问卷调查的分析

（一）物理师范生的应试态度分析

在本次调查中只有 21.43% 的学生把教师当作一个就业方向而并非理想职业，78.57% 的学生把教师当作理想职业，也就是说，大部分的学生是乐意从事教育行业的，考取教师资格证的内部动机较强。

问卷中有 78.57% 的学生赞同师范生也要参加教师资格证考试，认为通过这种方式可以提高师范生的含金量；有 21.43% 的学生认为应该直接发放证书，不需要参加考试。可见大部分学生对于师范生也要参加教师资格证考试这一制度，还是持认可态度。

而对于教师资格证国考制度，在问卷中有 44.64% 的学生有去认真了解过；有一半的学生表示比较了解；而只有 5.36% 的学生不了解。总体来看，绝大多数学生的备考态度较为认真，能够积极了解与自身专业有关的政策和制度。

提到物理师范专业学生的教师资格证考试通过较低的原因，问卷中有 14.29% 的学生认为周围整体备考氛围不佳；有 23.21% 的学生认为考试题目难度偏大；剩余 62.50% 的学生认为是自身准备不充分。可见在备考的过程中，学生学习动机不强导致通过率不理想。

（二）物理师范生的应试方法分析

在本次调查中，只有 42.86% 的学生能在每天的课后时间中分配两个小时或两个小时以上的时间用于教师资格证的备考，42.86% 的学生学习 1～2 小时，学习态度良好。但也有高达 14.28% 的学生每天花在备考的时间低于 1 小时，备考态度不端正。

在收集的有效问卷中，学生们对于教师资格证的备考有较为一致的想法。数据显示，有 80.36% 的学生对于备考做过大概的计划，但也有 8.93% 的学生毫无计划，只有 10.71% 的学生对于备考有详细的计划安排。可见许多学生对如何备考教师资格证考试没有明确仔细的方法，学习起来不成系统，甚至漫无目的。

问卷中只有 5.36% 的学生认为学校对教育类课程的安排合理，其他学生都认为比较合理、一般、不太合理甚至不合理。可见，大部分同学认为学校在教育类课程的安排上存在一定的问题。同样地，在被问到学校对物理专业类课程的安排是否合理时，只有 10.71% 的学生认为合理，大部分认为需要改进。

在接下来的问卷中显示，有高达 75.00% 的学生认为有必要在教师资格证面试前组织模拟强化，也就是说大部分学生认为学校可以在面试环节适当地组织模拟训练，这样可以提前给学生渲染考试氛围，并且给予学生备考上的一些有用指导。

（三）物理学师范生的考试内容分析

问卷中大部分的学生表示对教师资格证笔试科目的考试大纲了解或比较了解，而小部分学生经过笔试后，仍然对考试大纲不熟悉，在备考上不够下功夫，个人主观学习能动性不高。

对于"综合素质""教育知识与能力""物理专业知识与能力"这三个科目，在问卷中，有64.29%的学生认为相对另外两科，"物理专业知识与能力"这一科难度是最大的。而对于"物理专业知识与能力"中的内容，问卷中显示46.43%的学生认为物理学科的知识与能力难度最大，掌握起来比较吃力；33.93%的学生表示物理教学设计能力存在难度；而对于物理学科的教学实施与评价，学生认为难度较小。

关于面试中较难的部分，43.36%的学生认为在短时间内写出教学设计太考验能力，也就是说平时如果在这一块训练太少，在考场上很难应对；有28.57%的学生觉得自己在言语表达上不够流畅，语言组织能力不强；而26.79%的学生则认为在具体的教学实施上，总是不能顺利展开；也有17.86%的学生表示个人的心理素质不强，容易出现紧张、焦虑等不良状态。可见，面试要取得好成绩，还需要日积月累地磨炼。

三、不同角度对物理师范生有效提升考试通过率的建议

（一）师范生个人层面

1. 加快自身认知转变

（1）教师资格证制度的改革和实施使得师范生免试获得教师资格证的日子已一去不复返，同时也意味着师范院校在育生育师的教学道路上又多了一个挑战。在这种政策背景下，作为一名师范生，应该加快转变对自身所学专业的认识，将精力投入到对教育专业知识的学习中去，锤炼自身的专业技能，这样才能在政策的滚滚浪涛中体现自身的专业闪光点，为自己增加优势，在今后的考教大军中脱颖而出①。

（2）要明确考教师资格证的目的，是为了享受安逸的生活还是因为真心热爱教育行业。干一行，爱一行，只有明确做教师的真正目的，才能够真正地做好教师这个职业。

（3）要摆正对考试的认知，虽然教师资格证是通过考试的形式来取得，但考试只是一种检验的形式，备考过程的重点是为了让广大师范生明白作为一名合格的教师不仅要具备良好的师德，更要具备过硬的教学本领。如果将取得教师资格证与合格的教师两者画等号，这将会是愚蠢和错误的认知。

---

① 李国峰，周荣荣. 新教师资格考试背景下师范生取得教师资格证现状及对策：以滁州学院为例 [J]. 滁州学院学报，2017，19（5）：133-136.

2. 增强学习主动性

新教师资格考试的政策是结合国情，在探索中所形成的，此次改革虽然是对过去模式的一种改变，但在往后也绝不会是一成不变的。为此，师范生必须提高危机感，做好从容应对各种改变的准备。师范生一方面要学会利用微信、百度等网络渠道及时关注有关教育行业的各类信息；另一方面要加强自身能力的培养，除了学习大学专业所需的课内知识，更要主动去了解课外知识，如物理师范生应对初中、高中物理知识进行学习，为今后的从业提前做好准备。此外，还要加强教育教学课程的学习。增强学习主动性，不仅是在为考试做准备，也是专业发展对我们提出的要求。

3. 增强实践能力

高校是一个很好的交流平台，学校给我们创造了许多机会。各种师范生技能大赛、教学实践活动都是师范生锻炼的机会，师范生应该积极主动报名参加，自主培养自身的实践技能，增强教育教学的能力，为教师资格证面试做好充足的准备，也是为将来真正走上讲台打下基础。

（二）教师层面

1. 进行课程改革

新的国情呼吁新的考试制度，新的考试制度呼吁新的教学模式。在教师资格证实行统考的背景下，传统的大学师范教育必须随之进行改变。这不仅仅是为了提高学校学生的教师资格证通过率，也是在履行教师作为学生引路人这一重要角色的责任。以往由于师范生不需参加教师资格证考试便可获得该证书，于是师范学生的课程安排与其他非师范学生并无明显差别，这也导致了很多院校的教师教育类课程内容与国家教师资格证考试内容难以对接。因此，在教师资格证实行全国统考的这种大环境下，师范院校应对师范生的大学课程进行调整，开设具有师范特色的课程，如教师综合素质讲解、教育教学知识与能力培养等；同时结合学生所学专业的要求，对课程的学分、课时等进行调整，让学生既有充裕的时间去备考，又不耽误其他的学业任务。

2. 进行教学理念转变

传统的课堂只是教师一味地教，过于强调教师的课堂主导作用而忽略了学生的参与。学生作为被教学对象在这种教学模式中对知识的吸收如同走马观花一般，缺乏自身思想的参与，被动的吸收知识，教学效果事倍功半。因此高校教师必须意识到学生在教学过程中的主体位置，教学方式应本着让教师引导、让学生启发、让学生受用的目的来进行，增加学生的参与度。这样一来，学生才能做到真正的有所获，懂其用，教师也会收获更多的职业成就感。此外，打铁还需自身硬，教师也应在教导学生的过程中主动学习，尤其是指导物理师范生的专业课教师们也应主动与中学教师交流沟通，在自身对中学课程有所了解的前提下将大学知识与高中知识进行衔接，让学生更好地适应教师资格证考试的内容。

(三) 院系层面

1. 实施晚自习制度

部分师范生的自控力较弱，自主学习能力较差。对于还没取得教师资格证的学生，可以采取强制上晚自习。并且以宿舍为单位组成学习小组，相互提醒和督促。晚自习的时间应挑选当天课程较少的时候，最大限度地保障学生的休息时间，同时对于不同年级的学生上晚自习的频率也应有所不同。如大学三年级，每周可安排两到三个晚上集中复习教师资格证考试内容；对大学四年级的学生，每周安排四个晚上集中复习教师资格证考试内容。如此一来，通过强制晚自习的方式制造良好的备考氛围，再通过氛围去带动学生的备考积极性。

2. 考前集中培训

由于学生自身能力有限，在备考的过程中只能通过机构宣传或同学推荐等方式去了解教师资格证备考的相关信息，这种靠主观性做决定的做法容易造成又费钱又费心的后果。但如果由各院系来牵头，将校内骨干教师集中或通过讲座的模式聘请可靠机构的讲师来给学生们上教师资格证应试课程，举办模拟面试，提前让学生们参加一次"模拟考"，这样一来，学生们不仅心里有底，对教师资格证有了清晰的认识，同时又能避免走弯路，花冤枉钱。学校也能通过这样的活动及时发现学生的学习问题，为今后的教学规划提供参考。

3. 构建考试题库

师范院校应将教师资格证考试如同必修课程一般重视，参照初高中学科小组般组建教师资格证研讨小组，组内教师应深入研究教师资格证历年考题并总结规律提供给学生参考，令学生了解考试规律，知晓重难点。组内教师可通过构建题库的方式快速地给予考生应试材料，将考试内容系统地划分板块便于考生快速进入备考状态，不必花费太多时间用于搜集有关资料，为考生减轻备考压力，提高教师资格证的考试通过率。

(四) 学校层面

1. 加大教师资格证改革的宣传力度

学校应将教师资格证作为重要任务来开展教学工作，通过布告栏或班会的形式提前使师范生认知到改革后所带来的挑战，调动学生危机感，引起重视。学校也应高度重视新教师资格证考试的相关政策，积极了解学生的考试现状并做好统计，组织相关人员有目的有计划地面向学生开展教师资格证的政策解读，包括报考时间、报考条件、报考形势、考试科目、考试内容、考试要求、复习策略等方面的宣传，为师范生的备考解决其他因素的干扰，使其能够全身心地投入到备考中。

2. 加强微格教学力度

首先，要尽可能多地增加微格教学的课时数量，教学能力不可能一蹴而就，一次两次的训练远远不够。因此微格教学应该贯穿大学四年，在条件允许的情况下，周末可以免费开放微格教室让学生自主训练。其次，要重视微格教学评价环节，要严格把关，不要单纯流于形式。评价的内容可以包括教案的编写是否合理、教学方法是否恰当等等，让学生通过自评、互评以及最后教师的评价相结合来发现教学中存在的问题并提出有效的建议。

3. 加强教育实习力度

实习是检验师范生自身能力的最好机会，是师范生认知自我教学能力短板并进行改进的便捷平台。因此学校要注重学生的教育实习工作，可以适当延长见习和实习的时间，帮助学生更好地了解中小学的学情和教情，并选派优秀的指导教师与学生一起进入中小学课堂，在实践中对学生进行更有针对性的指导，促进学生专业教学能力的发展。总之，通过科学合理的实践环节的训练，使师范生提高取得教师资格证书的自信心，提高就业竞争意识，坚定从教信念。

学院应将师范生教师资格证考试的笔试情况和面试情况作为一项长期任务进行观察，形成一个数据动态库。

四、结论

通过调查分析，对韩山师范学院物理师范生教师资格考试通过率较低的原因有了进一步的了解，也非常感谢在这次调查中提供帮助的同学。希望文中的一些建议对还没通过教师资格证考试和即将参加教师资格证考试的同学有所帮助。总之，教师资格证国考制度的实施是教师职业筛选的一次创新，给我们提出了新的挑战。韩山师范学院作为一所地方性院校，肩负着为地方培养合格的中小学教师的重任，任重道远，如何结合自身实际应对挑战，亟须解决。最后，呼吁师范生要努力提高个人能力，适应教师资格证考试制度，切实加强教学技能的训练，争取早日成为一名符合时代要求的合格人民教师，为我国教育事业的发展添砖加瓦，从而推动建立更加完善的教育教学工作体系，更符合社会主义现阶段教育强国的发展需要。

指向核心素养的"电磁学"课程教学改革试验研究

陈城钊

物理核心素养是学生在接受物理教育过程中逐步形成的适应个人终身发展和社会需要的必备品格和关键能力,是学生通过物理学习内化的带有物理学科特性的品质,是学生科学素养的重要组成部分。物理核心素养主要由"物理观念""科学思维""科学探究""科学态度与责任"四个方面构成。结合物理学科的特点,物理教学应当基于"问题探究",让学生在学习过程中构建"物理观念"、发展"科学思维"和形成"科学态度与责任"。

如何在网络环境下提高教学的质量,更好地实现网络与教学过程的优化整合,更好地培养学生的物理学科核心素养,这是当前教育科学研究中的一个热点。互联网络与校园网络的自由联通,提供了网络教育的硬件条件,使网络教育成为可能。传统的教学观念正逐渐被打破,教与学的过程没有了时空的限制,教育越来越走向网络化、虚拟化、国际化和个性化。面对海量的网络资源,作为教师如何快速、准确、择优利用、开发、整合资源,以"创设情景""设置问题""布置任务"等使网络与信息技术真正成为引导学生去构建知识的工具;作为学生如何身临其境,通过认识、思考、分析、实践,把网络与信息技术作为学习的工具,做到真正意义的知识建构。要做到这些,需要在先进的教学理论指导下,进行网络环境下教学应用模式的积极探索。本文研究和进行了网络环境下的教学改革试验,探索了网络环境下以教师为主导、学生为主体的教学模式,为培养和提升师范生的核心素养的教学改革积累实践经验。

一、网络资源下教学改革的理论基础和资源建设

建构主义学习理论主张以学生为中心,强调学生是信息加工的主体,是知识意义的主动建构者。建构主义认为,学习不是由教师把知识简单地传递给学生,而是学生自己建构知识的过程;对知识的真正理解只能靠学生基于自己的经验背景,在一定的情境下,借助必要的信息资源,通过协作、讨论、交流、互相帮助(包括教师提供的指导与帮助)主动建构起来。这种建构无法由他人来代替。建构主义的教学理论强调教师要成为学生主动建构意义的帮助者、促进者,课堂教学的组织者、指导者,而不是课堂的主宰和知识灌输者。建构主义的核心是强调学生主动建构知识的意义,建构

知识的意义——这是建构主义的基本出发点，也是建构主义追求的最终目标。但是"意义的建构"不是由别人而是由学习者自己完成——由学习者在适当的学习环境下通过主动探索、主动发现，即通过"自主学习"才能完成。学习者是认知的主体，学习者的自主学习才是对所学知识实现意义建构的"内因"，学习环境是促进学习者主动建构知识意义的外部条件，是一种"外因"。外因要通过内因才能起作用。设计理想的学习环境是必要的，因为这有利于促进学习者的意义建构。近年来形成了以学为中心的建构主义教学设计原则，其核心概括如下：①强调以学生为中心，即强调学生的主动性和首创精神，将知识"外化"，实现自我反馈三大要素；②强调"情景"对意义建构的重要作用；③强调"协作学习"对意义建构的关键作用；④强调对学习环境的设计；⑤强调利用各种信息资源来支持"学"；⑥强调学习过程的最终目的是完成意义建构。

在自制电磁学有关网络课件的基础上建立"电磁学"学习网站，完善"电磁学"教学资源和网络建设。第一，按照"电磁学"教学大纲的要求确定课程学习和相关内容等；第二，按照每章、节知识点不同，建立习题库；第三，提供相应典型的应用实例，让学生把所学的电磁学基础知识联系起来，综合分析，做出初步研究；第四，连接到国内外电磁学相关的网站、专业资源库等；第五，设置留言板和讨论区，在网上展开师生间、学生间的学习、交流、讨论。

二、教学活动设计

（一）任务驱动的自主——小组协作学习模式

在进行课堂教学之前，先对全班学生进行分组，组员自由组合，提出第一次主题课的主要内容（即给出任务）：其一，保守力和势能的概念；其二，电场力做功的特点，电势能、电势的概念如何引入，如何计算电势、电场的环路定理；其三，等势面的概念，电势与场强的关系及应用。教师为每个小组确定主题（或组员自己拟定主题）和方向。主题的选择必须就学习的重点难点中一个或多个，而不能脱离重点难点。选择主题后，组员进行分工合作，搜集资料并整理，制作成电子作品。对电子作品的要求是要制作成幻灯片（PowerPoint）、课件（Authorware）、动画（Flash）或网页的形式提交；要求为作品做简要的介绍，包括作品的题目、摘要、形式、参考资料（网址、文章题目和作者）。

每个小组在每次活动中都要求填写小组活动记录表，将小组的整个活动过程真实、具体地记录下来。例如在活动中讨论或争论了什么问题，最后是如何解决的，等等；组长必须对小组的活动进行评价，不足之处在哪，如何改进，优点又是哪些，活动的方式又是什么，等等。

每个学生在完成小组分配到的任务的过程中，要求填写学生学习日志表。表的内容包括：第一，记录在学习中遇到的问题或困难，如资源不足或者是自己知识不足；第二，详细、具体、真实地记录解决问题和困难的思考过程和思维的冲突及变化；第三,对解决结果是否满意,满意之处是什么;第四,对解决结果有何建议或有待改进的地方,采取的交流方式是什么,网上交流还是面对面的交流,还是其他的交流方式,解决问题和困难的方式又是什么。这种小组协作的学习模式,有助于培养学生独立解决问题和困难的能力和与他人交流合作的能力。

作品要求用两周的时间完成并上传到网站的作品展示区,每组选出一名代表用8分钟的时间对本组的作品做介绍,包括回答老师和其他同学的问题。之后学生进入"讨论区"对任意作品进行讨论和评价,肯定优点,指出缺点,提出建议,同时也可以对照其他小组的作品,对自己的作品加以改进。在讨论过程中,教师要善于发现每位学生发言中的积极因素并及时给以肯定和鼓励,给学生的表现做恰当的评价,引导学生完成活动过程,达到协作学习的目的。最后,教师略加点评并小结本课。

整个学习活动结束之后,各个小组还要填写组员自我评价表和组间评价指标体系表做活动总结及反思。组员自我评价的目的是:通过自己对整个学习活动过程的反思和自我评价,肯定长处,发现不足并改进,全面、客观地认识和了解自己,有助于在以后的学习和工作中扬长避短,更好地促进自身的学习和发展。而组间的评价则能从他人的观点中了解自己的电子作品组织是否合理、创新能力高低、资源处理是否得当等,从更多的侧面了解自己的长短处,以更好地发展自己。

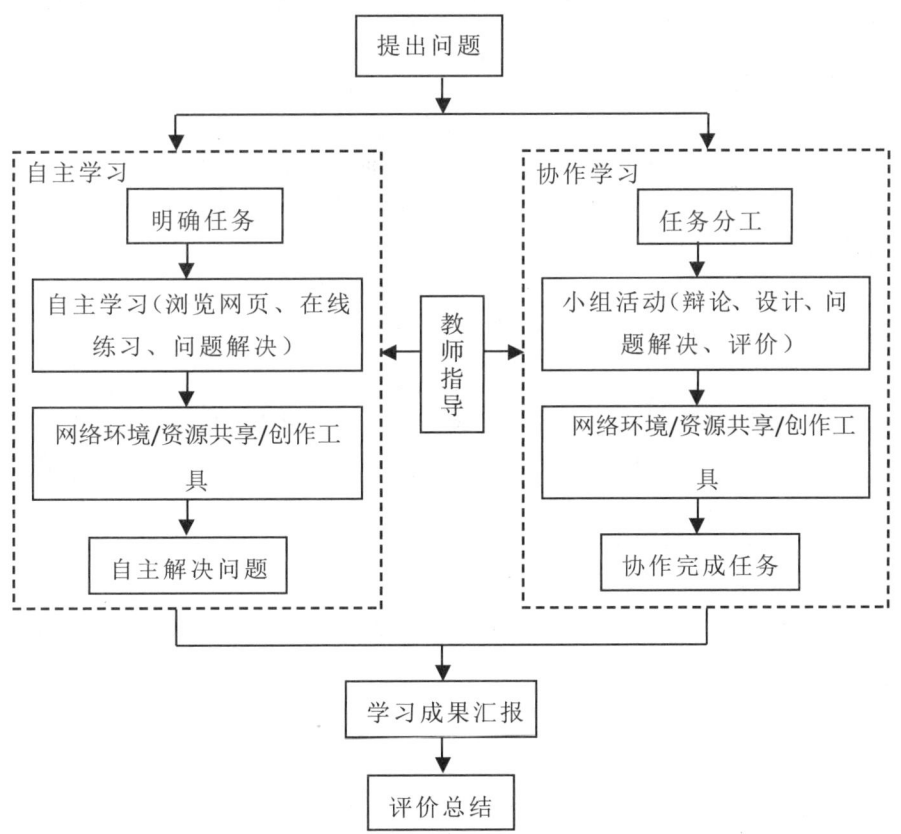

图1 基于网络环境的自主——小组协作学习的教学模式结构图

在整个学习活动结束后,教师对自己的教学过程和学生的学习过程做总结和反思。从小组交上的表和从活动过程中多方面的观察了解到,在整个活动中还有些同学对这次的学习目标不明确,尚不了解教师采取网络教学和小组协作学习方式的目的,学生在网络虚拟环境中进行探索交流,有时因缺乏对学习内容的兴趣或遇到困难,如信息资料不足等而主动放弃;有些学生的学习积极性不高,对电子作品的制作和表格的填写采取敷衍了事的态度,认为那只是一种形式;有些学生自主学习的主动性较低,面对大量的无关刺激,注意力难以集中,兴趣容易转移。其实这正是采取网络教学需要慎重考虑的问题,因为网络教学中学生的学习行为很难控制,网络中的很多错误信息很容易让学生沉溺于其中;另外,网络交流让学生忽视了现实生活的交往,淡化了真切的感情交流,容易造成心理与人格障碍。针对以上的种种情况,教师要加强对学生的引导,端正他们对网络的态度,教给他们更多的学习方法,努力消灭各种不利因素。

(二) 主题研究性学习模式

在对第一个主题教学的反思和修正之后,进入第二个主题的教学试验。第二个教学大专题是要研究近代的电磁规律,好让学生从整体上了解电磁学。这一主题是我们基于网络资源下电磁学教学的另一个探索,是一个大专题的研究,因此学生需要更多的时间。

这是一个时间较长的小课题主题研究活动,主题的选择很重要,它直接影响研究的成功与否。课堂上教师向学生简要地介绍几个近代电磁规律(如库仑定律、奥斯特发现电流的磁效应、安培定律及分子电流说、高斯定理等)及其有关的研究,引导学生浏览自制的电磁学学习网站或是通过搜索引擎查找相关资料。在学生对近代的电磁规律相关的知识有大概的了解以后,教师的指导学生选题或学生自拟主题,有些学生选"库仑定律的发现",有些学生选择"奥斯特发现电流磁效应的过程",有些学生选"高斯定理的应用"。

为了教学的方便,把选择主题相近的学生组成一个主题研究小组,小组同样实行组长管理制,负责联系老师和小组的分工等工作。各个小组根据自己的研究主题,请系内相关学科的教师作为指导教师,也可以请校外其他教师。各组同样要填写小组分组名单、组员自我评价表、组间评价体系表,以便教师组织教学和研究结束时进行评价。

根据教师的要求和研究主题的内容,学生开始主题的研究,通过教师介绍的网站或运用"baidu、sohu、google"等搜索引擎搜集相关的资料,或是查阅书本,或通过录像、电视、广播等来获取相关的信息。学生自己浏览网页或书籍,分析资料后,与小组成员不断地进行交流和探讨,并与指导教师交流意见,在处理信息的过程中可面对面的交流或网络交流(如电子邮件、bbs、聊天室等)。如遇到了极其困难的问题,可通过电子邮件的形式向专家咨询。在指导教师或科任教师的指导和帮助下,学生做好详细的工作笔记,按计划完成主题研究后,要求每位学生写主题研究报告,详细叙述研究的思路、过程和所取得的成果。把所取得的成果制作成电子作品（成果可以是小论文，实验探索报告、调查分析报告等，也可以是实验的模型）上传到电磁学教学平台的作品展示区，方便全班同学交流意见。

教师对上交的电子作品进行研究后，在课堂上向全班展示，并组织同学对其中的一些主题进行答辩和讨论，与第一个主题的教学相同，每组选代表向教师和同学简要介绍研究实施的过程、分工的情况、取得的主要成果，以及研究过程中的主要收获。教师以组织者和引导者的身份，在讨论中将问题层层引入，及时发现学生在讨论中出现的错误并纠正，对学生经过努力研究的作品做恰当的评价，让学生知道自己研究中的成功和不足之处，以及以后的研究需要努力的方向。

对于一些优秀的研究成果，教师将它放到学院的网站上进行公布，让学生得到满足感和成就感，提高学生往后学习的主动性和积极性。优秀研究课题可组织更大型的讨论和交流，以便做更深一步的研究。校园网发布的优秀成果还可供后来的学习者参考，成为下次网络教学的资源。

在整个研究过程结束后，教师要对自己的整个教学过程和学生的整个主题研究过程做反思和评价。从这次学生参与研究学习的整体看，这次教学弥补了第一个主题教学活动中存在的漏洞，即加强了教师的指导和帮助，使学生不会觉得主题的学习难以下手，也更明确了学习目标，很多学生更喜欢课外知识的研究。其实，通过第一个主题的教学，很多学生已经开始认识到了网络教学的好处和方便，也受益匪浅。教师的主动引导使许多学生更能放开心扉，与教师大胆地交流，勇敢地阐述自己的见解。通过这样的研究活动培养了学生的科学探索精神、协作精神和创新能力等。

三、教学效果评价

在行动研究中，我们通过课程考试、问卷调查、教学讨论等多种方式了解学生对网络环境下的教学模式的反映，对调查内容及结果进行分析总结。

（一）问卷调查

调查结果显示，大部分学生喜欢和赞同基于网络资源利用的教学改革，对这一新型教学模式表现出浓厚的兴趣。与"满堂灌"的传统教学模式相比，我们认为本次教学改革有以下几个优点：其一是较好的教学设计。本次改革的教学流程包括设立教学任务与目标、自主学习、探究问题、协作学习、任务汇报、课堂讨论等几个环节。教学设计显示网络环境下的教学方式灵活，教学内容多样丰富。其二是改变了传统的教学环节，突出了教师的主导地位和学生的主体地位，真正使得教学互动。传统的教学环节为"复习—新授—小结—作业"，这是单一的传授知识的过程。而本次教学过程是学生发现、思考、解决问题的过程，充分调动了学生学习的积极性、主动性，体现了学生认知主体的自我学习和协作学习。同时，教师对学生的学习提供指导、帮助和点拨，体现了教师的主导地位，整个教学过程是师生与生生之间的交流、讨论、协作的过程。其三是培养了学生的综合素质。一是学生通过网络检索、查阅资料，制作课件等，培养了学生的信息素养。调查结果显示，86%的学生认为本次教学改革提高了信息处理的能力。二是提高了学生的语言表达能力。学生通过汇报形式，阐述、讨论老师提出的问题，锻炼了学生的语言表达能力。三是促进了学生自主学习的能力。在网络环境下，自主学习意识得以高度发挥，从学习的内容、方式、方法到学习时间，学生都可以自行安排，这样，学生变被动学习为主动、自主的学习。

（二）问题与不足

第一，教学条件的不足。开展网络环境下的课堂教学，必须要有网络教室和上网条件，学校难以满足这方面的条件，这样会影响教学改革的开展。第二，学习机会不均等。由于学生以小组为单位进行教学过程，小组负责人承担的工作多一些，学习机会也就多一些。小组成员，尤其是学习不努力的同学学习和锻炼的机会就会少一些，导致学生学习机会不均等。（3）知识体系不完整。由于采用基于问题的探究式教学模式，可能导致学习的知识体系的不完整。（4）学时问题突出。在利用网络资源进行课堂教学时，完成查阅、整理资料、讲解讨论、教师点评等教学过程，需要比传统教学更多的时间，导致学时问题突出。

四、总结

从教学改革试验的结果可以看出，基于网络资源的"电磁学"教改试验效果是十分显著的。随着多媒体及网络的发展，很多以前无法实现的教学设计正在或已成为可能。科学安排教学过程的各个环节和要素，优化了教育传播过程，为学生提供了良好的信息化学习条件，显著提高了课堂教学效率。由于课堂结构多元化，课堂形式灵活多样，不同的教学方式反复强化，在有限的教学时间内，让学生更多、更好地掌握应学的知识，调动了学生的学习积极性与主动性，培养了学生的信息素养、创新精神和综合能力。在不久的将来，以课堂为主、以教师为中心的传统教学方式将转向以网络为主、以学生为中心、个性化及人性化的网络教学。

面向卓越中学物理教师培养的物理师范专业实践教学体系的构建

陈城钊

高等师范院校作为我国教师教育培养的基地,其人才培养的质量、模式及方法,不仅关系到我国教师队伍的整体素质,更关系到我国教育总体水平的提高。鉴于高等师范院校对教师队伍人才培养的重大意义,教育部于2010年开始在部分高校试点实施卓越人才培养计划。该计划是高等师范院校教师教育改革的一项重大举措,其目的重在造就一大批"师德高尚、理念先进、业务精湛、锐意创新、视野开阔"的高素质专业化教师、学科教学专家、教育管理专家,从而支持、服务、引领基础教育改革发展,提高师范生就业竞争力。该计划的提出,为高等师范院校人才的培养提出了要求,指明了方向,使高等师范院校人才培养有了新的改革和发展方向。2014年8月18日,教育部决定启动实施卓越教师培养计划。"卓越教师"计划的实施,不仅给高等师范院校的人才培养提出了新的要求,而且对未来的教师队伍也提出了更高的标准。培养卓越教师是响应时代的召唤,为社会输送更多乐教(乐于终生长期从教)、能教(胜任中小学教育工作)、适教(素质过硬、适应力强)、善教(乐于探究、自我发展能力突出)的优秀教师。但是,一些师范院校不关注基础教育和职业教育的改革发展,不与时俱进办教师教育,教育教学改革后相对滞后,教育实践质量差,教师教育队伍师资不高,培养出来的师范生离实际需求还存在一定差距。了解、研究并改进当前高校物理师范生实践教学的现状,无论对于卓越教师培养计划,还是对于提高中学物理教学质量和效果,都有重要的意义。

一、物理师范生实践教学调查与分析

采用问卷调查与集体访谈相结合的方法,对物理师范生实践教学的现状和影响因素进行调查,并对调查结果进行了分析。本问卷调查所选取的对象是已经参加过教育实习的2014级物理学专业师范生。本次调查共发放90份问卷,回收88份,回收率是98%,其中有效问卷为80份,有效率为91%。从调查结果中发现,大致存在以下几方面问题。

首先是参与实践教学的积极性不高。由于部分师范生本来是被调剂后才会读上师范专业，所以日后从事教育工作的时候难免不会全身心投入，对学生的责任感、自己的使命感不足，甚至在内心是排斥的。问卷中只有58.33%的学生是有意向当老师且自愿报名，这么说大概只有一半的人是怀有真心想当教师，做一个人类灵魂工程师，想要好好培养祖国下一代的想法而报了物理学（师范）这个专业；而有33.33%只是听父母的话，认为在放开二胎以后的近几年，各地会新建学校以致教师需求量增大，从而觉得教师职业（无论是公立私立还是教育机构）就业前景比较好；更有8.33%的学生是被调剂或者补录进本专业，对本专业没有多感兴趣，然而物理学又是一门比较难的学科，内心有所排斥。

其次，由于学物理相对于学其他学科比较困难，所以大部分学生会投入大量的时间和精力学习专业类课程（如力学、电磁学、量子力学等），形成"重视专业学习，轻视教学技能训练"的现状，所以培养出来的物理教师质量不过关。调查中有83.33%的学生认为自己四年里的专业课理论多实践少，没有好好锻炼到自己的师范技能，不能很好地掌握上课的技巧，剩下的16.67%则认为理论与实践相当。如果把课程分为教育实践类课程（如微格等）、教学理论类课程（如学科教学论等）和专业类课程（如力学等），在接受调查的学生里，第一，没有学生觉得课程比例应该保持现状。第二就是100%的学生觉得要加大教育实践类课程的比例，没有学生认为现在实践课比例以及上台实践机会够多，真正上台教学经验也不足，现阶段不能足够让他们成长为一名及格的人民教师。而认为要加大教学理论类课程设置比例的学生也占据50%，因为我们学校这类课程属于教师范生如何写教学设计。在前文也提到过，一个中学卓越教师具有较高的物理课堂教学设计能力，所以加大这类课程比例也有助于物理师范生的实践能力。但也有同学认为应该减少此类课程以增加教育实践类课程。而对教育类课程的比例学生则没有太大意见。

再次，教育实践类课程、教学理论类课程和物理教育类课程的课时分配比例不科学。学校在大三下学期才安排学生学习教育实践类课程，让大部分学生上台机会不足，甚至有学生没有上台试讲、说课的机会，导致大四上学期教育实习时经验不足；可能学院或者老师觉得评价不同类型学生讲课有点困难，导致微格教学实验室利用率不高。

最后，师范院校的教育实习一般安排在大四上学期，但此时学生有的想考研究生，有的想考公务员，有的想去应聘。前两类大四毕业生因为要学习无法安心投入实习，加之一些实习学校担心实习生会影响教学质量下降，少给甚至不给实习生登台授课的机会，只有最后一类毕业生会想着提升自己的教学经验及面试表现而认真对待教育实习，导致教育实习失去本来的意义。

而说到教学经验，有83.33%学生的教学经验是在平时家教中得到，有50%的学生在放假时有去教育机构做补习老师，12.5%的学生在大四前有过实习和见习机会，而有8.33%的学生无经验，纯属纸上谈兵。这样的情况不容乐观，绝大部分学生的经验从家教和教育机构中得来，而家教和教育机构讲究的是一对一或者一对多的针对性教育，在教师角度看来，家教和教育机构属于课后个别辅导，多数能解决学生个人的学习问题，而不属于课堂实践教育，不能做到熟练运用教学方法，使绝大部分学生融入课堂，更加不能把家教和教学课堂相提并论。

在校园里，影响物理师范生实践能力的因素有很多，有教育实习、微格训练、教师技能比赛（说课比赛、三笔一话比赛等）、课堂教学等。在调查中发现，有91.67%的学生觉得教育实习能有提升实践能力的作用，但6周的实习期还是不太够；而83.33%的学生觉得教师技能比赛和微格训练对其提升教学能力有帮助；也有66.67%的学生觉得实验教学也是提高物理师范生教学能力的因素；只有少数学生认为教育类课程、教学理论类课程、课外活动或其他因素能帮助他们提高自身的教学能力。

综合来说，就物理学专业师范生培养现状而言，存在一些突出问题，主要表现为从教意志不坚定，轻视实践教学，教学实习周期短、效果差，教学研究能力不足，因此与卓越教师的要求相差甚远。为此，要以"卓越教师培养计划"为契机，推进物理学专业师范生实践教学体系改革，培养卓越的中学物理教师。

二、卓越物理教师实践能力培养的新模式

一般认为，"卓越教师"要求物理专业师范生具有高尚的师德、扎实的学科专业知识、过硬的教学基本功，包括良好的语言表达能力、多媒体辅助教学能力、管理班级的能力、设计操作物理实验的能力，同时具备教学反思、教学研究能力。师范生教育实践能力是由多种能力组成的一个能力体系，它以学科教学知识为基础，进而形成专业实践能力。师范生除必须拥有所教学科的具体知识，如事实、概念、规律、原理等外，还应具有将自己拥有的学科知识通过教学过程转化成易于学生理解的表征形式的能力。因此，专业实践能力则是教育实践活动过程中必须具备的实际操作能力，包括学科教学能力、教育管理能力、教育科研能力和实践反思能力等。

（一）改革物理学科教学论的教学

学科教学论是卓越教师职前培养的核心课程，为师范生将来走上教师岗位、成长为卓越教师奠定基础。但是，学科教学论课程却长期以来存在一系列问题。

（1）学科教学论课程历来重教育理论知识的传授，轻实践教学能力的培养，特别是缺少理论学习与实践训练的衔接、整合。

（2）教学课时少，无法满足学生掌握教学技能的现实需要。

（3）教育实践质量不高。由于高校与基础教育联系松散，学科教学论课程教学体系封闭，基本上就是教师单一地在课堂上讲授与教学相关的理论知识，这样培养出来的师范生教学实战能力不强。

（4）师资队伍薄弱。一些师范院校没有配足、配齐教授学科教学论课程的专业教师，往往是兼职教师担任教学，其专业知识储备与教育实践经验都达不到教育专业教师的水准。

改革后，物理学科教学论开设于大二学年下学期，旨在让学生掌握中学物理的教学方法，为顺利适应教学工作打下基础。教师一般采取讲授的方法，讲解中学物理教学理论，采取笔试的考核方式，学生被动地接受教学理论，很少有亲自登台模拟试讲的机会，对提高学生的教学技能意义不大。因此，必须改革该课程的教学和考核方式，如将原有的每周2课时增加到每周3课时；给每位学生配备一本中学物理教材，由学生自主挑选授课内容，备课，写教案，做课件；每节课请两位学生试讲，教师和其他学生对试讲课程进行讨论和点评。在此过程中，教师有意渗透中学物理的教法、学法，将理论讲解与实践训练有机结合，并将学生试讲表现计入期末考试成绩，从而确保每位学生得到充分的锻炼和真正的提高。

（二）专业知识和技能训练协同发展

物理学专业基础课程主要是与力、热、电、光学相关内容，这些内容都是中学物理的延伸和拓展，学生对各部分内容都有所了解，相比理论物理而言，内容还是比较简单、物理图像清晰。我们提出，在物理学专业基础知识课程的学习中融入教学技能训练，一方面检验学生对专业知识的理解程度；另一方面有效地增加分散技能训练机会，变"短期训练"为"长期训练"，变"集中训练"为"平时训练"，使专业知识和技能训练协同发展。技能训练结合专业课将极大地增强教师和学生的师范性意识。从具体操作上看，专业课教师可以选取一些简单的、容易掌握的内容，在专业课上留出一点时间让学生上台讲、大家评，最后教师有针对性地从专业内容和教学技能方面分别进行指导；也可以提前选定一个内容，例如某一概念、规律或某一习题布置任务，在辅导课上通过技能训练的方式进行专业知识复习。这样不仅可以检验学生的知识掌握情况，而且把卓越教师的培养渗透在日常教学中，学生通过备课、做课件、讲解，不但掌握了专业基础知识，而且体验到完整的教学过程，锻炼了语言表达能力、多媒体辅助教学的能力、组织课堂教学的能力等，使学生得到更多锻炼教学技能的机会，从而达到事半功倍的效果。

（三）突出师范生实践主体，构建卓越教师成长共同体

目前韩山师范学院已经建有汕头、揭阳、潮州三市的教师教育改革创新试验区和100所教师专业发展学校。在建立粤东教师教育改革创新试验区的同时，韩山师范学院学院还与珠三角地区的一些教育管理部门、名校签订协议，建立了十几所韩山师范学院实习基地。韩山师范学院与这些学校通过资源共享，在教师师资队伍培训、教学科研、教育实习等方面加强合作，这就是所谓的高校、地方政府、中小学和教师"四位一体"相互协作与整合的 U-G-S-T 共同体，其中，创新试验区的"三位一体"合作显得尤为突出。韩山师范学院依托试验区与基地学校平台，力争与基地学校建立真正的"伙伴"关系，为卓越教师的教学技能培养提供更好的平台和场所，有效实施卓越教师见习、研习和实习"三位一体"的教育实践体系，组织学生到基地学校实习，

与基地学校共同制订卓越教师培养方案,中小学指派优秀教师以"一对一师徒制"的形式做学生的指导教师,大学也抽调校内高职称、富有实践经验的教师跟踪指导,经常选派专业教师到中小学调研、实践、挂职锻炼,与中小学一线教师形成"双导师",共同指导师范生的教育实践,帮助学生开展教材研究、教学反思和经验总结,提高他们实际的教学能力和水平。基地学校还与高校根据实习地中小学招聘要求对学生进行就业指导,构建学科协同育人平台,开设中小学名师工作坊,开展"同课异构"、专题讲座和问题研讨等教学研究活动,还对学生参加教师资格考试提供实践案例分析帮助。

(四)构建大学四年不间断的全程化、递进式的实践教学体系

改变目标模糊性、时间片段性的实践模式,构建分段式、层次性四年一体的实践模式,丰富学生实践体验,把实践教学贯穿大学四年,虽然不同年级的实践要求、内容、形式不同,但相互连贯。卓越物理教师培养的实践教学体系包括综合素质实践、物理专业实践和教师教育实践三个平台。综合素质实践是培养学生强烈的责任心、事业心,塑造高尚品德,提高沟通、合作、实践动手和创新能力的重要途径,包括新生军训、社会实践、公益劳动、社会调查、校园文化活动、第二课堂活动等素质教育实践活动。物理学是一门以实验为基础的学科,实验是物理师范生所必须掌握的学科基本技能。物理专业实践包括普通物理实验、近代物理实验、Matlab在物理学中的应用、自制教具实践、开放实验、综合设计实验、专业综合实践、课程论文、毕业论文(设计)等。无论是课堂演示实验还是指导学生进行探索实验,教师都必须根据现有仪器设备或自制简单仪器,具有实验设计、开发、操作和排难的能力。韩山师范学院采用基础与近代、虚拟与实际、演示与自制仪器、课内与课外实验相结合的办法,整合实验资源,形成了两类型(必修和选修)、三层次(基础提高型、综合设计型、研究创新型实验)、四阶段(入门阶段、提高阶段、深入阶段和探索阶段)的立体化物理实践教学体系,整个实践能力的培养贯穿教学始终,假期也不中断。为引导假期学生的实践活动,学院成立了大学生实践创新教研室,包括社区服务、虚拟实验、教学技能赛、飞思卡尔小车大赛等团队,每团队均配有专门指导教师,学生自治,满足了个性化学习的需要,全面提高了学生的物理实践能力。教师教育实践是为师范生获得教师职业基本素养而开设的课程,主要包括与教师职业技能和职业资格训练紧密相关的一系列实践教学活动,诸如普通话、汉字书写、书面表达技能、微格教学、班主任工作、组织和指导学生课外活动、教育教学研究、现代教育技术应用和工具书使用技能以及课堂教学的设计与评价、学科教学实践、德育工作实践、教学观摩、教育见习、教育实习等。其目的在于培养学生的教师职业技能,培育学生的职业意识与职业情感,使学生基本具备将来从事教师职业的技术和本领,为教师专业能力发展奠定基础。

大学一年级的目标为感悟和观摩,主要是培养学生的教师职业认知和教学基本功的观摩。第一学期,在新生入校后,就开展专业理想教育,如:举办专业理想主题班

会，聆听中小学名师、大学导师针对专业理想的讲座，观看全国优秀教师的事迹采访视频，从优秀师长那里感受到教师职业的光辉，在潜移默化中学习优秀师长是怎样教育教学，怎样为人师表，怎样教书育人的。通过这些活动，师范生对卓越教师的内涵有了深入的认识和理解，对我国基础教育的现实有了真正了解，参与基础教育的愿望更加强烈，对中国的教育产生深刻思考，认识到教师在社会发展、孩子成长中的重要作用，产生"舍我其谁"的使命感和自己作为未来卓越教师的光荣感、自豪感，从而迸发出对基础教育事业、教师职业的热爱，进而产生专业自主发展的内在动力。第二学期，教学基本功观摩。近五年韩山师范学院加强了微格实验室和网络远程视频教育平台的建设，微格实验室对师范生的教学基本功的训练提供了现代化的教学条件，而网络远程视频建设则将中小学优质课堂资源与高校的教师教育理念和实践课堂有效合一，实现了高校与基础学校的无缝对接，因此有力地保证了教学基本技能的培养和训练。微格实验室和网络远程视频教育平台的内容包括教师形象与礼仪、教学语言的呈示、板书板画的设计、课件的有效利用、语速语调的高低快慢、演示教具的合理运用、学生和教师的互动等。教学过程重在学习和了解，要求学生在寒假和暑假期间分别选择两位教师围绕教育信念、教育理想、教育情感、教育知能、教育意志等五方面展开访谈，紧扣这五方面撰写访谈心得，对优秀教师与普通教师进行区别，找出他们的异同，为后续的学习明确方向，从优秀师长那里感受到教师职业的光辉，在潜移默化中学习优秀师长是怎样教育教学，怎样为人师表，怎样教书育人的，让师范生在教师"教育爱"的示范、尊重、信任中养成教师职业情感，通过师范生每天都会与教师在大学课堂中接触的方式，通过教师的言传身教，使师范生在将来的教师职业生涯中能够热爱自己的学生、热爱自己的职业；自我教育，师范生通过阅读古今中外教育家的著作，学习他们先进的教育情怀和教育事迹，学习他们崇高的职业价值取向和合乎规范的教育教学行为，学习他们思考、感悟教育的方式，学习他们把思考转化为实践行动，把大师的精神融入自己的学习生活，并在学习过程中逐步地实践；通过教育教学内容和过程，培养师范生的教师文化；通过开设思想品德修养课、教育学基础课、教育史课等，培养师范生的职业道德和教师素质；通过开展丰富多彩的教育活动，如具有浓厚教育意义的支教活动、志愿者活动、文化艺术周社团活动等，为师范生提供教育契机和展示自己的平台，通过这些活动培养师范生热爱教育事业，从心底里认为教育事业是一项有意义的活动。

  大学二年级的目标为领会。其中第三学期的主要学习形式是见习。其形式包括现场见习、远程见习、录像观摩等，内容包括教学设计、课堂教学、课后辅导、观课评课、班级管理、主题班会、家长会、课外活动、教师集会。可以通过案例教学，调动师范生的主动性、积极性。教师教育者引导师范生运用自己的知识储备来思考案例中的问题，引导师范生运用平时所学的教育学、心理学理论以及课程教学法进行深入探讨和分析，引导师范生找出案例中的可取之处、不足之处，并吸取不成功的教训，让师范生开动脑筋，运用集体的智慧探索更好的教育教学方法。可以通过改革课程实践方式，以中小学教育教学中的案例为载体，使学生觉得理论与实践得以联系，也不觉得上课的过程漫长了，反而觉得上课能学到实实在在的新鲜知识。第四学期进行的是初步的物理教学能力训练。学生进入教学名师的课堂或观看优秀教师的教学视频，效仿教师名师的教学技能，可以自己从中学课本中自选一节内容，进行教学设计，准备15分钟左右的讲授内容，在全体同学面前做试讲，通常是上午观摩或试教，下午在教室学习讨论。这主要训练教学导入技能、提问技能、板书板画技能、随机应变技能、强化技能、结束技能等。学生通过观看、观摩、见习后，以教学实践小组为单位，效仿教师的教学技能，进行20分钟的微课教学演习，内容可以是某一概念、例题或定律的讲授，通过导师和学生当场点评，及时反馈，让全组学生对教学技能的掌握都得到不同程度的提高。每个学期确保每个学生有三次演练机会，教学过程重在模仿和感受。

大学三年级的目标为掌握，通过微格教学、传统训练或竞赛促进等方式掌握教育教学基本技能。第五学期的微格训练内容丰富多彩，包括多媒体平台操作使用、课堂教学、班级管理、教研活动、综合实践活动、书写等，方式包括观摩相关录像、实际演练、同伴点评等；也可以通过邀请专家教师开专题讲座的方式，提高师范生对教育教学理论的理解和对教育教学实践的体验与感悟；通过微格教学的方式，训练师范生的教学技能、技巧、心理素质、教态等，从而达到提高师范生教育教学技能水平的目的；通过邀请中学一线教师观摩师范生课堂教学的方式，让专家教师点评师范生的课堂教学，给予师范生具体指导，使师范生的教育教学技能得到切实的提高。第六学期是物理教学能力训练。教学设计能力是从教者根据物理教学理论、学习理论和传播理论，运用系统科学的方法，对教学系统中各要素和教学环节进行分析、计划并做出具体安排的能力。此学期要利用"物理教学论"和"微格教学"课程，对物理课堂教学设计能力和各种教学教研能力进行理论讲解、案例分析和逐项训练。要求学生根据教师制定的中学物理教学内容，编写课时教案两个和说课稿一份，每人制作课时教学课件和课时说课课件各一份，并进行优秀教案、优秀课件评选活动。举办班级和学校的教学技能比赛，并选拔和推荐优胜者参加广东省和全国的教学技能大赛。

大学四年级的目标为提升。第七学期，通过到基地学校进行教育实习来进一步巩固和提高教育教学能力。集中教育实习是对学生专业能力的全面检验。师范生的教育实习安排在广东省粤东各县区30多所中学进行，实习时间持续十八周，通过真实的中学教育教学工作，使学生逐步掌握中学物理教学的基本环节的基本操作方法，深入了解基础教育改革的现状，通过听课、备课、上课、评课、反思、调研等各个环节，使学生驾驭物理课程内容的能力、物理教学设计的能力、物理课程实施的能力、教学评价的能力在实践中得到极大的提升。第八学期是教学反思、教学研究能力的提升。通过开展实习生返校汇报验收活动，评选优秀实习教案、优秀实习生，举办优秀实习生示范课观摩，举行实习体会经验交流会，促使学生进行教学反思和教学研究；归纳实习中的问题，举办专题研讨、综合研讨讲座，提升学生的教育教学研究能力；举办教学观察、课题讨论，培养学生在纷乱中抓住主要矛盾的敏锐洞察力和教学反思能力。

（五）构建以赛促学、以赛促训的综合实践模式

我们组织选拔优秀学生参加广东省的本科高校师范生技能大赛和全国大学生物理教学技能大赛。组织学生开展三级物理师范技能竞赛活动，初级是院系级竞赛，面向全体学生，每人完成一份中学物理的课程设计、完成一次说课、模拟课堂、评课活动、制作完成一节完整的课堂教学多媒体课件；中级和高级是选拔学生参加省级和国家级竞赛，要求参加省级和国家级竞赛的学生在周末、假期进行集中训练，充分利用学生的团队力量，高年级带低年级，分组轮训，包括备课（选教材、选课、制教具、设计实验、做课件等）、说课、讲课等各个环节的训练。一系列训练后，学生对新的教学要求了解得较清楚，对相关内容的教学方法和技巧研究、体会得相当透彻，包括课堂上学生可能的反应、演示实验可能出现的假象等，均有充分的估计和应对准备。由于所有参加集中训练的学生都是出于个人的兴趣，所以训练自觉性强，并且能吃苦耐劳，最终都得到很好的锻炼，并在相关的技能竞赛活动中取得较好的成绩，所以也有成就感。

我们也组织学生参与广东省大学生物理实验设计大赛，主要步骤有：

（1）实验选题。学生以小组为单位，根据组员的能力与兴趣选择1个题目并进行资料的搜集。资料搜集主要包含两部分内容：一是在自己所掌握的知识范围内进行搜集，利用自己已知的知识找到问题研究的理论依据、实验方法和分析方法，以及实验所需的器材；二是在已出版的有关文献中进行搜集，尝试找到现成的或可以借鉴的理论依据及各种方法。

（2）实验设计方案答辩。经过搜集资料、查阅文献，每个小组以PPT的方式进行实验设计方案的阐述，教师与其他学生对其方案进行提问与质疑，最后由教师从科学性、可操作性等方面对设计方案进行评价。若方案通过，即可进行实验方案实施阶段；若方案被否，则需进行改进，再次答辩。

（3）实验设计方案实施。实验方案的实施是一个从理论到实践、从抽象到具体的过程。各小组根据设计方案中的科学依据、实验方法和具体实施措施，选择实验器材，组装实验设备，搭建实验平台系统，进行实验尝试与改进，得出实验数据。方案实施过程非常有助于培养学生团队协作的意识。学生之间的交往合作机会增多，学生分工合作，在小组这个学习团队中学会与人相处，发展协作素质，体验共同进步，增进了合作意识。

（4）实验结果展示及经验交流。教师组织经验交流会，每个小组以PPT的方式展示其实验过程和结果，陈述其实验过程中的经验与教训，回答其他学生提出的疑问。这种交流会可以拓宽学生的知识面与视野。

（5）实验论文撰写。实验论文的撰写，可以锻炼学生撰写规范论文的能力，锻炼学生对论文的组织、表述能力，锻炼学生的逻辑思维能力。这些能力的提高有助于学生正确、完整地表达其物理实验的设计思想和步骤。

为了参加教学技能大赛和设计性实验比赛，学生必须强化日常训练，通过平时的学习和不断的训练，才能获得前期的基本技能，所以必须使教学技能训练常态化。学生的日常训练包括：课堂教学训练；课外活动、社团活动等实践活动；各种单项教学技能竞赛，如普通话、三字一话、课件制作、自制教具等以大赛促进教学，以大赛促进技能训练，通过大赛互相学习，最终促进师范生教学技能的全面发展。参加教学技能大赛和设计性实验比赛是当前适应中国实际的、促进教师专业发展的一条重要举措。经过多年的努力，我们凭借这个平台，使学生师范素质得到了提高，这是我们最大的收获，也是教学技能大赛的最终目的。通过大赛的培训，学生的教学方法灵活多样了，引入新课丰富多彩了，实验探究落到实处了，优美课件呈现出来了，"师范素质"得到了很大提高。

三、总结

实践教学是卓越教师培养的重要途径，对高水平师资的培养发挥着重要作用。构建全程参与式的教学实践系统，可以对师范生进行师德修养的培育和教育教学能力的训练，使师范生的社会责任感、创新精神和实践能力都得到较大提高，具备成为卓越教师的条件，将来走上工作岗位后教学工作和班级管理能够得心应手，充分发挥个人的能力，为从事教育事业打下扎实基础。

"近代物理实验"课程中核心素养培养的探索与实践

刘秋武

"近代物理实验"是为完成了大学基础物理实验课程的物理专业高年级学生开设的一门综合性的实验课程,其内容覆盖面广,题目多数是在近代物理发展史上起过重要作用的著名实验,在实验方法和实验技术上具有代表性。学习该课程,除了可以进一步提高学生的物理实验的基本知识、基本方法和基本技能等素养外,更能培养学生的观察问题、分析问题和解决问题的能力,科学实验的能力,培养学生严谨的科学作风,活跃的创新意识,具有从事科学研究的基本实验素质。传统的"学生课前课本预习,老师课堂讲授后学生实验,课后完成实验报告"的教学模式,已经不能满足学生对该课程的有效学习。随着信息技术的发展,积极探索课程的教学手段和教学方法,将信息技术融入课程教学中,对培养学生实践应用能力、科学研究和科学创新能力具有重要意义。

一、在近代物理实验中引入微课

学生在实验前预习阶段,对实验原理部分基本能够充分理解,但在仪器操作的预习部分,由于缺乏相应的仪器现场讲解,不能很好掌握。实验时,大多学生面对仪器,不能正确地、有目的性地调试仪器,甚至不敢动手调节仪器,动手能力在实验操作环节没有得到应有的锻炼。近年来,随着计算机和手机的普及,在近代物理实验中引入微课,将教材中仪器元件的名称与实物一一对应起来,将仪器的调试、操作及故障处理变成可视化,改变了学生在实验前只能面对教材中图文的静态预习方式,提高学生学习的兴趣和效率。每个实验微课的时长控制在10分钟以内,视频的内容包括实验原理、仪器简介、实验内容及调试过程、常见故障的判断依据及处理方法,并在视频中间插入相关的问题,列举出该实验技术和仪器在其他领域的应用。

 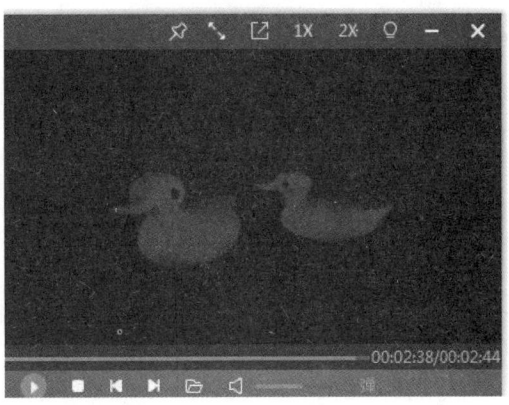

图1　激光全息照相微课视频截图

通过多年的建设，已经拍摄有夫兰克—赫兹实验、拍频法光速测量、光电效应测普朗克常量、法拉第效应、光学信息处理基本实验、光谱拍摄与分析、激光全息与散斑计量、光电器件的光谱特性、应变片传感器及应用、密立根油滴实验、核衰变的统计规律等实验的微课视频，每个微视频都有明确的教学目标，内容精炼且不断更新，深受学生喜爱。

二、近代物理实验中引入 MOOC 教学模式

目前实验类课程教学，基本遵循的是学生先预习、课前指导、学生实验、课后报告的模式，这种模式还是符合教育规律的。但在实际教学过程中，模式的第一个环节发生了变化，这直接影响到接下来的几个环节。作为课前预习的一部分，教师很难掌握学生是否在预习，预习的程度如何。在没有看到学生实际操作的情况下，教师无法判定学生的预习程度。因此，教师必须在实验前进行详细的讲解，将指导环节转化为教学环节。而学生看老师进行详细讲解，自然不会认真预习，甚至不预习，久而久之，所谓的"预习"环节就成了摆设。另外，因课堂讲解占用了较多时间，很多学生实验时间很紧张，遇到问题直接找老师，没法好好地思考和探讨问题。课后缺乏一个交流互动的机会，教师也无法知道学生的实验掌握情况，不同层次的学生更是缺乏一个温故和提高的平台。因此，形成了先讲课再实验最后写报告的枯燥、低效的模式。[1]

近年来，选取10个实验项目进行视频制作，在超星学习通平台上建设"近代物理实验"课程网站，引入慕课式教学模式。针对每一个实验项目，制作关于实验原理介绍和实验仪器介绍的慕课视频，作为课前预习部分，完成预习测试后方可进行实验。

---

[1] 庄娟，杨华，李建东，等. 近代物理实验系列化教学模式探索 [J]. 物理与工程，2014，24（S2）：60-61，64.

图2 近代物理实验课程网站

课上以提问、讨论的方式指导学生实验，实现翻转课堂教学，课后也可对已完成的实验进行回顾、反思和总结。教师可以在MOOC课堂平台上根据学生课前预习情境对学生有更充分的认识，能有的放矢地展开讨论和指导：对预习效果好的学生，让学生大胆动手完成，开拓本实验方法及技术的应用领域；对预习效果较差的学生，需要更多现场指导和协助，更好地做好差异性培养。利用MOOC课程平台的信息手段，可实现物理实验教学中预习环节的现实性和有效性，提高学生实验技能和科学素养。

三、在近代物理实验中引入仿真实验教学

仿真实验也称虚拟实验，它是采用"面向对象"的概念，在遵循实验规律和真实地反映实验现象的基础上，用计算机模拟一个可视化地、虚拟的实验环境，学生通过拟定实验参数，操作虚拟环境中的实验仪器，观察实验现象、探索物理规律，达到实验目的[①]。近年来，采用科大奥锐仿真平台，引入拉曼光谱实验、塞曼效应实验、密立根油滴实验、傅里叶光学实验、法拉第旋光效应实验等实验项目到近代物理实验中来，帮助学生做好实验前的预习准备，提高实验课的效率，补充实验课程内容上的不足。每个仿真实验自带操作指导，学生可以对实验结果进行自测。学生只要联网，即

---

① 腾香. 近代物理虚拟仿真实验系统的开发研究与实践 [J]. 渤海大学学报（自然科学版），2015，36（003）：204-207.

可在线运行基于组件的虚拟物理仿真实验，不受时间、空间的限制，系统给学生提供一个自主学习的网上环境。

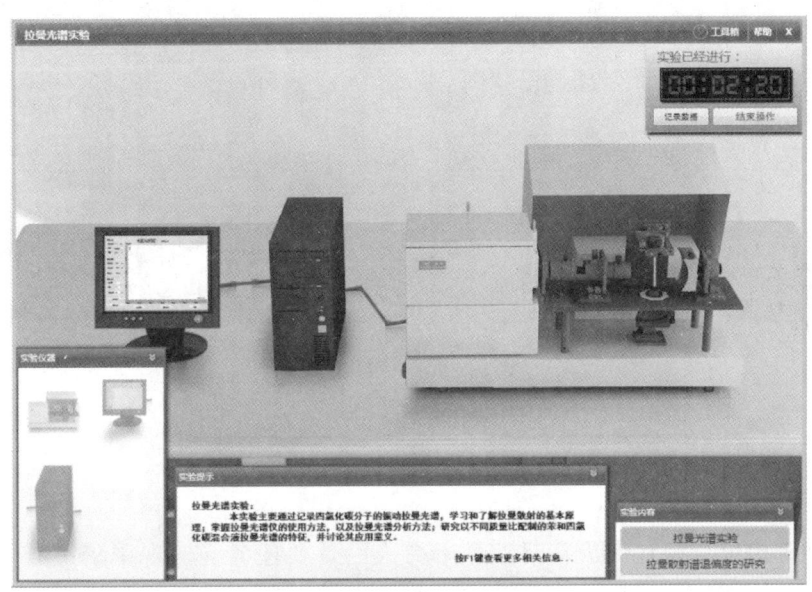

图 3　拉曼光谱仿真实验界面

仿真实验与实际实验各有特点，已经成为近代物理实验学习中不可或缺的实验训练手段。近年来，除购买平台外，学生在自建仿真平台上也做了尝试，图 4 是光学实验仿真平台的截图①。仿真实验"虚实结合"的实验教学新模式可以深入挖掘实验现象背后的物理原理，清晰直观地展示知识难点，详尽地剖析实验技术的精髓，加深学生对实验的理解，让学生在充分理解的基础上做好实验，还能"无成本"地拓宽和加深实验教学的内容，提高实验综合能力培养的水平②。正如一位学生所说："只做线下实际实验的话，要考虑到学校的仪器设备、实验室开放等困难，我们不能做到随时随地都能够进行实验。另外，实际仪器的内部结构也不能直观了解，实验现象有些不可直观观察。而线上虚拟实验正好弥补了这个不足。两者结合，在线上仿真实验进行预习讨论，线下实际操作，而线下实际操作完了，我们还可以继续在线上进行仿真实验，完善自己做实验不足的地方，这样能更好地达到学习的目的。"

---

① 刘秋武，黄贤群. 光学衍射仿真软件的设计与实现 [J]. 韩山师范学院学报，2010，31 (06)：47 – 51.
② 乐永康，龚新高，苏卫锋，等. 虚实结合的物理实验教学 [J]. 物理实验，2017，37：39 – 43.

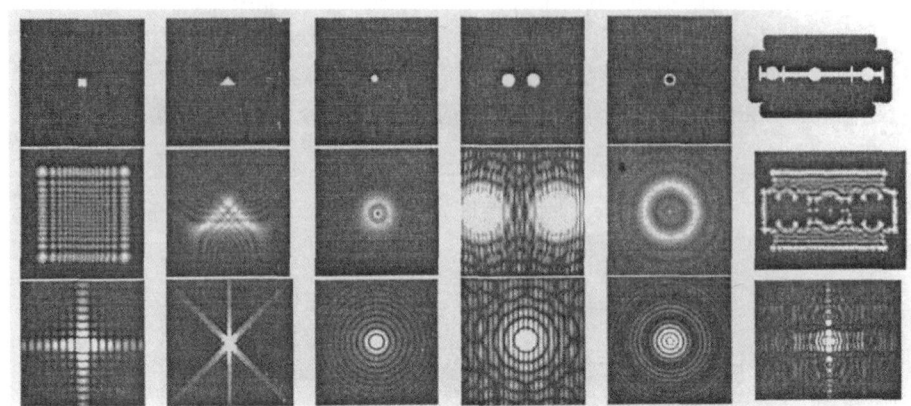

图4 光学仿真平台

四、在近代物理实验中引入课程思政

坚持把理想信念教育作为新时期教书育人的首要任务。实现中华民族伟大复兴的中国梦，推动中国经济社会发展进步，关键在人才，基础在教育。在进行专业知识讲授中，适时融入"课程思政"，用马克思主义的科学世界观和人生观去教育学生，使他们树立远大的理想，把学生培养成为有益于祖国、有益于人民的社会主义事业接班人。"课程思政"的目标是以习近平新时代中国特色社会主义思想为指导，坚持知识传授与价值引领相结合，运用可以培养大学生理想信念、价值取向、政治信仰、社会责任的题材与内容，全面提高大学生缘事析理、明辨是非的能力，让学生成为德才兼备、全面发展的人才。围绕这个目标，通过积极培育和践行社会主义核心价值观，运用马克思主义方法论，引导学生正确做人和做事。

在实验课程教学中，我们把学生核心素养培育放到了首要位置，不仅要培养学生掌握一定的物理实验技能，更要培养学生严谨的治学态度、活跃的创新意识、辩证思维的综合应用能力。例如核衰变的统计规律实验中，主要培养学生的唯物辩证思想：

（1）从实验单次测量放射性粒子数的随机性中寻找规律，培养学生"在无序中找有序"的探索精神；

（2）核衰变所服从的统计规律依赖于探测到粒子数的平均水平，体会实验验证"量变到质变"的唯物辩证思想；

（3）学会核衰变所服从的统计规律，体会遵守实验室安全守则的重要性及加深对核安全的理解，克服对"核无知"带来的恐惧；

（4）辩证看待核能应用，正确认识核能利用对建设"绿水青山"美丽中国的重要意义。

五、培养学生初步的科研能力和团队合作精神

实验教学在培养大学生动手能力和实践中的创新能力方面发挥着重要作用。整合实验室现有的实验资源，结合指导老师的科研专长①，增加一些内容新颖、应用性强、与学科前沿结合紧密的设计性、综合性及研究性实验项目，让学生在学习中去研究，在研究中去学习，使学生的实验动手能力、创新意识在实验中得到显著提高，老师的业务能力也得到提示。鼓励学生参加广东省大学生物理实验设计竞赛或大学生创新创业训练项目，一些好的实验设计鼓励学生发表论文。

通过探索改革传统的实验课的教学方法，充分应用现代教育技术，在教学环节中设计和引入讨论课，通过与学生趣味性的讨论互动，启发学生的学习兴趣，提升学生的科研创新能力，使学生从程序性的被动学习过程中，转变到主动思考、主动查资料、主动互相讨论的主动式学习过程中。学生做实验的积极性提高，参加物理实验设计大赛的学生数明显增加，学生的科学实验能力不断提高。

---

① 王小怀. 利用光杠杆测量流体压强及流速的微小变化［J］. 物理实验，2018，38（10）：21－23.

核心素养视角下同课异构课的赏析
——以"探究感应电流产生的条件"一课为例

刘翠青

"同课异构是一种高效的教、研、训一体的教研方式"[1]。因为教师的教学理念、教学经验不同，对教学内容的理解和诠释方式不同，教学思路、教学方法求同存异，教学风格、教学效果异彩纷呈。下面就以人民教育出版社物理选修3-2第四章第二节"探究感应电流产生的条件"的同课异构活动为例，从核心素养的视角来赏析这三个课例的教学思路和教学特色等，在"异中求同、同中探异"[2]中体会差异，在差异中体会精彩。

一、教材内容分析

（一）教材编写思路

课题：4.2 "探究感应电流产生的条件"。
（1）复习导入。
①实验：切割磁感线产生电流（教材图4.2-1）。
②问题：还有哪些情况可以产生感应电流？
（2）实验初探。
①实验观察并记录：向线圈中插入磁铁从线圈中抽出（教材4.2-2）。
②问题：在这个实验中，什么情况下能够产生感应电流？
（3）实验再探。
①模拟法拉第实验（教材图4.2-3）。
②问题：根据以上四项实验观察的结果，你能得出什么结论？
（4）分析论证。
对三个实验的实验现象进行分析，指出各自产生感应电流的条件。

---

[1] 徐颖. "光的折射"同课异构教学片段的案例分析[J]. 物理教学，2016，38（4）：43-45.
[2] 陈瑞生. 同课异构：一种有效的教育比较研究方式[J]. 教育实践与研究，2010（1）：8-10.

(5) 归纳总结。

对以上三个实验分析结果进行归纳总结，得出结论：只要穿过闭合回路的磁通量发生变化，闭合回路中就有感应电流。

(6) 做一做。

摇绳能发电吗？

（二）教材编写的特色

(1) 注重实验探究，包括问题、证据、解释、交流等要素。

(2) 注重分析、归纳等科学思维的训练和培养。

教材课题是"探究感应电流产生的条件"，表明这是一节探究课。教材是以有紧密逻辑关系的三个实验＋问题串，引导对问题的一步步深入探究，最后归纳总结出感应电流产生的条件。第一个实验是复习初中实验，磁铁不动、线圈动；第二个实验是线圈不动、磁铁动；第三个实验是产生磁场的螺线管不动、线圈也不动。让学生透过现象分析背后的原因，抽丝剥茧，找出产生感应电流的本质原因。

二、三个课例的教学思路与特色

（一）第一个课例

1. 教学思路和教学流程

(1) 复习导入。

①奥斯特电生磁和实验演示：切割磁感线产生电流（教材图4.2-1）。

②问题：切割是不是产生感应电流的必要条件？

(2) 实验初探。

①演示：向线圈中插入磁铁，把磁铁从线圈中抽出（教材图4.2-2）。

②问题：没有"相对运动"能不能产生感应电流？

(3) 黑箱探究。

①演示：灯泡与导线组成闭合电路，灯泡相对于电磁炉运动或不动，灯泡亮。

②实验结论：无相对运动也能产生感应电流。

(4) 实验探究。

分组实验：模拟法拉第实验（教材图4.2-3）。

(5) 汇报交流。

学生汇报交流，分享实验过程和结果。

(6) 分析归纳。

对以上三个实验进行分析，引入磁通量概念，进而归纳总结，得出结论：只要穿过闭合回路的磁通量发生变化，闭合回路中就有感应电流。

（7）知识应用。

①练习：3种新情景下，有感应电流产生吗？

②黑箱揭秘，无线充电器、手摇发电——风力发电站——水力发电站。

2. 教学特色：重视知识的应用，渗透STSE教育

在课的最后，教师一是通过习题，介绍在三种不同情景下（通电导线移动或电流变化、变化的磁场）的应用来分析闭合线圈是否产生感应电流；二是介绍电磁感应在生活及生产的应用。如介绍电磁炉、无线充电器体现了从物理走向生活的理念；利用实验演示、图片和动画形象地展示从手摇发电到风力发电和水力发电，指出这是"没有污染、取之不竭、用之不竭的能源，为人类大规模用电实现可能"。这个过程层层推进，既体现了物理知识的实用性，也体现了物理与技术、社会和环境的紧密关系，渗透绿色能源的STSE教育。

（二）第二个课例

1. 教学思路和教学流程

（1）游戏导入。

寻宝游戏（磁铁放在三个盒子中的一个，线圈与检流计构成闭合回路来寻找磁铁的位置）。

（2）回顾知识。

回顾初中知识，实验演示：切割磁感线产生电流（教材4.2-1）。

（3）实验探究。

①实验要求：利用各组仪器使闭合回路中产生感应电流。

②提供三组实验：插入和拔出磁铁（教材图4.2-2）、线圈在匀强磁场的切割、模拟法拉第实验（教材图4.2-3）。

（4）汇报交流。

学生汇报交流，分享实验过程和结果。

（5）归纳总结。

对以上四个实验分析、概括出共同属性，归纳得出结论：只要穿过闭合回路的磁通量发生变化，闭合回路中就有感应电流。

（6）知识应用。

①摇绳发电（视频播放）。

②习题练习。

2. 教学特色：重视探究，重视实验方案设计的引导

在实验探究环节，在实验开始之前，先通过一系列的问题串，引导学生思考为什么这么设计实验：电流计的作用是什么？如何检测电流？如何产生电流？如何产生磁场？（答案包括：控制电路：开关，保证安全：滑线变阻器……）接着，每个小组利用桌上器材进行实验。教师提供三组实验装置——插入和拔出磁铁（教材图4.2-2）、

线圈在匀强磁场的切割、模拟法拉第实验（教材图4.2-3），每组学生只做一组实验。实验的要求是利用各组仪器使闭合回路中产生感应电流。实验结束后，小组汇报分享交流，教师引导归纳总结出产生感应电流的条件。

（三）第三个课例

1. **教学思路和教学流程**

（1）学史导入。

物理学史：从奥斯特的电生磁到法拉第的磁生电，法拉第十年磨一剑，1831年法拉第的收获。

（2）动手体验。

学生动手手工绕制线圈。

（3）实验探究1。

①教师用自制的线圈演示＋学生分组实验：插入和拔出磁铁（教材图4.2-2）。

②得出结论：磁铁与线圈有相对运动时，在闭合线圈中可产生感应电流。

③问题：运动是产生感应电流的根本原因吗？

（4）实验探究2。

①演示：切割磁感线实验（教材图4.2-1）。

②得出结论：导体做切割磁感线运动，才能产生感应电流。

③问题：与之前实验有何不同？还有哪些情况可以产生感应电流？

（5）实验探究3。

①模拟法拉第实验（教材图4.2-3）。

②得出结论：线圈中磁场变化时，闭合线圈中可产生感应电流。

（6）反思建模。

①建立磁通量的概念。

②归纳总结出感应电流产生的条件。

（7）知识巩固。

习题练习，巩固知识。

2. **教学特色**：重视科学本质、科学态度和科学精神的培养

在整个教学过程中，教师通过个性化的语言不断地启发、引导和鼓励、评价，渗透科学本质、科学态度和科学精神的教育与培养。在课的导入，介绍奥斯特的电生磁和法拉第的磁生电，"大自然的规律是简洁的数学表现，而且是有关联的"。法拉第十年磨一剑，最终发现电磁感应。在手工绕制线圈时，"想清楚了，行动要快！""当一回法拉第，自己绕制线圈"，体会工匠精神。在演示插入和拔出磁铁（教材图4.2-2）实验中，用自制的线圈，用像板砖一样的强磁铁，给学生和现场观众很震撼的视觉冲击。在学生汇报交流时，鼓励学生大胆发言，鼓励小组成员互相补充，发扬分工协作精神。

三、三个同课异构课的赏析

同一节课，不同的教师有不同的设计、特色，物理核心素养目标侧重点也不同，正所谓求同存异，各显精彩。

1. 基于教材，而不拘泥于教材

教材首先从初中的切割磁感线实验（教材图4.2-1）引入，提出还有哪些情况可以产生感应电流；接着通过第二个实验（教材图4.2-2）的观察+问题（"什么情况下能够产生感应电流"），引导学生观察、记录现象，分析归纳出相对运动可产生感应电流；再通过第三个实验——模拟法拉第实验，进一步探究感应电流产生条件。

三个课例都是通过教材三个实验来组织教学，很好地体现教材编写意图：通过层层递进的实验，从不同角度探究感应电流产生条件，分析现象，归纳总结得出结论。但是不同的教师又对教材做了适当的改动或增减，以更好地激发学生兴趣，更好地为教学目标服务，体现不同的教学处理和教学艺术。

第一个课例在复习导入后，增加了黑箱实验：用盒子把电磁炉遮住，制造一个黑箱，当导线和灯泡组成的闭合回路在上面移动或不动时，都会产生感应电流，与之前的两个只有运动才能产生感应电流的实验形成对比、反差，得出没有相对运动也可以产生感应电流，相对运动并不是产生感应电流的必要条件，引导学生继续探究找出本质原因。在归纳出感应电流产生条件后，浓墨重彩地介绍电磁感应在生活生产中的应用，很好地体现了从物理走向社会的理念，同时渗透STSE教育。

第二个课例则在课的导入环节采用了寻宝游戏，有效地吸引了学生的注意力和激发了学生的兴趣。在学生分组实验探究中，增加了线圈在匀强磁场中运动的这个实验，丰富了实验类型。

第三个课例则在课的导入环节，灵活地渗透物理学史知识，特别强调物理规律的简洁、有联系，指出法拉第的脑洞大开和十年磨一剑，培养学生坚持、不畏困难的科学精神和体现了追求自然规律简洁美的科学本质。在正式实验前，让学生两人一组动手绕制线圈。虽然大部分学生都没及时绕好线圈，绕得也不美观，但通过这个活动，进一步培养学生的动手能力，体会工匠的不易和体验精益求精的工匠精神。

教材是教学的重要的资源，但不是唯一的资源。教师在实际教学中，可灵活利用好教材资源，适当进行增减，基于教材而又不拘泥于教材，活用教材，用好教材。

2. 以实验探究为主线，知识、思维、探究、态度融为一体

2017年版普通高中物理课程标准相对于2003年实验版，一个明显的变化就是课程目标由知识与技能、过程与方法、情感态度与价值观的三维目标转变为学科核心素养。物理学科核心素养主要包括"物理观念""科学思维""科学探究""科学态度与

责任"四个方面①。物理学科核心素养中科学探究中包括问题、证据、解释、交流等要素，三个课例都是以实验探究为主线，四个要素都在其中得到充分的体现。由实验观察引出问题，由问题导致进一步的实验和观察，层层深入，最后对所有实验现象进行归纳，总结出本节课的知识，生成和建构新知识。学生在实验探究过程中，不仅学到物理知识，还体验探究过程，学到分析归纳的科学思维方法和体会其中的科学态度和精神。

教材提供了三个实验。这三个实验有主次之分，重点在第三个实验。三个课例中教师很好地领会到教材编写意图，但在教学过程又呈现出不同的理解和不同的处理，可谓是各显神通，殊途同归。

第一个课例，前两个实验采用演示，第三个实验采用分组实验，有效地突出第三个实验，相对而言，给予第三个实验更充分的时间进行操作和体验，更多时间汇报和交流。第二个课例则是增加了线圈在匀强磁场中运动这个实验，并与第二、第三个实验同时处理成探究实验，不同小组做不同实验，再一一汇报交流分享。这样处理，学生实验和交流的时间最充分。第二个课例还有一个处理得特别好的地方是：在实验前有意识地提出一系列的问题串：电流计的作用是什么？如何检测电流？如何产生电流？如何产生磁场？……有效地引导学生对实验器材进行选择，实验设计的意图有了更明晰的表现，有助于更好地开展实验。学生不仅知其然，还知其所以然。第三个课例，第一个实验采用演示，第二个实验是教师演示＋学生分组实验（教师演示采用自制线圈），第三个实验则是分组探究。教师也给出学生充分的时间做实验和交流汇报。在最后的分析归纳中，特别注意反思实验和模型的建构，引导学生建立磁通量的概念。

三个课例中，第二、第三个课例中学生实验探究和交流汇报的时间相对第一个课例来说要更充分，导致最后环节练习的时间就显得仓促和不足。这是课时的限制，也是带点缺憾的艺术！

3. 注重初高中知识的衔接，在同化和顺应过程中建构新知识

美国认知教育心理学家奥苏贝尔曾在他最有影响的著作《教育心理学——一种认知观》上赫然写道："假如让我把全部教育心理学归结为一条原理的话，那么我将以一言蔽之，影响学习的唯一重要的因素，就是学习者已经知道了什么。要探明这一点，并应据此进行教学。"

三个课例正是基于这个理念来设计教学，开展教学。他们都不约而同地回顾初中知识——切割磁感线产生感应电流，进行实验演示，同时提出相应问题，引导思考，为新知识的学习做好铺垫。当切割磁感线、相对运动解决不了感应电流的产生条件时，就导致原有知识结构的改变，这就是顺应；在所有实验探究完毕，引导学生分析归纳总结时，又把初中知识同化到新知识中。整个教学过程，不仅注重初高中知识的衔接，

---

① 中华人民共和国教育部. 普通高中物理课程标准：2017 年版 [M]. 北京：人民教育出版社，2017.

而且在原有知识的基础上延伸、拓展、深入，生长和建构出新知识。但是，复习初中知识和演示切割磁感线产生感应电流这个内容，不同教师又放在教学的不同环节。第一个课例是放在教学的第一个环节，作为课的导入；第二个课例则是在第二个环节，在游戏导入之后、实验探究之前；第三个课例则是在第三个环节，手工绕制线圈之后。

　　三个课例，不同的教学思路和教学流程，风格迥异，各具特色；同时紧扣核心素养，灵活处理教材，各有侧重，彰显个性。这正是同课异构教研活动的魅力所在！

大学生核心素养培养视角下的学风建设探索

——以物理与电子工程学院为例

林立立　郑逸文

作为理工科学生人数众多的大学院，学院学生呈现出"男生多女生少"这一显著的专业特点。由于存在部分学习动力不足、学习目的不明确等种种因素，导致学院学生挂科现象较为严重。

基于此，学院领导班子高度重视，坚持立德树人，统筹规划，将学风建设作为提高学院人才培养质量的一场硬战，着力于从学风建设中切实提高学生的学习积极性和整体成绩，建立学院、班主任、班级的三级学风建设体系，以监督、教育、自我教育为合力，达到"三全育人"效果，通过提高学生学业成绩促进其核心素质的提升。

一、学院层面

（一）重视新生入学教育

为新生班认真选取有责任心且综合素质优良的助班（助理班主任），通过其自身的前辈力量，带领新生班进行班干选举、班级学风建设，实施监督促学职责，强调新生学业及生活各方面注意事项，培养良好学习习惯，营造良好学习氛围，提升班级学习风气，激发班级学习动力，提高班级凝聚力。

（二）建立"督学""导学"过程教育体系

（1）设立导师制。由学院的党政班子成员担任大一、大二学生导师，指导班主任工作，加强对学生思想的教育引领和专业学习的指导，以及对学习困难学生的帮助；每个月参加1~2次班级活动，及时了解掌握学生考勤、学习等情况，并对负责班级的情况进行记录和总结反思，为教学改革与育人建设方面提供反馈。

（2）加强考勤管理。除强化落实科任老师及各班考勤员对课堂考勤管理的主体责任外，2018学年学院成立由辅导员及助理辅导员组成的学风建设督查大队，定期对各班课堂上课情况进行走访，及时发现缺勤学生及原因，严抓课堂纪律及不良出勤现象，针对存在问题及时进行批评教育，防微杜渐，强化学生对学风建设的自律意识和敬畏感，促进良好的出勤率和出勤状况，维护良好课堂秩序。

（3）实施学业预警制度。为进一步加强对学生学业过程管理，加强家校联动的监督与教育，对专业课1门不及格的学生，由班主任或辅导员进行谈话提醒；专业课2～3门不及格的，由党总支副书记进行谈话警告；专业课4门不及格的，由党总支书记或院长进行谈话，同时告知学生家长，从客观外力切实提高学生对学业重要性的认识，为其敲响学业落后的警钟。

（4）定期召开考试纪律动员大会。每学期考试前召集各班班干部召开考试纪律动员大会，强调考试纪律，强调考试诚信原则，要求向各班传达大会精神，宣讲考试注意事项，请学生自觉遵守考试管理制度，遵守考试纪律，共同维护学院学风建设的重要底线。

（三）搭建经验交流分享平台

覆盖全院全体学生，举办考研、就业、考教师资格证等各类经验分享交流会，建立各类学习联系交流群，令学院学生可通过平台借鉴师兄师姐和朋辈的榜样力量，获取经验及学习心得。分享平台也可指导学院学生明确学习目标，对自己的学业和就业做出更明晰的规划，从而在各种门类的学习探索中少走弯路，获得更有效可行的学习信息，拓宽学习进步的渠道。

二、班主任层面

（一）引领班级学风建设

（1）定期召开班级例会，加强与所在班级学生的沟通交流，利用各种主题班会把思想政治教育融入其中。用心甄选一批有担当、有作为的班干部，引导班干部作为优秀学生代表，积极参与班级管理，并在学习上严格要求自己，在班级中树立起威信，起好模范带头作用，带领班级进行良好班风和学风建设。

（2）鼓励和指导各班以"优良学风班""学习型班级"等评优先进的要求为标准，积极鼓励学生参加学习经验交流、学业辅导提升、学科竞赛等各项活动。引导班级成员共同制定班级学习目标，做好清晰的班级建设规划，探索在大学模式下学业上的自我教育、自我管理、自我服务，引导学生养成良好的学习习惯，强化大学生主动学习意识，促进培养大学生自主学习能力，做到全员同进步。

（二）对各层次学生进行相应指导

（1）引导和动员成绩优秀的学生在不放松学业的同时，积极参与院校各项活动及学科竞赛，在竞赛中锻炼、突破自我，提高创新能力。

（2）做好对困难学生的帮扶。对所在班级的困难学生建立名单档案，了解困难学生的实际情况。帮助学业困难的学生联系其薄弱科目的任课老师对其进行学业上的建议和指导，引导其利用经验交流等平台资源有效学习，帮助其渡过学业难关。针对生活上困难的学生，帮助其申请到相关助学贷款或励志奖学金，做好思想上的安抚工作，使其不因生活上的困难影响学业。

（3）经常开展学生谈心谈话工作，了解学生在学习过程中遇到的问题及障碍，及时解答疑惑，鼓励学生敢于面对学业上碰到的困难，培养勇于钻研的学习精神，避免因碰到困难产生惰性而降低学习积极性，继而对个人学业和班级学风建设带来不利影响。

三、班级层面

（一）成立班级学风建设小组

小组成员由团支部书记、班长、副班长、学习委员组成，共同制定班级学期学习和学风建设计划，及时掌握学生学习情况，考勤和课堂纪律登记管理，收集班级成员学习的困难和意见，及时反馈给科任教师和班主任，并将班级学风建设中存在的突出问题及时报告班主任和辅导员。

（二）开展各类以学风建设为目的的主题班会

邀请高年级同专业师兄师姐，举办学习经验交流会，为各班学生宣讲有关学习、考研、就业、竞赛等相关经验和心得，根据实际情况有问必答，用交流促进学习；组织开展以学习为主题的班会，激发班级各成员提出问题参与讨论，以讨论促进反思，在反思中创新学习思路；贯彻学校学院要求，召开班级学习和考试纪律动员会，强化自我教育、自我监督、自我管理，将学风督导常态化，把良好的学习和考试风气当作一种习惯。

（三）实行党员一对一帮扶机制，开展老生带新生工作

各班学生党员和入党积极分子发挥先锋模范作用，通过一对一帮扶机制，搭配学业困难学生进行帮扶，帮助帮扶对象克服自卑心理，建立自信心，帮助帮扶对象制定学习计划和目标，辅导帮扶对象在学习过程解决实际困难，并保持自身先进性，使党员学生和帮扶对象同受益、共进步。

四、未来可行措施

经过近一年学风建设体系的三级合力，据统计，2018—2019学年度全院学生的挂科率有所回落，相比上一学年降低了9个百分点，可见学风建设取得了一定的成效。为保持当前良好成效的稳定性，未来可采取一系列举措，如：组织学风建设教师座谈会，征求教师对学风建设的意见和建议，营造教学相长的良好环境；建立学风建设激励机制，设立学业成绩优秀奖，对学业优秀的班级和个人进行奖励；设立学业成绩进步奖，对学业成绩取得明显进步的班级和个人进行奖励；等等。

大学是人生的关键时期，大学期间的学业发展对大学生有着重要的影响，必须坚持不懈落实学风建设，着力培育优良学风，帮助学生明确未来发展方向，激励学生刻苦读书学习，朝着目标不断努力，使广大学生成为学风建设的建设者、受益者和核心素养的拥有者。

核心素养视角下的高校学生干部队伍的培养

许少芬　江远昭

一、高校学生核心素养的内涵

2014年3月,教育部发布了《关于全面深化课程改革落实立德树人根本任务的意见》,明确提出了落实立德树人工程的十大关键领域。其中,研究制订学生发展核心素养体系是首要环节,并提出把核心素养体系作为研究学业质量标准、修订课程方案和课程标准的依据,用于统领课程改革的相关环节。这是国家课程改革文件中首次明确使用"核心素养"一词,体现了以学生为本,尤其是以学生核心素养为本的教育改革思路。什么是核心素养?目前学界大多是在讨论"培养什么样的人,才能让所培养的人顺利地在21世纪生存、生活与发展"。通过查阅资料,国内对于核心素养的内涵目前尚未形成统一的观点,但是研究者大多认为,核心素养是适应人们终身发展和社会发展的必备品格和关键能力,包括人的情感、态度和价值观,是人发展必备和关键的素养。我国学生的核心素养应该符合我国国情,符合我国教育方针和政策,符合学生的阶段性发展,以培养学生的德、智、体、美、劳为基本素养,促进学生全面和可持续发展。

二、高校学生干部具备的核心素质

高校学生干部是指那些具有较高的素质,在思想、学习和生活上对自己要求严格,在各级各类学生组织中担任职务并履行一定管理和组织职能的较为优秀的在校生。他们作为学生中的骨干分子,在学校教育和管理工作中起着非常重要的作用。他们是学校各级党团组织和学生管理职能部门联系学生的桥梁和纽带,能连接、沟通和传递学生与教师之间、各级学生组织与学生之间感情和信息,是班主任和辅导员的得力助手,是学生中的中坚力量,是推动学生工作的助动力,是学生班级管理和建设的核心,是学生管理工作中的具体参与者和实际操作者,更是学校育人工作、校园文化建设、大学生思想政治教育的重要力量,学生干部队伍的整体素质关系着高校思想政治工作的成效和培养人才的质量。

学生干部培养既是"自我教育、自我培养"功能的一种实现，也是学校育人目标实现与树人宗旨践行的体现。学生干部的良好素质直接影响着全体学生的素质，关系着高校人才培养的质量。高校学生干部队伍建设的核心任务是努力提高学生干部的工作能力和核心素养，高校重视建立和培养一支政治过硬、思想先进、学业优良、作风正派、能力较强、勇于创新、乐于奉献的高素质的学生干部队伍，通过这支学生干部队伍，对全体学生进行自我教育、自我服务、自我管理，同时通过他们的素养起到影响和辐射全体学生素质的作用。高校学生干部必须具备一定的表达能力、组织领导能力、管理协调能力、社会交往能力等核心素养。这些核心素养，是在担任主要学生干部之后，通过工作的过程中逐步锻炼和提高。因此，这就对高校培养学生干部提出了具体的要求。

三、高校学生干部队伍的建设和培养

（一）建设三支优秀学生干部队伍

1. 院级学生干部队伍和班级学生干部队伍

学生干部队伍有他们的先进性，有较好的自我教育、自我管理和自我服务的能力，我们通过选拔、培养、教育和管理，培养一支成绩优良，工作能力强，深入学生群体中充分发挥纽带作用的学生干部队伍，对全院学生进行有效的管理和服务。

2. 助理班主任和助理辅导员队伍

为每一个新生班级搭配两名高年级学生担任助理班主任，给二级学院配齐配强学生助理辅导员队伍。新生助理班主任和学院助理辅导员的选拔重点在中高年级，以学生党员和入党积极分子为主，要求曾任学院或班级主要学生干部，在思想上有较强的先进性。这一支队伍通过对新生班级的教育、管理、服务和引导，以及对全院学生的思想动态的密切关注，及时做好全院学生的思想稳定、日常学习、生活指导等工作，对他们从业务能力、思想认识、政治水平等方面加大教育、培训力度，使他们真正成为学院学生党建和思想政治教育工作的主力军。

3. 学生党员队伍

充分发挥学生党员的积极作用，树立一个党员一面旗帜的作用，制订并实施党员联系班级和党员联系困难学生制度。通过党员对联系班级的指导和服务，帮助联系班级制订学习计划，活动计划，指导联系班级开展有关思想政治工作、班级管理和学风建设等工作，联系培养班级入党积极分子，做好党的基本知识的学习教育，指导班委开展主题班会，团支部开展主题团日及组织生活会。

联系困难学生，包括学习困难、家庭困难、人际关系困难等学生，抓住他们的思想、学习、生活等方面存在的问题，启发觉悟，提高认识，帮助他们解决实际困难，起到督促、帮助和引导的作用。

（二）高校优秀学生干部培养的有效措施

1. 建立完善的学生干部培养机制

（1）选拔与监督机制。选拔高素质的学生干部是提高高校学生干部核心素质的前提和保证，因此应建立科学合理的选拔机制。同时，科学的监督考察机制是确保学生干部在职责范围内按照正常程序正确履行职责、正常开展工作的必要手段。

（2）激励与考核机制。在高校学生干部的培养和提高中，应建立目标激励机制来调动学生干部队伍的积极性，用考核机制从德、能、勤、绩等多方面对学生干部的工作、学习成绩进行严格的综合评价，以此调动学生干部的工作积极性。

2. 改进学生干部培养模式

（1）思想育人。通过对学生干部的理想信念以及为同学服务的观念教育，开展学生干部的素质培养，使他们拥有正确的世界观、人生观和价值观，确定清晰的工作思路。

（2）文化育人。将大学文化渗透到学生干部素质能力培养中，做到以文化人。

（3）服务育人。将管理转化为服务，增强学生干部与学生的沟通交流。

（4）实践育人。为学生干部创造更多的实践机会，激发学生干部创新思维。

3. 拓展学生干部的培养途径

（1）组织学生干部间的经验交流，实现朋辈培养。相对于教师和专家的讲授和说教，高年级学生干部经过亲身经历而得的经验以及心得体会更容易被学生干部接受。例如，组织新老学生干部经验交流会，在高年级和低年级学生干部间建立"帮带"关系，将学生干部的优良传统接力棒一届一届传承。

（2）利用互联网和刊物的教育阵地，对学生干部进行教育和引导。在学生干部队伍建设中，可以通过网络对优秀学生干部和优秀学生干部队伍的先进事迹进行深入的挖掘和报道，营造一个积极向上、自由开放的良好氛围。

（3）组织学生干部深入参加社会实践，在实践中锻炼能力。积极组织学生干部参加挂职锻炼、社会调查、生产志愿服务、公益活动、科技发明和勤工助学等社会实践活动，使学生干部成为社会实践活动的组织者和领导者，使之以"准社会人"的身份直接接触工农群众，投身社会主义建设，则其对社会的了解将更直接，对自己使命的认识并将更深刻。

四、结束语

当今社会竞争激烈，大学生要想在优胜劣汰的社会上立足，必须有个人的核心竞争力。只有注重大学生的核心素养培育，引导大学生形成正确的做事准则，才能使培养出来的毕业生在将来的环境中有立足之地，满足社会的人才需求。

学生干部的良好素质直接影响着全体学生的素质，关系着高校人才培养的质量。高校通过对优秀学生干部队伍的建设和培养，通过学生干部对全体学生进行教育、管理和服务，有效提高全体大学生的核心素质。

后进生的教育管理探索与实践
——以物理与电子工程学院为例

余梓璇　黄晓勍

随着社会竞争的不断加大，科学文化的发展进步，许多学校采取扩招的途径，大学生数量逐年激增，导致大学生层次良莠不齐，后进生的存在成为无法回避的问题，督促后进生学习和思想的进步在我们教学和学生工作中处于重要地位。因此，我们通过对学生系统全面的了解，根据学生存在的实际问题，关心关爱后进生，尊重信任他们，搭建沟通桥梁，让后进生愿意敞开心扉跟老师倾诉，引导每一位后进生树立正确可行的目标，朝着目标不断前进，从而有助于形成良好的学风，助力班级管理和学生工作正常有序地开展。

一、何谓"后进生"

后进生受家庭、社会、学校等多方面影响，表现为学习动力不足，学习态度不端正，学习基础差，学习成绩较差，经常违反学校纪律，缺乏长远的目标，心理素质和心理承受能力较差，较大程度影响学生的身心健康，影响个人的前途命运。

二、后进生的分类

（一）思想后进型学生

学生到大学后思想放松，学习目标不明确，在学习生活未能严格要求自己，学习动力不足，学习成绩较差，经常不参加集体活动，情绪低落，不服从学校的教育和管理，不思进取，萌生玩世不恭的思想。这部分学生自我约束能力差，受挫折后容易自暴自弃，做事情畏首畏尾，在学校学习生活及人际关系方面易被边缘化，多表现为自卑，少语，自制力差，缺乏学习方法和技巧，容易受社会诱惑的影响，意志力薄弱，易形成不良习惯。

（二）学业落后型学生

很多新入学的学生会以为经过高中紧张的学习，考上大学即可放松学业，摆脱父母和老师的束缚，做自己喜欢的事情，认为只需在考试前学习即可，结果考试成绩并不理想。一些学生因到新的城市学习生活，对突然变化的环境感到无法适应，他们接触新事物的能力相对缓慢，适应原先的"填鸭式"教学模式，需要在教师严格要求下进行学习，不会进行主动学习。一些学生因为大学的知识难度较大，无法适应大学的学习生活，出现"听不懂""学习断层"的现象，学习成绩不合格，多门学科挂科，逐渐对学习丧失信心，继而影响顺利毕业。

（三）心理素质差型学生

由于社会的快速发展，许多就业单位更注重选择"211""985"院校的毕业生，普通本科院校的毕业生面临较大的就业压力。部分学生由于不满于现就读学校，选择继续读研深造，因此学习负担沉重，承受较大的心理压力，加之考试前付出较多的时间精力，心理承受能力差，若考试结果不理想，对他们来说不啻于沉重的打击。许多学生入学时即面临极大的就业压力，家长对子女学业寄予过高的期待，而学生对自己选择的专业方向还存在不了解的情况，觉得学习上较高中的学业更难读通读懂，心理调控能力较差。

三、后进生形成的原因

（一）家庭原因

学生的家庭情况千差万别。一些不健全的家庭易形成学生孤僻、内向的性格，使其不善于与他人交往，常喜欢独处，以消极的态度面对生活。一些学生由于家庭经济条件较差，缺乏相应的资金支持，需要利用更多时间打工挣钱，导致学业滞后；一些学生因为是独生子女，从小父母对其过分溺爱，进入大学后又放任自己，容易影响学业成绩，养成不良的行为习惯。

（二）社会原因

大学是学生步入社会的转折期，部分社会不良因素在大学校园同样存在，诱惑、影响大学生的学习生活和价值取向。大数据时代，许多学生易陷入虚拟的网络世界，沉迷于网络游戏，甚至有学生以打游戏为主业，迷失自我，落下学业，严重影响学习，自然导致挂科现象不断。

（三）个人原因

人际关系问题在大学中较为普遍，大学的学生来自五湖四海，生活、学习方式差距大。班级选举学生干部，有的学生因为竞选不上而失去信心，自暴自弃；宿舍里的日常相处，有的学生因为性格差异，彼此之间容易发生口角，产生宿舍问题。

四、开展后进生辅导教育的具体方式

（一）实施过程化教育

学院设有师范类和非师范类专业。师范类专业注重培养学生从事教学、科研、技术、管理工作的专业人才；非师范类专业注重培养具有创新能力、有高素质技术技能的人才。学院的学科学习难度较大，因此学科挂科现象较为普遍。学院根据学生的学习情况，为加强学院的学风建设，加强对学生的学习过程化管理，发挥学院、学生、家庭的教育功能，引导学生顺利完成学业，制定实施《物理与电子工程学院学生学业预警管理办法》。该办法通过对学生每学期的学习情况进行分析，对已经发生学习问题、在完成学业方面有困难的学生进行警示，告知学生本人和家长可能产生的不良后果，帮助学生寻找问题，分析原因，克服困难，是根据学生的实际情况及时采取针对性的补救和帮扶措施、协助学生顺利完成学业的预警干预制度。

《学生学业预警管理办法》依据学生挂科的门数分为三个等级，由学院分管教学工作的副院长、系主任和负责学生工作的副书记、教学秘书、班主任、学生辅导员各司其职、分工合作。班主任加强与学生的沟通交流，及时掌握学生的学习状况和学业完成情况，每学期确定名单，向被预警学生下达"学业预警通知单"，要求被预警学生签名确认，知晓学业挂科的严重性，达到警示作用。根据学生学业预警的等级，由分管学生工作的副书记、班主任、辅导员对被警示学生进行谈话，了解并分析学生学科挂科的原因，协助学生改正原来错误的学习方式，制定学习计划。对学科挂科较为严重、影响毕业学位获取的学生，将学生在校的学习情况告知家长，让家长了解学生在校的表现，搭建家校联系平台，对学生的学习进行帮扶和引导。

班主任与学生建立良好的师生关系。平时在与班长的谈话中知道各班学生的近况，在平日的走访宿舍、班级活动、日常事务处理中跟学生沟通交流，建立平等的师生关系，给予学生关爱。得到学生的信任，才能更加深入地了解学生的内心世界。经常和学生进行谈话交流，可以根据学生的经历和兴趣爱好进行探索，了解学生的家庭经济情况，挖掘学生的优点和长处，以此来鼓励信心不足的学生，引导其朝着自己的长处不断前进，形成积极上进的态度。对于学习不上进的学生，还是要保持尊重和理解的态度，帮助其寻找剖析学习成绩差的原因，帮助学生端正学习态度，引导学生对提高自身学习成绩做好规划，及时巩固基础知识。

我院实施党员联系班级制度，学生党员对学习、生活存在困难的同学一对一开展帮扶活动，及时了解掌握该班"困难学生"的情况，抓住学生的思想、学习、生活等方面存在的问题，启发觉悟，提高认识，帮助他们解决实际困难和问题，起到督促、帮助、引导的作用。

(二) 培养学生积极向上的人生观

教师在进行后进生的教育过程中,积极引导学生树立正确的人生观、价值观、世界观,根据后进生的类型因材施教,使学生与教师产生亲近感,学生愿意和老师敞开心扉地交谈。教师在谈心谈话过程中知晓学生的内心所想,寻找最佳的教育方法,有针对性地开导学生,坚持正面疏导,培养学生积极向上的人生观,不气馁,乐观面对自己的弱点,善于同优秀的同学交流学习,从而提升自己的能力,鼓励学生勇于展示自己的优点,激发学生自身发展的内在需求,提升自己的核心素养。

(三) 明确目标发掘学生优势

依据学生的具体情况,优先考虑学生的意愿和需求,把目标划分成明确可行的行动计划,让学生做好每天检查,评定自己的学习情况和学习质量,每天对照自己的情况进行分析,养成自我管理和监督的习惯。帮助引导学生掌握科学的学习方法,学习上有疑问请教老师和学习优异的同学,按照计划要求做实做好,一步步接近自己所制定的目标,从中收获成功的满足感。通过提前了解学生兴趣、意愿和需要,发掘学生的优势,鼓励支持学生发挥自己的优势,充分展示自己的才能,发挥自己的长处,依赖自己的优势解决现在的困难和实际需求。掌握学生的优势,因势利导,在活动中为学生提供一个展示自我的平台,使学生在展示优势的过程中张扬自己的个性。

五、结语

后进学生的教育和帮扶,是学风建设的重要内容,只有需要在思想上引导和激励,在学习上帮助,在生活上关心,在心理上辅导,发挥学院、学生、家庭三者的作用,综合施策,长期坚持,才能切实提高学生素质。

校友篇

实践研究： 中学物理教学研究

"创、改、增、拓" 提升学生科学探究能力

蔡冬阳　汕头市教育局教研室

在高中物理课程中，应注重科学探究，尤其是注重物理实验，这在培养学生的探究能力和科学态度等方面具有重要位置。"科学探究"是指提出物理问题，形成猜想和假设，获取和处理信息，基于证据得出结论并做出解释，以及对实验探究过程和结果进行交流、评估、反思的能力。因此，在物理实验教学中，我们要通过"创、改、增、拓"的途径，创新物理实验课堂教学内容与方式，牵引学生走进实验探究，学会善于发现和提出问题、收集和选择有用信息、基于证据和逻辑解释问题，掌握实验探究方法，养成科学思维的习惯，增强创新意识和实践能力，促使学生形成运用物理知识和实验方法解决问题的能力，最终实现提升学生科学探究能力的培养目标。

一、创新教学方式，唤醒问题意识，挖掘实验价值

"科学探究能力的培养，应渗透在物理教学的整个过程。无论是物理知识的教学，还是物理问题的解决，都要引导学生发现问题和提出问题"。但在现行课堂中，老师重在"解题"而不在"提出问题"和"解决问题"，"一言堂"的教学方式缺失了"提出问题"的环节和时机，学生基于解决问题的"质疑、分析、解决"功能逐渐退化，物理实验教学更是如此，重在演绎实验过程，缺少让学生思考实验现象说明什么，能够触发产生什么问题灵感，还能怎样改进实验设计，等等。因此，我们应该创新实验教学方式，注重实验情境的创设，善于制造实验现象的矛盾冲突，唤醒和触发学生问题意识，诱导学生提出问题。例如，在"闭合电路欧姆定律"的教学中，创设如图1实验境景，用一节新电池和两节旧电池对同一规格的小灯泡供电，实验结果出乎大多数学生的意料：一节新电池供电时灯泡更亮！这时，学生头脑中的旧经验和眼前的真实实验现象产生了"矛盾"冲突，自然就会提出问题：为什么通过一节新电池供电电流会比两节旧电池供电电流大？难道是新旧电池内阻不同？又如在"阴极射线在磁场中的偏转"演示实验中，学生会发现，当磁场的方向改变，学生会发现射线的偏转方向也会改变时，要抓住时机，引导学生分析归纳，提出"初速度方向相同时，带电粒子受到磁场力的方向与磁场方向的关系是什么"的问题，再要求学生表述清楚两个物理量之间的确定对应关系，由此总结出左手定则内容。这样的教学过程，学生关于"闭合电路

欧姆定律"和"左手定则"的认识是通过实验探究，在产生疑问、提出问题和解决问题的进程中建立的，而不是老师讲授给予的，老师给的是"渔"而不是"鱼"！

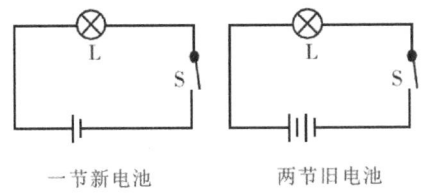

图1　实验电路图

由此可见，要唤醒和培养学生的实验问题意识，关键是创设实验情境，让学生通过实验探究发现并提出与物理定律、定则或定理等有关的问题，还要能从物理视角规范、准确表述这些问题。这样的教学方式，实验所起的不仅仅是引入课程和串接教学的作用，更重要的是实验本身的价值得到充分利用，其充当了学生发现、提出和解决问题的介质。

二、改进实验形式，增进合作交流，培育探究精神

建构主义认为，学生是意义的主动建构者，而不是外部刺激的被动接受者和被灌输的对象。因此，在教学过程中，除了必备知识的讲授，还应当让学生站在教学的"C位"，凸显学生的自主性和能动性。教材中编排了一些演示实验，大多是老师演示给学生看，教学效果很一般，即使采用视频直播方式放大实验观看视角，但由于直接参与者少，也撩动不了大多数学生的学习热情，学生大多是实验的"陪看者"，教师很难抓住学生的那颗"实验心"，更谈不上培育探究精神了。因此，我们要尽可能把一些演示实验改进为随堂式学生实验，把个体演示性质的实验转化为以小组为单位的随堂实验，将演示实验过程转化为学生亲历实验、小组合作探求、总结归纳的过程。

例如，探究电磁感应的产生条件，原来是教师演示实验，其实所用器材并不复杂，完全有条件改为随堂式学生实验。老师可以先提出牵引性的问题："在初中，切割磁感线可以产生电流，即磁可以生电。那么不切割磁感线，其他方式是否也可以实现磁生电？"各实验小组学生根据提供的器材［灵敏电流计、条形磁铁、螺旋管一套（带铁芯）、滑动变阻器、电建、导线等］自主选择所需的器材，围绕一个主题——如何实现磁生电，开展实验方案设计和进行实验。在教师的提示下，不同小组学生会发现闭合回路中有电流产生的方式不同，教师可选择四个有代表性的小组汇报：1. 把条形磁铁插入螺旋管或拔出螺旋管时；2. 开关开启或闭合的瞬间；3. 滑动变阻器滑动片滑动时；4. 螺旋管中的铁芯插入或拔出时；等等。在这个基础上，教师点拨学生进行归纳总结，在这4种情况中，物理量（S、B、φ）哪些是不变的，哪些是变化的，要求学生用学过的物理量概括，当其变化时，闭合回路就有电流产生，并要求学生用物理语言规范表述探究结论：感应电流产生的条件是闭合回路中的磁通量（φ）发生变化。

随堂式学生实验可以提高学生的参与意识，使学生人人都参与，个个有任务，实验过程互帮互助，改变实验演示时学生只看只听不动手做的老做法，学生有了话语权和实操权，真正成为做实验的主体，有助于提高实验的效果，有助于学生探究精神的培养。

三、增加实验机会，串接教学过程，提升探究能力

建构主义认为，知识是不可能脱离活动情境而抽象地存在的，学习应该与情境化的社会实践活动结合起来。中学物理有一些概念、定理和定律是比较抽象的，学生由此感到难以理解和应用，滋生学习困难，在教学中应将学生这些难懂的知识点植入具体的情境中，这需要教师增加实验机会，营造真实实验情境，串接教学全过程，让学生置身于模拟物理概念、规律建立的实验环境中，为学生营设运用所学知识解决具体问题的机会，培养学生掌控面对问题的解决手段和方案，通过实验进一步提升探究能力。

例如"探究向心力大小与什么物理量有关"的教学，让学生进行情境体验：学生用手抢一个被细绳系着的橡皮擦，让橡皮擦做圆周运动。教师与学生对话：手是否受到拉力作用？这个拉力是否来自做圆周运动的橡皮擦？假如松手，橡皮擦将如何运动？（手有被拉的感觉，橡皮擦做圆周运动需要力的作用，橡皮擦会飞出去）通过小实验的体验，学生感受向心力的存在及作用，认识到向心力是学习、研究圆周运动不可缺少的一个物理量，从而激发学习向心力的热情和动力。又如让学生做如图2这样的实验：细绳穿过空心笔杆，一端系橡皮擦，另一端系一弹簧秤，手握空心笔杆让橡皮擦做圆周运动，探究半径在一定情况下，转速加大时弹簧秤示数变化，以及保持一定转速，变化不同半径，观察弹簧秤示数变化。学生会得到向心力的大小与物体的速度、运动半径有关的结论。又如"滑动摩擦力"教学，通过如图3所示的自制改进型滑动摩擦力测定装置（电机匀速转动带动小车匀速运动，弹簧秤显示绳子拉力大小，由此测得摩擦力的大小），学生会体验到：一是如何做到让物体匀速运动；二是摩擦力的大小测定方法。又如"动量定理"的教学，让学生先做"鸡蛋下落实验"，使其意识到有一系列措施能够减少鸡蛋着地时的冲击力，为学生发现问题、提出问题、探究问题和解决问题打下基础。这样的实验植入教学过程，可以拓展学生的思维空间，使其学会改进教材原有实验装置的不足，有助于提高学生解决问题的能力和探究能力。

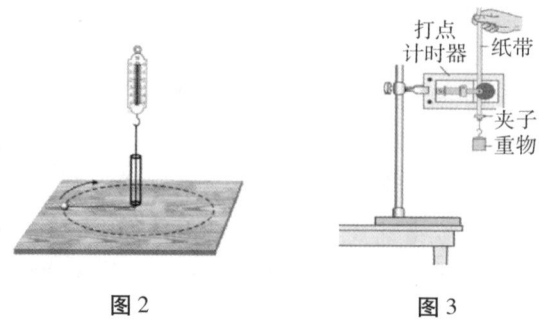

图2　　　　　　　图3

因此，我们应充分发掘实验在培养学生探究能力方面的潜在价值，增加学生实验的机会，把实验植入教学的全过程，把学习物理概念和规律依托于实验进程中，使学生体验到物理概念和规律形成及建立有其实验依据和探究过程，使学生不再只是面对抽象、冰冷的符号和公式，而是丰满、灵动的物理概念和规律，达成应用能力和解决能力。

四、拓展装置用途，整合实验内容，发展探究能力

基于实验装置进行实验内容的整合，使学生在掌握实验室器材的基本功能的基础上，迁移应用和组合应用器材开展实验探究，不仅可以开阔学生应用实验装置的视角，还可以提升学生解决问题的能力，有利于学生灵活应用器材开展科学探究，发展探究能力。

例如，打点计时器是高中物理实验中常用的仪器，它能够在相同的时间间隔内在纸带上连续打点，具有测量时间（纸带上相邻两点的时间间隔为 0.02 s）、测量位移（用刻度尺测量相邻两点的位移大小）、测量速度（由平均速度公式 $v = \dfrac{x_1 + x_2}{2T}$）、测量加速度（相邻位移差公式 $\Delta x = aT^2$）的功能。因此，我们在研究具体问题时，可以引导学生将物体运动相关的问题与打点计时器建立联系，通过所能确定的物理量探究各种规律。如图 4 的实验装置，实验主要器材是打点计时器，实验情景是重物联动穿过计时器限位孔的纸带做自由落体运动。除了研究自由落体运动，我们可以引导学生思考：利用这个装置还可以测量什么物理量或验证什么物理规律？因为可以测加速度（$a = \dfrac{\Delta x}{T^2}$），自由落体运动只有重力作用，所以能测当地的重力加速度 $g = \dfrac{\Delta x}{T^2}$；因通过测量速度计算通过一段位移的动能变化值，就可验证机械能守恒定律；只要加天平测出重物质量，就可验证动能定理；等等。这样，学生对打点计时器的认识会更加深刻和丰满，应用打点计时器探究物理问题的思路会更加宽广和灵活。

可见，拓展实验装置用途，促进了学生对器材关联和探究方法关联的实验认识，增加了学生在科学探究的过程中解决问题的途径和方法，从而使学生的知识和能力结构更加厚实，探究的能力得到发展。

总之，提升学生科学探究能力的路径是多种多样的，我们希望中学物理实验教学的"创、改、增、拓"是有效的切入口和途径。

基于 processing 模拟自然系统培养学生物理核心素养
——以高中物理课"宇宙航行"为例

蔡爵　汕头市第一中学

一、关于 processing 语言

本文介绍的 processing 是一款免费开源，而且非常容易入手的语言，它是为了满足广大非计算机专业人员解决思维上的一些难题而开发的交互式图形化编程系统。它在模拟自然、虚拟现实方面有独特的优势，能够高效地开发出具有丰富表现力的图形图像，而且具有非常强大的交互功能，非常适合应用在高中物理学科的探究式教学中。（下载地址：http://processing.org/download/）

二、关于高中物理学科的核心素养

高中物理学科的核心素养由四个维度组成：物理观念和应用、科学探究和交流、科学思维和创新、科学态度和责任。

高中物理课程是一门探究性较强的课程，其教学目的在于端正学生的科学态度、帮助学生正确认识物理观念、锻炼学生探究与交流的能力、培养学生科学思维和创新能力。

三、结合 processing 模拟自然系统，进行物理探究式教学

在物理探究式教学中，首先要重视物理实验方法设计，因为创设合理、定位准确的探究性实验设计，可以引发学生对物理事实进行深层次的思考，帮助学生突破物理教学中的重点和难点，从而更好地培养学生的科学思维和创新能力。但是在高中物理内容里面，有一部分内容是相对抽象的，所以很多学生往往较难理解。比如天体运动、电场、磁场、微观粒子的运动等，这部分章节内容在传统的物理教学活动中，基本上是由老师通过以讲为主、辅以相关的一些图片或者视频来进行知识上的灌输，教学方法较单一，课堂互动少，学生在学习上处于被动的地位，不利于学生物理核心素养的培养。

由于 processing 语言在虚拟现实方面有其独到的优势，我们可以依靠其模拟自然系统，将传统物理实验无法做到的物理过程，通过 processing 仿真出来，呈现给学生，在其强大的交互功能的帮助下让学生进行模拟实验探究，实现将抽象的物理过程具体化、可操作化，帮助学生对抽象概念进行理解分析，有助于学生建立完整的物理情景，理解物理规律，促进物理科学观念和思维的形成。

四、基于 processing 模拟自然系统的"宇宙航行"教学设计

（一）前期工作

（1）教材分析：本节内容主要是讲解万有引力定律的应用以及介绍航天航空技术的发展。

（2）学生分析：学生已经通过前阶段的学习，掌握了匀速圆周运动的运动规律，会推导向心力与线速度、角速度、周期、频率之间的关系，初步掌握了万有引力定律。

（3）设备要求：多媒体教室，无线网络，有 processing 模拟自然系统的服务器一台（安装了自行开发的模拟天体运动程序），每两个学生一台平板客户端（供学生进行实验探究）。

（二）教学目标

（1）物理观点与应用：了解有关载人飞船、空间站、卫星发射、运行的基本知识。
（2）科学探究和交流：明白三个宇宙速度的含义，会导出第一宇宙速度。
（3）科学思维和创新：引导学生抽象出天体模型并能运用到各种天体运动中。
（4）科学态度和责任：了解中国目前的空间技术的发展情况，培养学生的爱国情怀。

（三）教学重点

（1）万有引力公式的应用。
（2）第一宇宙速度的推导。
（3）抽象中心天体模型并能应用。

（四）教学内容

（1）课前引入：通过讲解中国目前的空间技术的发展情况，既培养学生的爱国情怀，同时也引起他们学习这节内容的兴趣，并令学生思考：1. 载人飞船和空间实验室等航天器怎么能上天？2. 它们为什么能在天上不下来？3. 它们是以一种什么样的运动状态，在天上运动？

（2）利用模拟自然系统 processing，与学生一起探究在忽略地球自转的前提下，如何让地球上的物体飞起来，并且不会落回地球。

说明：学生在模拟系统里可以通过改变在地球表面物体的飞行速度（速度大小由学生自行输入），观测物体飞行的轨迹。（根据学生自行输入数据的不同，可观测到抛体运动、匀速圆周运动、椭圆运动三种运动。）

（3）在仿真系统模拟物体飞行后，引导学生根据观测到的现象进行猜想：物体环绕地球飞起来的关键是速度。

（4）猜测结果后，与学生一起深入探究：速度的具体大小能不能求出来？能不能找到物理量之间的具体关系？

带着问题，与学生一起复习匀速圆周运动的力学特点，引导学生在自行探究的过程中分析出地球表面的环绕速度，并将结果输入 processing 模拟自然系统中观测、验证结果。（说明：学生在 processing 系统里输入自己分析出来的结果后，如果结果正确，可以观测到物体刚好绕地球表面做匀速圆周运动。）这样学生就经历了物理核心素养里面的"观察—猜测—探究—分析—验证"的过程。

（5）在学生认识第一宇宙速度的知识后，引导学生通过 processing 模拟自然系统，探究当物体速度超过第一宇宙速度会出现什么情况，引导学生继续思考第二和第三宇宙速度的特征。

（6）思考题目：（1）已知金星半径是地球的 0.95 倍，质量是地球的 0.82 倍，金星的第一宇宙是多少？（2）已知某行星的第一宇宙速度为 8 km/s，则高度为该行星半径的飞行器的运行速度为多少？

（7）启发学生计算出天体模型，如图 1 所示。

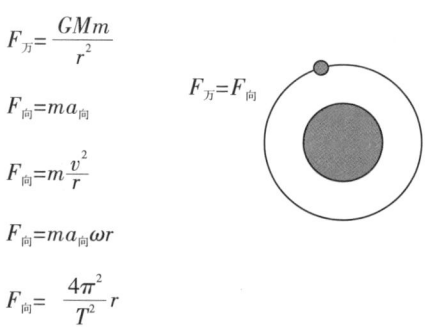

图 1　天体模型图

（8）利用天体模型解决例题。

例题：如图 2 所示，a、b 是两个质量相等的人造通信卫星，轨道都是圆周。关于这两个通信卫星的说法中正确的是：

A. 通信卫星 b 的向心加速度大于通信卫星 a 的向心加速度
B. 通信卫星 a 的运行周期大于通信卫星 b 的运行周期
C. 通信卫星 a 的运行速率大于通信卫星 b 的运行速率
D. 通信卫星 b 的向心力大于通讯卫星 a 的向心力

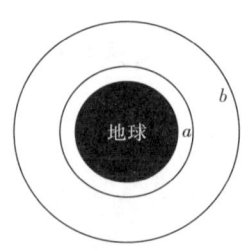

图 2　人造卫星示意图

（9）总结内容，加深学生的理解。

五、结语

探究式教学是高中物理课程的主要教学内容,在培养学生物理观念、探究与交流能力,提高学生科学思维与创新能力以及促进学生科学态度和责任的形成等方面具有极其重要的作用。而借助 processing 模拟自然系统,可以把高中物理课程中一些传统方法无法进行探究的,学生又较难理解的知识,通过虚拟现实的手段展现给学生进行探究,把抽象变得具体,把"看不见"转变成"摸得着",让学生能主动地参与到课堂教学中来,积极探讨、交流物理规律,掌握分析方法,解决具体问题。

高中物理实验课型学习模式实例探究
——基于核心素养培养的实验课教学案例对比分析

曹剑　蔡晓阳　汕头市第一中学

引言

物理并不仅仅是一门研究真理的自然学科，更是一门锻炼解决问题思维的方法论学科。

物理具有极强的逻辑思维性，它要求你对于一个问题的合理简化，选取主要矛盾加以分析，分析条件因果关系和事件的过程发展，找到具体问题背后的一般化性质并加以解决。在我们的日常生活中，有很多问题同样需要我们具备这样的思维方式，所以在物理实验教学中，培养学生的物理学科核心素养极为重要，而物理科核心素养包括"物理概念""科学思维""科学研究""科学态度与责任"四个方面。本文通过对比不同的实验教学方式，探析如何在实验教学中培养学生的物理核心素养。

一、高中物理实验课概述

高中物理实验课是以探究物理规律为教学目的，培养学生自主学习、独立思考、实践操作、创新思维、反思应用的一类课程。高中物理实验课的教学形式如下：

1. 演示实验形式

此形式通常以教师在授课过程中演示为主，边做实验边讲解，特点是目标明确、操作规范、实验效率高，对于提高学生学习兴趣，帮助学生理解内容可收到较好的成效，但学生可能受实验现象或结果的影响导致关注点不全面而对实验仪器的操作事项和实验的操作细节不够深刻，动手能力得不到提升。

此类形式教师运用得较为普遍，是教师受限于时间、空间等条件而采取的一种比较务实的形式，但学生被动学习知识，不利于其创新意识的培养。

2. 分组实验形式

大多数高中物理实验是以分组实验形式完成的，学生需先学习本实验的实验原理、实验目的，以及了解基本的实验操作步骤，在这些基础上进行实验。这种实验形式锻炼学生的动手能力和合作能力，也可以帮助学生更深刻地了解相关知识。但是由于条件限制，每次参加实验的学生人数较多，不同学生的基础知识程度、学习兴趣等学情参差不齐，而且实验之前要做大量的准备工作，教师分身乏术，较难全面兼顾。

3. 以学生为主体的探究性学习形式

该形式在我校开展多年，学生参与热情极高，效果也好。对学科学习兴趣浓厚的学生成立探究性实验小组，制订研究计划，撰写开题报告，自主进行研究，最后形成实验报告论文，再进行答辩。由于全部内容由学生自主参与，教师仅做引导，于是学生成为严谨、规范的研究者，对实验过程、实验结论以及核心知识有深刻的理解并内化为自己的知识。此实验形式开展时间较长，对教师指导水平要求较高，但是它可以极大地提高学生的思维水平，锻炼动手能力，培养质疑意识，为培养创新型人才打下坚实的基础。

二、以学生为主体的探究性学习形式的开展情况

（一）准备工作

实验的备选题目是由指导教师基于学生核心素养的培养，针对高中物理必修的核心知识、社会热点、高考热点等进行方向性设置的，再由学生选择感兴趣的实验进行研究。学生开展实验前，指导教师需对学生课题内容的可行性、科学性进行评估，以确保探究性学习形式对学生的物理素养提高是有帮助的。

（二）开展流程

选题（学生可自主提出或在教师提供的参考课题中选择）——>开题（设计方案，确定人员分工）——>研究（通过自学、实验、问卷调查、查找文献等方式进行，全程做记录）——>结题（通过论文、PPT、实物结果等形式呈现，面向全班或全校进行展示与答辩）。

三、案例对比分析

（一）常规分组实验形式

在研究过程中，每次学生实验，安排一个班级的同学一起分组实验，以同桌两名同学为一个小组，使用一套实验仪器，自主分工，互相协助，在一节课内完成实验报告。

1. 课堂过程

课前准备：印发实验报告，布置预习作业，联系实验室准备相关实验仪器，通知学生实验地点和时间，做好突发事件的应急措施。

实验时间：一节课45分钟。

实验地点：物理实验室。

教学过程：

①组织学生认识实验仪器，了解实验仪器的用法和注意事项。

②讲解实验注意事项及操作要点。

③学生2人一组合作，按照实验报告进行实验并进行相关的记录。

2. 课堂效果及学生反馈——兴趣浓、思考少

（1）此类分组实验课堂效果总结如下：

①基本能够完成实验任务，并能较好地完成实验报告。

②部分同学的实验结果不符合预期，甚至有明显的错误，却无法自行探究原因。

③部分同学对新学的知识理解不够透彻，实验过程只会依葫芦画瓢，再因平时动手操作较少，实验操作的规范欠缺。

（2）学生完成实验课堂学习后，反馈情况如下：

①对实验数据的处理得不到预期的结果。

②实验过程出现了仪器连接问题，操作不规范导致实验无法正常进行，只能求助于老师。

③部分结果与实际情况严重偏离，但不知原因。

（二）探究性学习形式

由6~10名学生自由组成研究性学习小组，选择一个课题，在一个学期的时间内，针对课题进行相关的实验以及查阅相关文献并最终形成论文、实物模型、实验现象等成果。

1. 开展过程（以其中一个学习小组为例）

学习期限：2016—2017学年上学期（教师指导每周一个课时，其余时间由学生自主安排，为期一学期）

参加学习人员：2019届2班学生8人组成的研究性学习小组

选题：开学第一周，由教师组织筛选一部分适合中学生研究的课题发布给学生参考，在第二周之前学生组队并选择本组的课题。（此处记录的探究性学习小组选择了"纸承重"研究课题，该课题要求用三张A4纸在规定的时间做出一定规格的结构模型，观测其可能承载的质量。）

开题报告：第三周和第四周在教师的指导下完成开题报告，将本小组的8名学生分成两组，查找资料，设计不同的结构模型，并对其稳定性进行讨论完善，最后完成开题报告，由指导教师修改并进行评分。

研究过程：第五周开始按计划进行，全程由学生按照自己设计的结构模型进行制作、拼接、承重测试。为使承重的质量尽量大，对模型的结构不断进行修正改进，最终两个模型分别承载了16.9 kg和20.1 kg的质量。实验的过程中小组成员与指导教师

一起讨论过程中遇到的难点问题。

结题：第十六周进入结题阶段，由学生将本学期取得的成果或经验以论文或PPT的形式呈现出来。由于本次探究课题的特殊性，我们将小组成员制作模型时拍摄的照片以及测试承重质量时录制好的视频作为结果来呈现。

成果展示：第十八周各小组，在班级中进行成果展示以及论文答辩。

2. 教学效果及学生反馈

教学效果：在模型的设计中，学生刚开始提出了四个支柱的模型，在测试中发现经常有一个支柱容易折弯。于是学生基于事实证据和科学推理对这个模型提出了质疑，将四个支柱改成三个支柱，再进行检验和修正，最后在测试中证实三个支柱组成的三棱柱结构确实比四个支柱组成的立方体结构稳定性高。

学生在测试承重质量时，发现同样的模型，承重质量差异很大。他们根据现象猜想模型失败是由于重心偏移导致的，于是提出三个支柱要严格等长和尽量使增加的承重质量的重心跟三棱柱的重心在同一竖直线上。最后在测试中发现这两处改进确实使三个支柱受力均匀，承重能力得到大幅提升。

学生在放置承重物的时候基于生活经验提出要轻放，但并不清楚其原因，他们通过自主学习了解冲量这一物理概念。

通过本次探究性学习，模型的设计中四个支柱改为三个支柱，学生培养了科学思维；解决重心偏移问题，学生基于观察和实验提出问题，形成猜想和假设，改进实验并实施，最终有效地解决了问题。解决问题的过程提高了学生的科学探究能力。自学冲量的过程体现了他们探求自然现象本质、解决实际问题的意识，强化了物理观念。整个过程培养了他们严谨认真、实事求是和持之以恒的科学态度。

所以在探究性的物理实验中，学生各方面的物理核心素养都得到培养，尤其对于课题涉及的知识和实验技能而言，收效明显。除此之外，还培养了学生团队分工协作的能力，运用物理知识解决实际问题的能力，并留下了影像、文本资料供其他同学参考学习。

学生反馈：在选题时根据自己对学科的兴趣选择动手能力强的课题，在制作和实验过程中对理论知识的学习和应用上了一个新的台阶，并学会了谨慎的实验操作习惯，为今后的物理实验学习养成了良好的习惯。

四、实验课型的教学形式研究讨论

（一）探究性学习形式在核心突破、素质培养中的作用

师生共同参与其中充分发挥了学生的主体作用和教师的引导作用。在一段时间内，围绕某个课题进行深入探究以及实验操作，对于突破学习重点和难点有非常好的效果，尤其对于基础好、学习兴趣浓厚的同学，可以深化其物理知识的理解和应用。由于研

究时间长，难以实现所有实验课都用这种形式完成，因此更适用于探究型的实验和核心知识的突破。

（二）基于核心素养，突出重点选择教学形式

将分组实验与探究型学习的优势结合，通过讲座、开设社团、第二课堂等手段，组织学生多动脑、多动手，学以致用。

在探究性学习中，根据实验的可操作性选择探究性学习形式的时间跨度，来培养学生的物理核心素养。

在核心知识部分，可采用较短期的探究性学习形式，重点突出，深化记忆，其他的相关知识可采用分组实验形式，甚至演示实验形式完成，节省学习时间，使重点更为突出。

不同的学生也可选择不同的形式进行，学习主动性较强的学生可更多地尝试探究性学习形式，有利于其在物理科目成绩的突破；学习较为被动的学生则可能选择更多的分组实验，鼓励其多动手增强记忆。

核心素养导向下的高中物理分组实验课堂教学的构想和实践

陈　菲　汕头市第一中学

很多物理观念和规律都来源于实验，实验探究是高中物理学科核心素养的重要组成部分。高中物理教学我们提倡"以物明理""以物致理"，物理实验中蕴含的基础知识、关键能力、思维方法、情感态度、价值判断等，是物理教学落实立德树人、提升学生核心素养的重要抓手。但现实情况却是，受应试教育思想的影响，广大师生对实验特别是分组实验不够重视，分组实验课堂教学效率低，学生动手能力差、思维固化。历年高考实验题的平均得分很不理想，实验题成为学生取得好成绩的拦路虎。

一、当前分组实验课堂教学普遍存在的问题

我们课题组对本校高一年级近一千一百名学生做了主题为"基于高中物理实验的核心素养研究"的问卷调查，同时本人也访谈了部分学生。问卷调查和访谈结果在一定程度上反映了当前分组实验课堂教学中存在的问题。

（一）自主意识薄弱，做实验依葫芦画瓢

在问卷中有这样一道题目："在准备进行分组实验前，你有先关注实验室的规章制度和操作流程吗？"其中选择"从不"的占6%，"极少"占14%，"偶尔"占30%，选择"经常"或"总是"只占50%。（见图1）也就是说，只有一半的学生有先了解实验室的使用要求的习惯。

在问卷中有另外一道题目："在进行分组实验前，你会提前进行预习吗？"其中选择"从不"的占6%，"极少"占15%，"偶尔"占41%，选择"经常"或"总是"只占38%，即有六成多的学生没有先预习实验内容的习惯。（见图2）

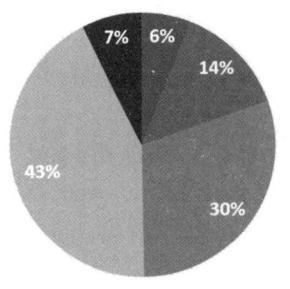
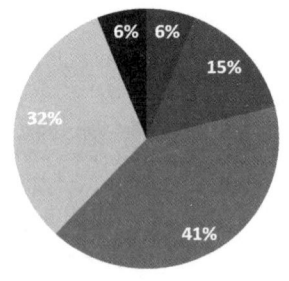

■A.从不 ■B.极少 ■C.偶尔 ■D.经常 ■E.总是

图1　分组实验前先关注实验室规章制度和操作流程

■A.从不 ■B.极少 ■C.偶尔 ■D.经常 ■E.总是

图2　分组实验前提前进行预习

这说明，很多学生在分组实验课前没有预习或者预习的目的性不强，对课堂期待不高。受访谈学生的回答表明：一部分学生认为只要记住实验原理和结论就能应付考试，至于做不做实验无关紧要。也有一部分学生认为提前预习费时间费脑力，而且看了也不完全看懂，反正到了实验室老师会把实验室使用的要求、当天所做实验的目的、原理、步骤、数据处理等等细节交代清楚，所以提前预习似乎显得没有必要。这说明学生分组实验的自主意识非常薄弱，对老师有着强烈的依赖性。

（二）探究能力偏低，遇问题解决不力

在问卷中有这样一道题目："你会在实验过程中提出新奇大胆的问题吗？"其中选择"从不"的占19%，"极少"占45%，其他为"偶尔""经常"或"总是"。（见图3）也就是说，只有36%的学生思维较为活跃，能够根据实验现象提出自己的疑问和看法。

在问卷中有另外一道题目："你能从日常生活、自然现象或实验中发现与物理学科相关的问题并对其提出合理探究方案吗？"其中选择"基本不能"的占27%，"偶尔能"占42%，"一般"占26%，"经常"只占5%。

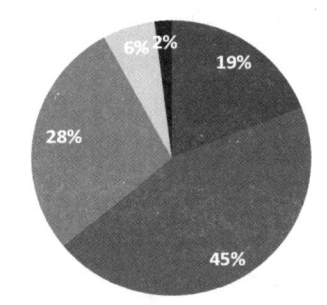

■A.从不 ■B.极少 ■C.偶尔 ■D.经常 ■E.总是

图3　实验过程提出新奇大胆的问题

这说明，相当一部分学生的实验探究能力很薄弱，遇到现象不能提出相关问题，不能设计合理的探究方案，科学探究动手能力差，只有老师或者课本给出具体操作步骤的才能按部就班顺利实施。这些学生满足于能回答老师问题以及按照老师指引操作，而不能进一步思考，多问个为什么。他们解决实际问题的思维狭隘，一旦面临新的问题、新的情景，很容易出现知识调度不灵的尴尬局面。

（三）教学方式固化，重结论轻过程

学生反馈，他们对一成不变的课堂模式感到索然无味。目前分组实验课堂的教学往往误入下列模式：一种是老师事无巨细讲完所有操作步骤和注意事项并板书于黑板，学生根据提示按部就班操作，实验过程波澜不惊，实验结果符合预设目标，师生圆满完成任务，皆大欢喜；一种是老师彻底放任不管，学生茫无头绪随性探究，反正基于目前学校粗糙的实验器材、简陋的实验条件，做不出实验结果是正常的，不管进行到哪一步骤，下课铃声响起意味着实验完毕，实验结果以明天的理论课为准；还有一种是基于实验器材有限，每个实验小组人数太多以致个别学生逮着机会偷懒，实验前只需要先推选出小组中动手能力强的学生和语言表达能力强的学生，前者代表整个小组完成实验操作，后者代表整个小组书写实验报告，其他人没什么任务，就在实验室里闲逛、玩耍、等下课。

二、基于核心素养导向的高中物理分组实验课堂教学构想与实践

（一）反思问题现状，明确根源症结

长期以来，受应试教育思想的影响，广大师生对实验特别是分组实验不够重视，分组实验课堂的教学一直在赶进度、走过场，教学内容只对照考试范围，教学效果只关心最终考试成绩，教学过程更缺少了个性化学习的设计。这种偏见造成了师生思维固化，学生动手能力差，分组实验课堂效率低，效率低了就更加不重视，从而形成一种恶性循环。最终结果是学生怕做实验，怕考实验，高考中遇到实验题时只能佛系心态面对，平均得分一直很不理想。实验题成为学生成绩提高、物理素养提升的拦路虎，这在极大程度上挫伤了学生学习物理的积极性。

众所周知，当今知识型社会需要的是有独立思维的创新型人才。基础教育的目标已经逐渐从知识的传递走向知识的建构。深化课程改革，提升学生的核心素养，就是要立足于学生个人终身发展和社会发展的需要，让学生在知识的学习中懂得探索、敢于质疑、勇于创新。高中物理教学要落实立德树人的教育目标，就要充分利用自身优势，以物明理、以物致理，让课堂教学有实际价值。高中物理核心素养的四个维度——物理观念和应用、科学思维和创新、科学探究和交流、科学态度和责任，可通过分组实验课堂得到充分落实。分组实验课堂只有坚持课堂的开放性原则，尊重每个学生的可持续发展，才能兼顾知识和技能的训练以及科学思想方法的熏陶，增强学生的学习兴趣，提高科学探究能力，培养正确的情感态度和价值观。

（二）优化课堂模式，提升教学品质

高中学生物理核心素养的形成和发展并不是一蹴而就的，需要漫长的渗透过程。

建议在分组实验课堂教学中注意以下几点：

1. 问题驱动，分段推进，调控课堂

分组实验课堂要少一些功利性和目的性，少一些按部就班的程序性要求，要树立一个意识，课堂教学的目的不是为了全班学生得到一个已知的正确结果，而是要让学生经历科学探究的过程，享受科学探究的乐趣，增强动手能力和思辨能力。只要过程正确，不管结果如何，就应该对学生给予充分的肯定。

优化课堂模式，打造高效课堂。教师可以在实验开始时向学生明确本节课实验目的，采用分阶段任务的方式推进课堂进展，采用问题驱动的方式来完成关键步骤的突破。这样既能提供给学生广阔的思维空间，又能避免盲目探究。

下面以"牛顿第二定律"的学生分组实验为例，该节课可以划分为四个阶段：

表 1　课堂阶段

阶段	阶段任务	师生活动	历时
一	如何确定小车所受的合外力	师生共同讨论	10 min
二	探究当 m 一定时，a 与 F 的关系	学生分组实验，教师巡视观察进度，对明显错误及时纠正	15 min
三	探究当 F 一定时，a 与 m 的关系		15 min
四	提问和分享	个别小组分享操作中的困惑和收获	5 min

在第一阶段中，采用了师生问答、步步设问、问题驱使的方式完善实验方案：

①引导学生分析，当长木板水平放置，钩码拉动小车加速运动时，小车受力有哪些？

②基于滑动摩擦力难以测定，那能否去掉滑动摩擦力，使合力变得"纯净"一些？也就是说是否能使合外力等于绳子的拉力？学生满脸疑惑。教师提出用某些动力来抵消摩擦力的影响，演示将长木板远离滑轮的一段抬高，使小车在斜面上运动，再让学生对小车进行受力分析，黑板画受力分析图，得到了运动方向上受绳子拉力、重力分力、滑动摩擦力，确定了用重力分力平衡滑动摩擦力。

③如何确定重力分力已经平衡滑动摩擦力？引导学生联想物体在一对平衡力作用下应该处于何种运动状态，提出如何使得小车在运动方向仅受到这对平衡力，归纳得到：当无拉力时，若小车如何能够沿着斜面匀速下滑，则平衡完成。

④调节平衡过程，实际上调节的是什么物理量？让学生推导得到调节的实际上是斜面倾角，讨论得到斜面倾角与摩擦系数有关，与小车质量无关。

⑤教师提出：如果无拉力时，小车静止在斜面上，平衡完成吗？

⑥教师提出：如果无拉力时，静止释放后小车下滑，平衡完成吗？

⑦提问学生，总结归纳平衡摩擦的步骤和注意事项。

采用阶段任务的方式，教师必须严格把控课堂的进度，巡视督促学生分组探究的进展，确保探究活动的质量。

2. 数据处理，亲历过程，自主完成

数据处理时先进行斟酌取舍，接着考虑用图像或表格来描述相关物理量的变化规律，最后给出物理规律的文字表述和数学表达式。所以，数据的处理是从现象到物理结论的必经阶段。当年第谷积累了几千个数据，如果没有开普勒严谨的数学归纳，就无法得到简洁的行星运动三大定律，也就不会引发牛顿对"天上的力"与"人间的力"的进一步思考，也就没有万有引力定律的发现。这段历史充分说明了数据处理能力在物理规律的发现过程的关键性作用。物理课堂要落实核心素养的科学探究方面，就包含提高学生数据处理能力。

在 2018 年的高考全国 I 卷 23 题，电阻的测量，题目涉及替代法测电阻、限流式电路的安全、图像处理、电阻箱的读数。相当一部分考生的错误是出现在图像处理部分，不懂得先描数据点再连线，或者数据点描得不规范（点个小小的点），最终被曲线覆盖导致该环节不能得分，或者没注意到连线应该是光滑曲线而不是折线。其实这些注意事项平时教师都是不断重复强调的，考生也是清楚的。考试出现问题是因为平时教学中对于这些看似简单的细节问题，教师没有让每个学生真正经历过，经常三言两语简单带过或者用电脑作图代替学生画图，或者对学生小组实验报告由个别学生出品这件事听之任之，所以造成绝大部分学生对于描点连线的问题只停留在理论认识阶段，一说都懂，但一做就错。

实验课前要跟学生明确要求，在分组实验课堂中，操作部分应该是小组同学协作共同完成，但是数据处理环节必须每个学生独立完成，实验报告也须每人独立提交一份。

3. 创设氛围，共享分享，探讨解决

皮亚杰的认知发展理论认为："儿童如果不同他人进行思想交流与合作，就无法把他的运算组成一个连贯的整体。"由此可见，交流合作是学习的重要方法。

科学探究中要逐步提高学生交流、反思的能力。在学生分组操作阶段，教师巡视时会发现种种问题，有些问题需要立即解决，而有些问题最好留点时间让学生思维发酵。课堂最后，让这些存在问题的小组上台分享实验过程的困惑和收获，师生一起探讨，思想的碰撞往往能激发灵感的火花。通过讨论环节来培养学生良好的社会情绪，尊重他人，悦纳他人，敢于质疑，有效沟通，提高学生的自我管理能力。

例如第四阶段小组在《牛顿第二定律》分享中提到：为什么他们小组会出现 $a-F$ 图像不过原点，截距在纵轴？教师适时提出，有些小组图像也不过原点，但是截距在横轴。师生一起探讨不过原点的原因是什么，两种情况的区别在哪里？也有些学生提出个别数据点误差太大怎么办、为什么画出的图像尾巴部分是曲线等等问题。

讨论环节除了可以提出实验中的困惑，起到解惑释疑的目的，也可以分享成功的小窍门。盖茨曾说过："没有什么东西比成功更能增强满足的感觉，也没有什么东西比成功更能鼓起进一步成功的努力。"教师对上台分享的学生给予鼓励和支持，这种成就感将激发学生进一步的学习热情。

4．借助媒体，展示过程，纠错评价

教师在分组环节的课堂巡视过程，通过数码相机记录学生实验过程的一些精彩瞬间，在下节课前或者单元复习时进行回放并点评，让学生在笑声中重温实验过程，加深对实验细节和知识内容的理解，提高学习兴趣。

例如在"力的合成"分组探究中，虽然教师一再强调，但仍有不少学生会出现弹簧秤沿着纸面拉动或斜向纸外拉动、拉力取特殊值、夹角取特殊角等等错误。分组结束后，将分组过程进行视频回放，学生在放松的状态下就会重新审视操作过程的失误，评价某某同学这手势不对哦，某某同学弹簧秤读数错误哈。如此，纠错的目的也就达到了。

屏幕最后出现下面两张图片（见图4），提问学生：两种验证方法哪种更合理？第一种是直接将实际的分力和合力末端连接，验证四边形是否为平行四边形。第二种方法是依据平行四边形的猜想以两分力画出理论合力，将理论合力与实际合力进行对比。很多学生一看，哎，第一种方法不也是我采用的方法吗？有何区别？这样的共鸣将激发学生对问题死磕到底，从而引发其对科学探究中不同验证方法的优劣比较。

所谓当局者迷，旁观者清。视频回放的方式，有助于让学生跳出自我，在另一个"自己"的错误中汲取教训。

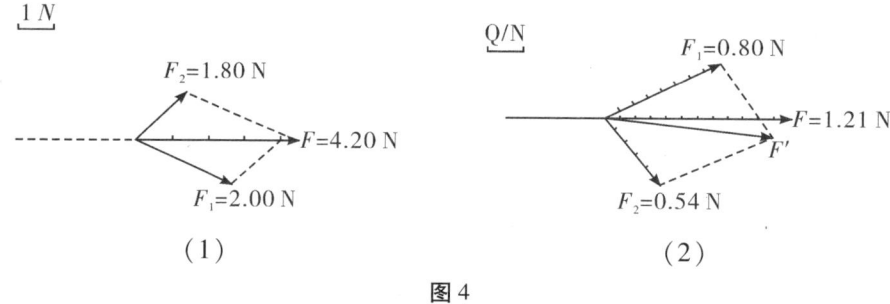

图 4

综上所述，高中物理分组实验课堂在高中物理教学乃至整个基础教学中的作用是毋庸置疑的，但是具体实施细节还有很多问题。每个教育工作者只有在实际操作中不断优化，才能使我们高中物理核心素养的培养落到实处。

基于核心素养的高中物理实验教学探索

方木军　汕头市第一中学

一、高中物理核心素养的基本概念

（一）概念

高中物理学科的核心素养分别从理解物理规律、掌握科学探究方法、形成科学思维和在科学技术中要有正确的科学态度和责任阐述高中物理教学的内涵，这些要素在高中物理课堂教学中是非常重要的。

（二）现状

中国在2016年3月才发布了《中国学生发展核心素养（征求意见稿）》，之后很多学者、专家、教育系统教研员和广大一线教师才开始相应的研究。因为我国对核心素养的研究比较滞后，我国目前"核心素养"依旧是一个模糊的顶层概念，高中物理核心素养的内涵及合理构建的途径，高中物理实验教学的应用等都还没有很好的理论支撑，离在高中物理实验教学中很好实践"核心素养"理论更是任重道远，迫切需要更多的学者、专家和教育系统研究人员以及一线教师开展研究。

（三）意义

根据高中物理核心素养的概念，学生通过学校教育锻炼处理具体问题的能力是物理实验的驱动力。只有有效地调动学生的学习欲望，才能有利于高中物理核心素养的培养，也才能够被学生充分理解，二者相互促进且相互补充。高中学生的物理核心素养是物理实验教学的有力支撑，而物理实验教学是培养高中物理核心素养最有效的途径之一，因此以高中物理核心素养为基础的高中物理实验教学是物理课堂教学的正确方向。[1]

---

[1] 孙子彪. 高中物理教学核心素养：演示实验创新［J］. 学周刊，2018（15）：108-109.

二、高中物理实验自主创新教学探索

(一) 利用课堂小实验凸显学生的主体地位

新课改要求突出学生的学习主体地位,因此教师要将这一内容体现在物理实验教学的过程中,注重学生个体参与,加强学生自主认知与学习。① 例如:在做"测定反应时间"小实验时,笔者曾经分别让两个学生上台做演示实验,互测对方的反应时间,并用刚刚所学的"自由落体运动"的表达式 $h = \frac{1}{2}at^2$ 来计算对方的反应时间,要求全班其他同学见证两个同学的比赛。首先,让一个学生用两个手指捏住尺子的顶部。另一个学生用一只手准备捏住尺子下面,但这只手不能碰到尺子,此时记下手指在尺子上的位置。当看到学生松开尺子时,另一个学生立即捏住尺子,测量尺子落下的高度,根据自由落体运动的知识,可以计算出你的反应时间。刚开始时,第一个学生可能有点紧张,再加上两个学生配合的问题,并没有捏住直尺,直尺直接掉到地上,引起哄堂大笑,课堂气氛一下子就调动起来。我也不忘对他们进行教育,日常工作中,有时需要人反应灵敏,对于战士、驾驶员、运动员等更是如此,看样子不经过特殊训练是不行的。接下来第二次,该学生顺利捏住直尺,记下了直尺降落的高度,再换另一个同学进行测量,顺利地完成实验。然后两人在黑板现场进行计算,分别计算出对方的反应时间进行对比,最后为反应时间短的同学报以热烈掌声。这虽然只是一个小实验,但除了两个参与演示实验的同学外,其他同学也是参与者,学生的参与度非常高,符合新课标"突出学生的学习主体地位"的要求;同时,学生的学习兴趣在整个教学过程中不断上升,而且通过计算巩固了自由落体的知识,这样既优化了课堂气氛,巩固了物理规律,也符合高中物理核心素养"物理观念和应用"的要求,一举两得,何乐不为!

(二) 利用分组实验培养学生团队合作能力

高中生处于青春期,尽管他们思维不够缜密,然而年轻而具有活力。由于青春期的生理和心理特点,决定了这一阶段的学生需要教师细致而有针对性的指导,而不是简单粗暴的纠正。要开展物理实验教学,必须遵循学生的发展规律和个性特点,不同阶段采取不同的教学方法,因材施教。小组合作教学法就是契合高中生心理和思维特

---

① 曾雪琴. 基于核心素养的高中物理实验教学探究 [J]. 读与写杂志, 2016, 13 (11): 146–147.

点的物理实验教学方法。① 在这一方面，教师可以根据学生学习能力，对学生进行合理分组，同龄人之间的互相帮助与促进比教师督促更加有效。在实验之前，老师根据学生平时的表现把他们分成三人一组。按优、中、差组成一组的原则，在进行实验的过程中，优秀的学生可以帮助实验能力相对较差的学生。当实验过程中出现意外状况时，优秀学生可以帮助处理棘手问题，增强学生的团队合作精神。例如，在"验证动量守恒定律的实验教学"中，教师可以对学生进行合理的分组，团队成员需要相互沟通和合作。实验能力差的学生可以安排做接球等简单操作，实验能力中等的学生负责释放小球，而实验能力较强的学生负责在旁边指导，帮助解决实验过程中出现的问题，同时负责实验数据的记录和最终的数据处理。优秀学生可以一边处理数据，一边为其他两个同学讲解，得出结论和分析实验误差，最后通过个别分析和小组讨论，得出实验误差的分析结果。分组实验采取小组合作的方式，可以培养学生的分工合作和团队协作能力，明确各自的责任担当，在共同完成物理实验过程中培养了高中学生的物理核心素质，也符合高中物理核心素养"科学探究和交流"的要求。

（三）利用创新实验锻炼学生自主创新能力

如果每次学生实验的实验器材、步骤、注意事项、数据处理和误差分析等流程全部都由教师预先设计好，学生只需按照这个过程做实验，照样画葫芦，这样学生就不再对实验有浓厚的兴趣了。"科学思维和创新"是高中物理核心素养的重要组成部分，因此教师应适时、适当地开展自主探究性实验，鼓励学生自主创新，而不是一味模仿。当学生亲身经历设计实验方案、选择仪器、制定步骤、进行实验，设计表格、收集信息、处理数据、得出结论、分析错误和评估所有这些过程时，他们就经历了真正自主学习的过程。在实验过程中，对学生实验能力的要求很高，这就需要教师能够正确引导和帮助学生，表扬实验中的"闪点"和"创新点"，增强学生对自主创新实验的信心。在"测量电源的电动势和内阻"分组实验中，可以使用不同的实验装置、不同的实验方法和不同的实验电路来达到相同的实验目的，有"伏安法""伏阻法""安阻法"等。学生们用"伏安法"测量了电源的电动势和电阻后，有了一定的实验理论基础和实验操作能力，可以鼓励他们尝试其他的实验方法，自主设计创新实验并完成它，最后归纳总结出"虽然方法有点区别，但万变不离其宗，基本原理是一样的，那就是都应用闭合电路的欧姆定律"。通过自主创新实验，学生不仅能掌握常用仪器的使用、重要原理和设计、复杂数据处理方法，还能锻炼自主学习能力，激发敢于提问、勇于创新的品质，满足自主学习需要，这也符合高中物理核心素养"科学思维和创新"的要求。

---

① 金加团，杨雪明. 基于核心素养的高中物理实验教学的创新与实践[J]. 中学物理，2016，34（19）：21-23.

（四）利用课外活动培养学生自主学习能力

我校每年主要选择高一学生参加"研究性学习"课程，成立研究性学习小组。教师根据高中物理知识，选择有趣、可操作和创新的研究主题，把简单的小制作和复杂的高中物理知识联系起来。教师指导学生自主收集信息，自主学习，自行设计小制作，最后演示制作成果。例如，"水火箭"是很受欢迎的小制作，科技含量很高，在青少年中很受欢迎。我曾经指导学生们制作"水火箭"，在制作的过程中，先充三分之一的水，然后在充气机充气达到一定压力后发射，压缩空气高速从火箭尾部的喷口喷出水，在"反冲"的作用下，水火箭向喷水的反方向迅速上升，由于惯性在空中滑行一定距离，最终达到一定高度并降落在地面。教师除了通过课内的讲解和深化，以及课外小制作"水火箭"的整个制作过程，使学生学习和巩固牛顿第一定律、第二定律、第三定律和能量守恒定律，还获得一些有关空气动力学和飞行力学的基础知识，同时也使学生能够理论联系实际，达到学以致用的教学效果。更重要的是，整个过程可以锻炼学生的自主学习和动手操作能力，也使广大青少年了解航天科技，热爱航天科技，为国家航天事业人才的培养打下坚实的基础，符合高中物理核心素养"科学态度和责任"的要求。

三、高中物理实验自主创新教学探索成效

（一）参加广东省青年科技创新竞赛，成绩显著

广东省青年科技创新竞赛，学生和教师参与的积极性非常高，学校领导也非常重视，在校园内形成了良好的科技创新设计氛围。我校每年都组织学生参加，多次获得省一等奖，在所在地区学校中名列前茅，成为我校科技创新教育的一道亮丽风景线。

（二）开展了多个自主创新实验讲座，效果良好

我校每学期都会安排开展一系列知识讲座，笔者也会利用这个机会开展多个自主创新实验讲座，主要讲自主创新实验的流程，开展自主创新实验的意义，介绍已经完成的优秀学生自主创新实验的情况。学生参与的热情非常高，也激发了开展自主创新实验的兴趣。每年的自主创新实验讲座都会掀起一轮自主设计创新实验的热潮。

四、高中物理实验自主创新教学探索的思考

经过两年的自主创新实验教学探索，取得一定成效，但也发现一些深层次的问题值得我们去反思。

（一）创新实验教学的重要性问题

通过探索，我们认识到，创新实验教学是非常重要的，它是学生获得高中物理理论，形成良好的实验科学素质的有效途径之一。只有加强实验教学，才能锻炼学生的实际动手操作能力，这一能力的培养将为今后的职业发展做很好的铺垫。也只有通过自主创新实验教学，才能为自主学习和终身教育夯实基础，培养学生的质疑意识和创新精神。但是，事实是很多学生甚至教师本身并没有认识到传统实验教学存在的问题，自主创新实验教学也就沦为空谈。

（二）创新实验教学的科学性问题

中学物理自主创新实验教学要注重方法渗透，要注意阶段性和层次性，由简到繁，循序渐进。教师要清楚高中生对思想方法的掌握是需要一个过程的，而不能把方法当作知识来硬灌给学生，教学过程是渐进的，不能违反高中生思维特点和规律。我国高中物理自主创新实验教学研究起步较晚，开放式实验教学的实施更无从谈起。目前大多数高中物理实验还是普遍采用传统灌输式的教学法，由于实验素养和实验设备的限制，在实验完毕后，由学生自己利用计算机处理复杂数据更是闻所未闻。这些充分说明了学生对实验重要性的认识和教师对学生物理实验素养的培养是不足的，而学生的实际操作能力是非常有限的，也意味着还有许多意识和方法问题需要解决。

经过两年的高中物理实验教学探索，我们发现，课堂教学中坚持"学生是教学主体"的原则，分组实验提倡小组合作，锻炼学生的分工合作和团队协作能力，培养学生自主创新的能力，培养学生自主学习的能力，让学生在高中物理实验的自主创新与实践中培养物理学科核心素养，这些都是高中物理实验课堂中可以实现的，并使他们最终成为社会需要的全面发展的人才。

学科核心素养导向下的高中物理实验课教学方式与策略

吴纪平　汕头市第一中学

2017年版《普通高中物理课程标准》中提出，学科的核心素养是学生在接受物理教育过程中逐渐形成的个人终身发展和适应社会发展所必需的品格和关键能力。高中物理学科是一门以实验为基础的学科，一节成功的物理课肯定有精彩的实验部分作为支撑，如：课前的实验引入、课中的实验探究和课后的"做一做"实验。通过这些实验教学活动，学生可以建立物理概念，提高实验探究能力。本人通过多年的教学实践，总结出以核心素养为指导的物理实验课堂教学模式。

一、学科核心素养导向下的实验教学方式

（一）问题导向，自主探究，提升能力

2017年版《普通高中物理课程标准》指出："高中物理课程通过创设学生积极参与、乐于探究、善于实验、勤于思考的学习情境，培养和发展学生的自主学习能力。"因此，物理实验课教学应当充分体现学生为教学的主体、教师为辅的教学方式。教师把教科书里的一些示范实验变成学生自主探索性实验，可以培养学生的核心能力。

教师示范性实验教学模式如图1所示：

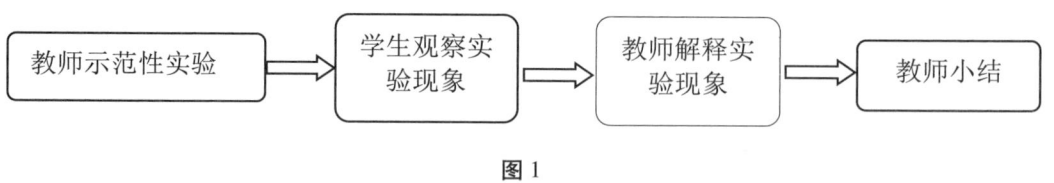

图1

在教师示范性实验教学模式中，教师是课堂的主导者。课堂上，教师利用精心准备好的"道具"，表演节目给学生观看。由于学生缺乏亲身体验实验过程，对实验原理、步骤、注意事项都无法做到真正的理解，探究能力、动手能力也得不到提高。同时，实验现象的低可见度会导致学生在后排和角落无法观察到实验现象，无法吸引学生的注意力，无法达到教学目的。为了培养和发展学生的自主学习能力，教师需要从

课堂主体转向为课堂的组织者和引导者。教师应为学生提供独立的学习机会,让他们参与实验。

1. 自主探究式实验教学的基本操作思路

详见图2。

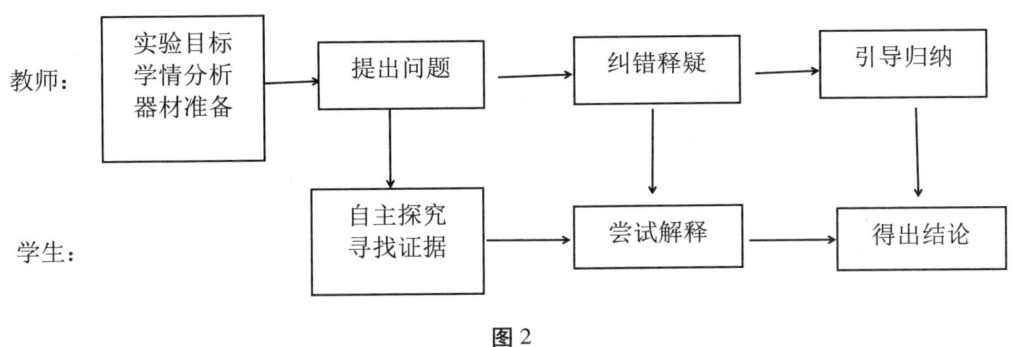

图2

2. 自主探究式实验教学的教学案例

表1

		"微小形变"实验教学片段
教师	问题指引	坚硬的玻璃瓶会发生形变吗？
学生	自主探究	在椭圆玻璃瓶内注入红色墨水,然后将一根细管插入密封盖中。挤压瓶子时,红墨水有时会沿细管上升,有时会下降
学生	尝试解释	是热胀冷缩？玻璃瓶发生形变？
教师	纠错释疑	若是热胀冷缩的原因,手接触时,温度上升,现象只能是上升而不会下降
教师	引导归纳	类比带有吸管的纸盒饮料,从不同方向挤压,当容积变大时,液面下降；当容积变小时,液面上升
学生	得出结论	水面的上升与下降都是因为玻璃发生形变产生的。表面坚硬的物体在力的作用下会变形

在教师的指导下,学生可以自主开展实验探究的课堂教学模式。学生从被动接受转变为主动学习,提高了学生课堂参与和实验探究的能力。

(二) 明确指向,合作探究,巩固提高

建构主义认为,学习不是教师简单地将知识传递给学生的过程,而是学生自己建构知识的过程。学生不是简单被动地接受信息,而是积极地建构知识的意义,这是其他人无法替代的。

传统的实验教学验证方法是通过实验验证学生所知道的物理规律,以巩固他们所学的知识。实验教学方法如下。实验教学方法如图3所示。

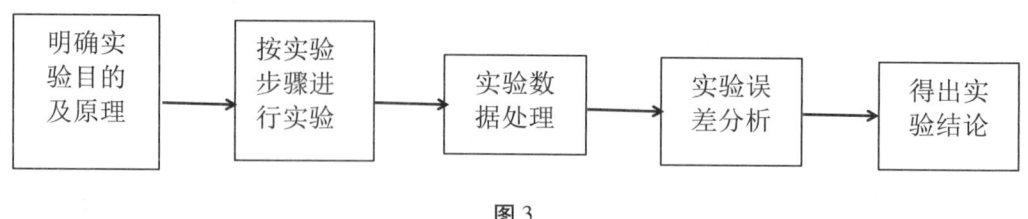

图 3

传统的实验教学验证方法可以培养学生的基本实验技能。但是，这种教学方式将导致学生无法真正理解实验原理，盲目地按照实验步骤完成实验，很难调动学生的学习热情，无法培养学生的创新思维，在培养学生物理学科核心素养方面是低效的。为了解决以上问题，教师可以改变教学方法，把验证性实验教学改为合作探究式教学。在教师的指导下，学生经历了"发现问题，提出假设，制订实验计划，通过小组合作进行实验研究、分析实验数据、最终解决问题"的一种教学模式。

1. 合作探究式实验的基本操作思路

详见图 4。

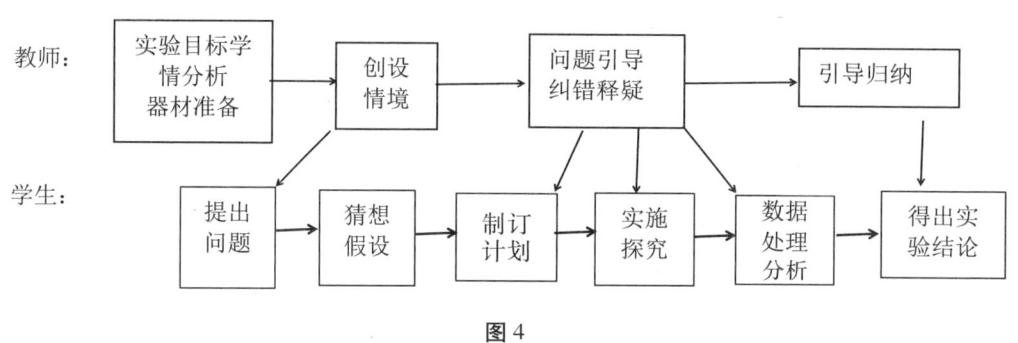

图 4

2. 合作探究式实验的教学案例

表 2

"探究自由落体机械能守恒定律"教学片段		
教师	创设情境	重锤自由下落，动能增加，重力势能减小
学生	提出问题	动能与势能之和怎么变化？
学生	猜想假设	可能不变、增加或者减小
教师	问题引导	如何计算重锤的动能和重力势能？需要测量哪些物理量？
学生	制订计划	天平测质量，刻度尺测下落高度，打点计时器测速度
学生	实施探究	小组分工合作，进行实验探究
教师	问题引导	数据处理方法：公式法和图像法
学生	数据处理	小组分工合作
学生	得出结论	在误差允许范围内，重锤动能与重力势能之和不变

合作探究实验教学法有助于培养学生发现问题、收集和处理数据的能力，增强团队合作意识。可以看出，合作探究实验教学模式有利于培养学生的物理核心能力。

二、以核心学科素养为指导的高中物理实验教学策略

如何在时间有限的物理课堂内，保证学生能够积极地投入到实验探究中，使每一位学生在实验过程中都有所收获，有以下几个问题需要关注。

（一）创设情境，激发动力

在课堂上将要学习的物理问题可能很"无聊"，学生也不感兴趣。对一个兴趣不高的问题，学生又怎么会投入很多精力在做实验上呢？学生的实验探究很可能会变成学生课堂玩耍的时间。教师要提高学生学习的积极性，需要在学生开始实验之前，让物理问题的提出变得更加自然，让物理问题更具有吸引性。例如：探究玻璃瓶的微小形变实验中，先讲述学生都知道的用力挤压带有吸管的饮料盒子，饮料有沿着吸管上升的现象，再引出实验对象——玻璃瓶，从学生的日常经验入手提出物理问题，让学生感到物理问题就在身边，引发了学生的好奇心和求知欲，从而提高了学生学习物理的兴趣。

（二）问题导引，协作完成

能够独立完成实验探究的学生毕竟是少数。所以，教师需要给学生适当的问题指引。由于课堂时间有限，高效的课堂教学也要求教师给予学生一些关键性的指导。例如：探究自由落体机械能守恒定律的实验中，引导学生需要测量哪些物理量，而这些物理量的测量又需要用到哪些实验器材；数据处理的方法可以用公式法，也可以用图像法，哪种方法更有助于消除实验误差……这些简单的问题，可以帮助学生制订计划、设计实验步骤，能够帮助学生顺利地完成实验探究。

（三）交流互动，分享共享

实验结束后，每个小组派一名学生代表分享实验过程和结果。教师可以及时检查各组的实验情况，并提出改进学生实验不足的建议。教师应该表扬学生的出色演讲和成功的操作。对于那些没有完成实验的小组来说，分享和交流的过程为他们提供了一个很好的学习机会。这将不断激发学生探索和寻求知识的欲望。

学生核心素养培养成功与否，关键在于教师。教师需要在教学观念上有正确认识。物理实验的结论并不是课堂教学的最终目标。在物理实验过程中，要培养学生的实践能力、科学探究能力、团队精神、交流与分享能力，促进学生共同成长。学生的实验探究教师不能代替，也不能用播放视频来代替。教学设计要以学生为课堂的主体，要积极创造条件让学生多点参与"教"与"学"的双边活动。只有学生亲身经历，思想上才会有感悟，学习素养才会提高。教师要在实验教学方法和策略上进行创新，思考课堂教学如何培养学生的核心素养。教师在教学实践中要不断探索，反思自己的教学过程，总结经验，始终注重学生核心素养的培养，即关键能力、本质特征和价值观的培养。

如何将科学探究素养融入高三复习教学中
——高三核心素养教学探索

曹志权　汕头聿怀中学

近年来，以学科核心素养培养学生是教改中的改革中心，各个学校也基本上在高中阶段逐步学习并积极尝试改革。新教改在高一、高二都开展得有声有色，但是进入高三备考阶段，应试教育的模式还会卷土重来，强化应试教学法使学生在较短的时间内学会应对高考的考试技巧。学生往往也会在题海中陷于苦战。我也碰到过学生抱怨说经过高三，只学会了考试，但是对于一些实际问题的学习和原理的理解却是远远不够。对于毕业班如何在备考中融合核心素养的培养目标，更好地协调学科素养与备考目标的完成关系，是高三毕业班教师所要思考的重要课题。

俄国教育学家乌申斯基指出：复习不是单纯的重复，而是用旧知识的砖瓦建造新的高楼大厦。在我多年的高三一线教学中，我对于高三备考复习的理解是：高三阶段要整合学生在高一、高二阶段的知识，先引导学生掌握好知识的基本原理，让学生能够将物理原理与现实生活结合起来，并学会多个知识点进行相互的联系和综合应用。在近年来的高考中，我们也往往看到高考试题中更多地在题目中将物理知识和生活实际结合起来，要求学生能利用物理知识去分析我们现实生活中的现象和解决生活中碰到的物理问题。这些高考方向的变革体现了新课改背景下的高考新思路，促使我们对下阶段的教育改革逐步进行新的探索。

为此，在结合高三备考经验的基础上，我认为高三的备考复习也需要更多地将生活中的物理现象与教学相结合，帮助学生更好地理解和掌握其物理原理。在课堂教学中需要将科学探究与高考备考有机地结合起来，让学生通过生活体验感知物理原理，并学会将知识进行拓展，这样才能更好地使课堂教学更加有效，才能更好地促进新课程改革的发展。

但是，要将生活实际与物理知识相结合进行科学探究，在高三备考中并非易事。

一、高三科学探究面临的问题

（一）学生的生活体验较少

在当今的社会上，由于科学技术的飞速发展，物质生活的丰富与资讯的快捷获取，很多人已经习惯于通过电视、网络等媒体去接触外界。对于生活中的问题，学生更加习惯于通过网络直接寻求答案，在了解答案后却不再更多地花时间去理解其中的原理，仅仅只满足于认识问题的答案，并要求能够用于考试解答即可。大部分学生缺乏生活体验，家长也只关注孩子的学习成绩，而往往缺乏从小就让他们参与劳动和集体游戏的体验，这也造成了这些学生面对身边的物理现象和生活中碰到的需要动手处理问题时往往不知所措。而面对高考中涉及的有关生活中的物理情境时就不懂得结合所学的物理知识进行分析，知识的迁移能力比较弱。

（二）高三备考因时间紧而无法充分开展科学探究

高三阶段对于物理科来说时间是极其宝贵的，学生需要在一个学期内复习完高一、高二阶段六本教科书的内容，尽管这些内容学生曾经学过。但高一、高二阶段的学习缺乏对知识系统的归纳和综合性训练，加上物理科一周的课时比较紧，因此要求学生能够在较短的时间内完成第一轮的复习。科学探究模式则需要有比较多的时间让学生参与物理情景的设计和物理问题的探究，同时还需要有时间让学生相互之间进行讨论和分析。因此，很多高三教师都会避开科学探究而采取灌输式的教学模式，希望在比较短的时间内通过强化训练和内容灌输让学生掌握应试的技巧。这也就造成了相当一部分学生掌握了一些答题的技巧，通过应试技巧解决物理问题，但对于物理问题和物理现象的本质不求甚解。所以一些高三学子在毕业后才会觉得高三学习中掌握了对某些物理题的解法，但对于"为什么是这样""这些物理问题包含了怎样的物理分析原理"这些问题则没有完全弄明白。

（三）高三阶段实验操作相对减少

在大多数学校中，实验教学一般更多地倾向于高一、高二学段的学生，由于高三学生学业任务较重，而且以复习为主，所以大部分学校在高三阶段很少继续安排学生实验，一般都会在高三阶段的第二学期才安排一两节课让学生参观和回顾做过的实验，而课堂的演示实验基本上在高三阶段也不会再做，安排学生的实验考查大多只是停留在对于实验的一种表述上，学生对于一些需要通过做实验来得到理解的问题则表现得非常陌生。同时，现在相当一部分学生缺乏动手的能力，不太愿意通过动手实验来思考和探究实验中出现的问题。在实验室中，还存在部分学生只看不动手的现象。

对于以上问题，本人认为高三阶段要完全采取科学探究模式确实存在一定的困难，但是物理学科是一门以实验教学为主的自然科学，也是很贴近人们生活的一门学科，若学生缺乏对于物理情境的探究，闭门造车的学习方式将不利于其对物理知识的学习，更加不利于物理学科的发展。我认为，要把科学探究模式渗透到高三教学中，尽管高三的教学任务繁重，时间也比较紧，但是并不是不能进行科学探究。在我的高三教学中，我会根据所复习的知识点，通过一些贴近学生生活的小实验在课堂上与学生一起分享，在探究中感知物理知识的趣味性与实用性。

二、如何在高三教学中进行科学探究

（一）简单随手型探究法教学

在高三复习中，可以及时根据复习的知识点，利用课堂上随手可以接触到的物体做成简单物理实验，将学生带。用入科学探究环境中。如在复习"重心"这个知识点的时候，我通过制作悬浮的小鸟模型、直尺重心讨论、斜面失重现象的研究及翻滚物体做功的实验，带领学生了解重心的特征。通过悬浮小鸟的模型，学生在了解我制作的模型中认识到只要让重心落在支撑点上，物体可以在任何支点上保持平衡；而直尺重心讨论，我通过直尺在手指上的平衡分析重心的位置，并结合橡皮擦在尺子上位置的改变来说明质量分布对中心位置的影响；通过物块在斜面上滑动，利用台秤的测量，学生认识到可用整体法研究系统重心的变速移动形成的超、失重问题；而通过正方体的翻滚实验，学生认识到翻滚物体本质上是提升物体重心做功的结果。这些简单实验我们在课堂上是比较容易随手进行操作的，所以在教学中要充分利用讲台上、教室内随时可以拿到的小器材、小物品做成简易的演示实验，引导学生参与到实验探究中，这样学生对于知识点的掌握会更牢固，对难点的分解教学和解析理解会更加透彻。

（二）生活探究法教学

在教学中，现在的学生生活体验比较少，我们就要结合学生容易接触到也容易产生误解的知识点，利用生活中的小例子或者身边的简易器材做成小演示，带领学生参与到其中，形成更加牢固的物理概念。例如在分析摩擦力和弹力的知识时，涉及"绳子拉力的两端作用力相等"的概念时，学生提出用"在拔河比赛中取胜的一方是不是因为拉绳子的力比对方大而取胜"来反驳这个概念。为了让学生不混淆这个概念，我设计了一个小实验：让班里一个很健硕的男生和一个身材娇小的女生拔河，一开始女生通过麻绳怎么也拉不动男生。接下来我拿出一个滑板让男生站上去，结果那个女生就很轻松地把男生拉过去了。之后我又通过两个小弹簧秤拉细绳实验来表明绳子两边拉力相等。通过这个例子，我和学生们分享了这个探究过程所得到的概念：拔河的时候双方拉绳子的力是一样大的，取胜的一方是因为他所受到的摩擦力大的原因。

在这些例子中，学生可以通过一个个简单易做的小实验和身边的生活体验来感知物理概念，并从中归纳得到相关物理知识在生活中的应用，从而提高对高考知识点解答分析的能力，在高考复习的紧张氛围内增添一点课堂学习的乐趣，缓解学习的枯燥。所以，在高三复习教学中，适当采取科学探究可以提升学生学习的兴趣，缓解学生学习的压力，进一步促进学生对有关物理概念的理解，提高学生对实际问题的分析能力。

三、高三阶段科学探究要避免走误区

针对高三阶段的教学特点，我认为有三个需要避免的问题：

1. 避免进行耗时较多的物理探究性问题的研究

由于在高一、高二阶段学生曾经进行过有关的研究性学习，高三阶段的学习主要是对知识的归纳和综合应用，而且高三复习时间比较紧，因此在高三的教学中不适宜进行一些需要大量时间来研究的探究性问题。

2. 避免需要大型实验器材和繁复操作的演示实验

需要大型实验器材和繁复操作的物理实验往往需要在实验室环境下进行演示操作，而学生在高一、高二学段已经认识过部分物理实验，所以重复性地进行这样的演示实验操作的必要性不大。

3. 避免脱离生活实际的演示实验

高三阶段毕竟是涉及学生的升学，近年来的高考主要是要求学生更加贴近生活实际，而所考查的题型也主要以学生身边能够基本接触到的物理现象进行讨论分析。因此在带领学生进行科学探究时，要以贴近学生生活实际的实验，才能更好地拉近学生学习的体会，提高学生学习的兴趣。

四、小结

美国著名心理学家布鲁纳说过：学习是一个主动的过程，使学生对学习产生兴趣的最好途径就是使学习者主动卷入学习，并从中体验到自己有能力来应付外部世界。综上所述，合理地在高三课堂教学中渗透性地采取科学探究可以更好地服务于高三的备考，活跃学生的思维，对于引发学生更有兴趣地学习、更主动地参与到物理知识的学习归纳中是很有益的。这样可以最大限度地调动、发挥学生的内在因素和他们的积极性。只有这样，才能真正实现在高三课堂复习教学中减负增效。

引领飞翔的科学梦想
——基于核心素养环境下研究性学习科创活动指导感悟

曹志权 汕头市聿怀中学

韩愈的《师说》里由孔子的"三人行，则必有我师"推到"是故弟子不必不如师，师不必贤于弟子，闻道有先后，术业有专攻，如是而已"。所谓"教学相长"，说的是教师在教育过程中与学生共同学习与成长。这一点，在当今社会中体现得更加明显，教师已不再是知识垄断的权威。随着互联网的迅捷发展，网络资讯、手机APP学习服务早已成为新一代学生学习和接触新事物、新知识的课外学习方式，"互联网＋教育"模式的教育新体系正在日臻完善，而物联网的发展也进一步融汇各类网络资源与应用技术产品以供学生对科技创新产品和创新理念的开发、提升以及改造。这是一个科技日益更新的时代，这是一个新概念层出不穷的时代，这是一个学习理念不断更新的时代。我们的教育如何更好地把握方向，适应时代发展的需要，如何充分利用好互联网络资讯和信息技术资源，在物理学科教学中如何以培养学生核心素养为目标的基本教育理念，是新教育改革中不可忽视的问题。

随着时代发展，有不少教师在教育教学过程中往往感叹现在的学生受外界因素干扰很大，没办法像以前的学生那样认真听老师讲课，潜心学习。在网络和手机等因素的影响下，现在的学生确实无法像以前的学生那样学习。但出现这样的问题，是不是就要让学生完全屏蔽这一切干扰，将这一切都和他们隔离开来呢？时代的发展是迅速的，信息时代我们更加无法把这一切和学生分隔开来。该来的总会到来。在时代的洪流席卷而来时，教育犹如大禹治水，疏导胜于防堵。

研究性学习作为教育改革的一部分，对于培养学生基本学科核心素养以及引导学生利用好信息技术及网络资讯有着很好的借鉴作用。近年来，我在指导学生将研究性学习成果转化为科技创新作品参与各级科技创新大赛的实践过程中，对于教育改革中关于物理学科培养学生核心素养有一些感想，在此一起分享与学习。

一、网络资讯时代，学生面临的问题

在这个信息大爆炸的时代，各种资讯通过网络途径进行传播，通过手机或电脑输入相关关键词或者是图片信息就可以查找到相应链接的词条，并进行资讯查询。各类网络与手机上如"小猿搜题""知乎网""B 站"等等手机终端与社区终端都会提供大量相关的专业资讯。然而网络资讯也良莠不齐，面对如此庞大的信息资源，学生往往有时也很困惑。我们在组织学生进行研究性学习活动时发现，学生面对很多在课堂上还没接触到的新知识时，会通过网络进行了解。因此网络资讯的查询是他们获取新知识的一个常用途径，但是在此过程中他们一般都会问这样一些问题，如"网上查询到的信息很多，哪些信息才是我们要的？""这个问题查到的说法很多，不知道要怎么区分哪些适合我们的？如何辨别？""这部分知识是不是太新了？网络上没有什么资料比较合适。""这部分内容的关键信息找不到相关参照点，也没有相关词条，怎么办？"

由此可见，网络上资讯尽管丰富，但也存在以下问题：

（1）一般的知识资讯多且杂，甚至存在不同的观点，学生面对过于繁杂的资讯，由于其理论体系有限，往往无所适从。

（2）关键资讯由于涉猎人少，这部分内容网络资讯匮乏。

（3）部分新理论知识学生对其内容不太熟悉，无法找到相应的关键词进行资讯的查找。

面对以上问题，新的教学改革要求从学科核心素养的角度出发，改变以往总方向式的教学目标，提出更加具体化的相关核心素养培养目标，并系统地以五个等级作为学科核心素养的评价标准，形成多元化的培养和评价，以学科核心素养作为培养学生的目标，充分发挥学生主观能动性。

二、物理学科核心素养在研究性学习中的作用

（一）开展研究性学习课题前需要构建相关知识的物理观念

近年来，在我们带领学生进行研究性学习中完成科技创新作品的制作过程中，学生很多时候会面对各类未曾学习过的知识，甚至有部分知识他们在高中阶段不会学习到，同时也会涉及一些新器材、新应用电子模板等性能知识。学生一开始面对此类问题，往往会比较茫然，不清楚如何去学习，对于查询相关内容也会不知道如何入手。因此，在学生开展研究性学习课题前，就必须为学生就相关知识进行相应的讲解与分析，引导学生认识该课题主题的基本原理和相应的物理观念，从而使学生在掌握好相关知识概念的基础上找到入手课题研究的相关资讯信息的关键点，才能通过书籍、网络找到相关知识和资讯进行学习。

譬如我在 2016 年和 2018 年分别指导学生创作科技作品《平抛记录仪》与《气体光谱分析仪》的初期，学生当时并未学习和接触这部分知识，相关概念也都是空白。要创作这些作品就需要对这些知识有充分的认识，因此在指导学生开展活动的初期，我组织学生进行这部分内容知识的学习，给学生提供这部分知识的基本知识概念，让他们对这部分知识有个大概的知识基础框架，并结合实际中出现的实践问题提出思考，

使他们对所做的项目有个整体的框架性认识以及对项目面临的问题有个基本构思。我在为学生构建基本理论观念的基础上，抓住相关知识的脉络，促使他们由这个问题的基本观点入手，提出处理问题的制作方法、理论原理和制作作品的器材需求。如在《平抛记录仪》作品中，他们需要在初期认识平抛运动的运动分解理念、平抛运动的理想化观念、平抛运动过程的力学原理以及平抛曲线的特征，由此在制作平抛记录仪的过程中，他们需要参照这部分知识观点来作为本仪器的基本构造原理。而在《气体光谱分析仪》中，学生除了一开始要认识原子特征谱线的基本原理，还要掌握光谱分析器材不同类型棱镜的色散差别、物镜将光源平行化和光源干涉原理、光栅原理以及目镜成像调节原理等等。在学生学习过程中，我还带领他们参观了大学物理实验室中光谱分析的各类器材结构和原理，让他们在制作作品的过程中形成清晰的理论观念，从而方便学生在制作过程中由清楚的理论主线作为引导，也为学生通过后期的网络学习有较明确的知识关键信息。经过实践，我发现学生学习新知识的主观能动性是很大的，学生在构建好相关理论观念后，经过小组的学习与讨论，在短短两周内就已经形成比较完善的理论体系，并提出初步的设备建模构想。由此可见，为学生构建基本物理观念可以为学生的自主学习提供方向，在构建好相应知识的理论概念的情况下，才能去伪存真，为后期的学习指明方向。

（二）科学思维方法是研究性学习科创活动的核心

科学思维在研究性学习中是一个核心要素，在学生研究性学习过程中，科技创新作品的研发离不开科学思维的形成。在学习活动中，学生不仅要对新知识进行理解与掌握，更重要的是在研究过程中需要对现实中碰到的问题进行剖析，用科学的推理和论证方法来考虑所构建模型的合理性与可行性，从而在实践中根据出现的问题进行修正。而科学建模，对已有问题提出创新思想并予以验证也是在研究性学习活动中很关键的一环。比如我们学生在制作《新型环形塞式固体火箭发动机》的科技作品时，学生研究学习现有发动机拉瓦尔喷口技术问题之后，针对其出现的问题，提出新的高喷气功率的环形塞式气体喷口的发动机结构，这样就可以使喷气动力更为集中，为发动机提供更大的动力。学生根据思路设计了环塞式发动机结构并进行建模。为了验证发动机设计的合理性，根据我们的要求，学生对于发动机启动情况进行实验验证，通过气动力学模拟检验以及固体燃料实验检测，通过多种检验最终使环塞式发动机的气动效果趋于完美，该发动机的设计也获得区科技创新大赛的特等奖和市科技创新大赛的二等奖。而在学生科创作品《二级水火箭的研制和定量分析》以及《平抛记录仪》的制作过程中，学生们同样也是不厌其烦地对设计作品的科学性与实践的合理性认真探索，通过不断地实验和数据分析，力求作品在科技含量上取得突破，也尽量让作品更加符合科学原理。

在学生科技创作过程中，科学思维是产生好作品的核心，培养学生严谨的科学思维方法，可以促进学生围绕其研究性学习课题中的细节从科学化角度去分析和处理问题。对比没有以科学思维进行研究性学习和科技创作活动的案例,这部分学生一开始仅仅凭着一股冲动,提出了各类想法。但在真正实践中出现与原先设想不同的情况后,这些学生往往不是静下心多翻阅和查询资料,认真分析其中的科学性原理,而是凭借着所谓的经验主义和冒险精神去尝试。不可否认,科学探索过程需要有一定的冒险精神,但没有科学的分析和思考,认真构建相关模型或者相关实践理论,那么这种尝试通常会以失败告终。所以在实践中我们也发现,仅凭兴趣和一股冲劲去对待科技创作的学生,往往在兴趣消磨完后会逐渐放弃对作品的创作,他们所参与的研究性学习课题也会陷于停顿。而能够坚持以科学原理作为指导的学生,在遭遇重重困难后,仍旧能够认真地采取科学分析方法,认真细致地查找原因,从而逐渐完善作品,取得成功。例如《气体光谱分析仪》的创作过程中,学生遭遇到光谱打开幅度小、图像模糊干扰大、目镜观测不清晰等问题。学生始终以基本的光学光路原理、光学波动理论等原理作为研究的理论依据,通过观察近代物理实验器材,分析光谱分析仪结构特点,还不断采用光路原理分析目镜透镜组的组合问题,最终该装置得到最令人满意的改善,学生也在实践中认识了很多课外的重要科技知识(如光栅原理、平行棱镜原理、多倍透镜组合原理等),不仅提升科技创新作品的科技含量,同时也促进个人学术水平的提高。

(三)科学探究精神是研究性学习课题创作的源泉

研究性学习活动是基于科学探究所形成的一项学生综合素质训练的活动,而科技创新活动更加需要学生在科学探究中不断地实践和排错。探究活动是研究性学习的原动力,通过实践探究才能在研究过程中认识理论与实践结合的切入点,才能找到基于知识原理与新理论的证据,才能在实践探索中形成思想的碰撞,从而培养团队协作的能力。

在指导学生研究性学习活动中,我们发现,无论是团体项目还是个人项目的研究,都离不开科学探究的实践活动过程。在每一个科创项目中,学生在理论建模后都会不断地对他们创作的作品进行实践应用的研究。在这探究的过程中,学生通过对作品进行实践操作,并不断查找存在的问题进行改进,碰到棘手问题时进行小组讨论并和指导老师进行探讨,寻找问题的根源,也寻找理论在实践中应用的方法。如科技作品《太阳能智能巡航捕鱼三体船》在实践中碰到的浮力稳定性问题,《气体光谱分析仪》制作后的光谱分光效果不明显问题,《智能巡航滑翔机》的飞控稳定性问题,《丁达尔数学线面立体几何成像仪》的液态胶体过重和面光源角度问题。这些实践中碰到的问题是一开始凭借理论知识建模所未曾预想到的,这些问题就需要学生在实践过程中始终保持一种科学探究的精神小心求证,在理论的指导下不断地尝试和论证,同时团队的协作也促进问题的有效解决。这些科技项目中碰到的问题,在学生经历讨论、分析、观摩和实践论证之后,都基本得到完善的解决,参与的学生也在各级比赛中取得优异成绩。

（四）科学态度与责任是学生保持研究热情的保障

在研究性学习活动中，学生构建的科技项目模型在建模初期经常会在应用时出现各种意想不到的失误或运行错误，这些问题可能表现出来时与理论有较大的不同，此时学生往往会对之前的理论产生怀疑。中学阶段的学生是充满青春与活力的，思维敏捷，也热情高涨，但与此相对应的是情绪波动较大，成功的刺激会使他们加倍努力，而挫折也会导致他们研究的情绪一落千丈，容易表现出心灰意冷的情况，部分学生甚至出现懈怠和放弃的思想。而此时就需要引导学生进一步明确研究性学习课题的研究方向，需要引导他们认识到探究过程总会是曲折的，而科学研究的乐趣也在于在挫折中不断探索获取真知，帮助学生以科学严谨的态度来思考和分析存在的问题，用一种负责任的科学态度来对待自己创作的作品，找出问题出现的原因，用科学的理论、细致的观察以及不厌其烦的实践精神来逐步突破瓶颈，最终解决问题。在这些指导研究性学习的过程中，我们欣喜地发现，作品创作的初期，学生确实有心浮气躁的情况，但随着研究的深入，学生逐渐体会到科学研究的乐趣，培养起来的科学探究精神鼓舞他们积极地试错，在不断发现问题、解决问题中逐步完善他们的作品，并最终获得成功。

三、研究性学习中教师的自我定位

正如本文最初说的，"弟子不必不如师，师不必贤于弟子"，在科技创新的领域里，新技术和新材料发展日新月异，在资讯如此发达的网络社会，知识没有边界，学术上没有绝对的权威，应有的是一种追逐真理、追逐科技未知领域的热情。所以在指导学生开展研究性学习课题的研发过程中，与其说教师指导学生，不如说是教师与学生共同成长，因为作为教师的我们在这个新时代里面临的也是不断更新的知识、理念、技术，在学生创作中教师也要不断地学习。在这个过程中，有时学生所认识的领域可能我们还完全没有涉足，学生所认识的会比我们认识的多得多。因此，作为学生研究性学习课题的引领者，科创作品的指导教师在辅导学生开展活动和科技创作时要有正确的自我定位。

（一）教师对待科学研究的态度也就是学生对待科学研究的态度

教师是学生学习的榜样，教师严谨的治学态度、认真的科学探索精神、细致的科研行为都是影响学生学习和钻研行为的模范。身教胜于言传，在研究性学习活动和科创活动中，学生会和教师有更多的接触与互动，也比课堂教学中有更近距离的相处，教师的学习行为与钻研态度对学生的影响也更直接。所以新课程改革中关于培养学生核心素养的目标，从另一角度讲，也是作为教师应该进一步提升的个人核心素养。教师只有身体力行地做好研究性学习活动的科研活动，才能真正践行提高学生核心素养的教育工作。

（二）谦逊才能走进学生内心促进交流的融洽

博学与深化理论学术水平是教师始终应当坚持的学习状态，俗话说："要给学生一瓢水，老师本身必须要有一缸水。"也就是教师要教给学生知识，首先教师必须比学生有更广博的知识和更深层次的理论水平。诚然，教师扎实的知识理论水平是引导学生学习与进行研究性学习活动的基本保障，只有这样才能为学生的研究活动指明方向；但在这个知识多元化的时代，新知识、新技术、新理念的更迭很快，作为教师很难涉猎很多方面，而学生有些时候在某一学术方面所掌握的知识也有可能是教师未涉猎或掌握不透彻的，如果面对相对陌生的知识领域，教师能够虚心听取学生的想法和对相关知识的分析，这对于教师而言也是一种很好的学习提升方式。而教师对新知识能够低姿态地与学生共同学习，学生也会感觉教师有一种兼容并蓄的学习态度和尊重科学的学习状态，他们能更好地和教师共同学习，师生的交流也会有更多共同的语言。因此，谦逊的治学态度才能获得学生的尊重，向学生展示自己未知而渴求学习的一面不仅能在行动上引导学生学习，而且能和学生更加融洽地共同沟通与学习。

（三）教师应当是学生科学梦想的领航员

研究性学习活动作为学生综合素养训练的一个重要环节，其开设的目的最终仍旧是学生要成为研究性学习活动的主体。学生在研究性学习活动中必须作为课题活动中学习、研讨、调查、建模创作、实践应用、资源整合以及归纳总结等活动的主要参与者，教师在这个过程中所要做的是引导学生研究的方向，对学生的研究活动起到指引、组织、协调、创设研究环境、提供研究资源等作用。在学生的研究性学习活动与科创活动中，教师要培养和引导学生合作学习，以团体的力量协作研究，与学生一起体验研究的快乐与学习的乐趣。作为研究性学习活动的引导者，教师不能以权威自居，在学生创作中更不能越俎代庖，让学生学会学习，学会在研究中体验成长，才能达到新课程改革中培养学生核心素养的目标。

综上所述，教师在开展研究性学习活动中应结合新课改将培养学生核心素养作为目标，教师作为研究性学习的引导者应重视学生本身的自主能动性，结合新时代发展的趋势，给予学生更多的学习空间，为他们提供更多的学习资源，帮助他们在学习活动中发挥自主能动作用以提升其基本科学素养，为学生未来的科技梦想插上飞翔的翅膀。

从原始问题走向物理习题的实践探究
——科学思维视角下的"单杆+双轨"模型[①]

邹韩仕　汕头市澄海苏北中学

一、问题的提出

原始问题,是指自然界与社会生活中客观存在,未经出题者越俎代庖式加工的典型物理问题,它只是对现象进行了描述,保持着现实生活中物理情景的"原汁原味"。与原始物理问题对应的是习题,习题则是经过编制者简化、抽象等处理并在设定的条件、范围内的半成品作业。[②] 原始问题与物理习题的关系如图1所示。

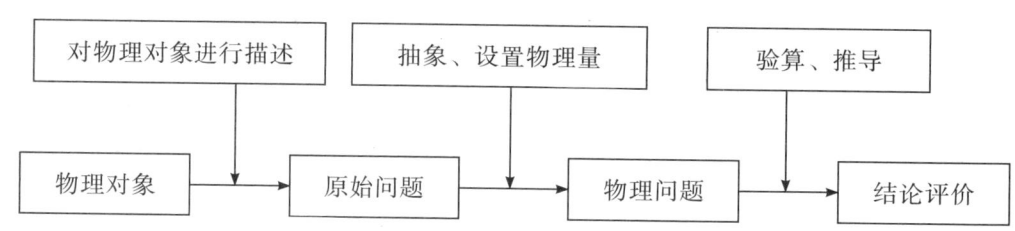

图1　原始问题与物理习题的关系

作为物理学科核心素养的"科学思维",是从物理学视角对客观事物的本质属性、内在规律及相互关系的认识方式,是基于经验事实建构理想模型的抽象概括过程,是分析综合、推理论证等方法的内化,是基于事实证据和科学推理对不同观点和结论提出质疑、批判,进而提出创造性见解的能力与品质。[③] 模型建构、科学推理、科学论证、质疑创新是构成科学思维的四个要素。将原始问题转化为物理习题,或将物理习

[①] 本文系2019年粤东基础教育研究课题"高中物理科学思维养成策略的行动研究"(批准号:JY2019055)。

[②] 邢红军,陈清梅.从习题到原始问题:科学教育方式的重要变革[J].课程·教材·教法,2006,(1):56.

[③] 中华人民共和国教育部.普通高中物理课程标准:2017年版[M].北京:人民教育出版社,2018.4.

题还原为原始问题，有利于培养学生的科学思维。下面以电磁感应中"单杆 + 双轨"模型为例，从科学思维视角探讨如何从原始问题走向物理习题。

二、"单杆 + 双轨"模型中的原始问题

电磁炮是未来战争的新型武器之一，它是一项高新科技，是一种高速抛射弹体的装置。它主要用来拦截和轰击高速飞行的飞机、导弹、运载火箭等，也可用来发射卫星以及其他航天器。轨道式电磁炮发射装置是由两根平行的金属轨道和一个发射物组成，其实物如图2所示。发射物（如炮弹）是导电体，它与两根轨道接触，可在轨道上自由滑行，电流从一根轨道流经待发射物再流向另一根轨道。这样两根载流轨道在周围产生磁场并与载流发射物相互作用，产生电磁力来推动发射物。电流越大，产生的电磁力越大，得到的加速度就越大，从而使发射物高速飞射出去。另外，轨道也可用多级来连接，以增大出口的速度。试结合有关的物理知识设置并估计相应物理量，如发射物（炮弹等）的速度。

图2 轨道式电磁炮发射装置实物图

三、在原始问题中建构"单杆 + 双轨"模型

教师在课堂上抛出"电磁炮"这样一个原始问题时，学生非常困惑。其思维的障碍在于：这个问题怎么连一个具体数字都没有？学生由于受传统学习思维惯性的影响，已经习惯于平常的习题中已知量都是明确给出的。而在这个原始的物理问题中，学生找不到现成的物理模型，也没有类似的题型作为借鉴，需要自己通过多方面的分析推理，选择有用信息抽离出物理模型，设定和估计解题所需的各个物理量，最后选取公式、推导演算，才能得出答案。图3为原始问题解决的基本流程示意图。由该图可以看出，一个物理问题的解决大致需要经历3个步骤：第1步，发掘现象中蕴藏的信息，并用物理学的语言进行描述，即认识问题；第2步，丢弃跟问题无关的次要信息，通过简化、抽象、设置物理量后转化为物理模型，即物理建模；第3步，基于物理模型

选择合适的物理定律、公式，利用数学工具经推导演算得出最终结果，即推导演算①。（见图3）

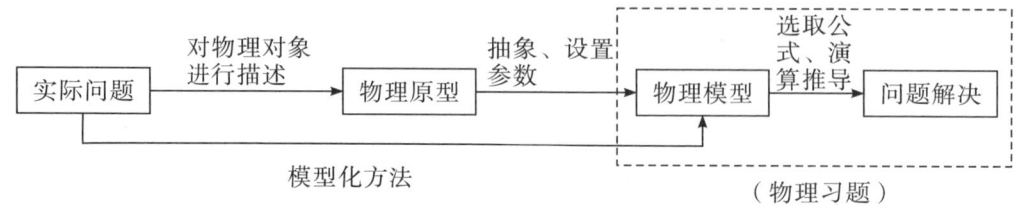

图3　原始问题解决的基本流程

这3个过程，思维是螺旋式上升的，可以看出，从原始问题走向物理习题，关键的步骤在于建构物理模型。模型建构作为一种认识手段和思维方式，是根据研究问题和情境，在对客观事物进行抽象和概括的基础上构建易于研究的、能反映事物本质特征和共同属性的理想模型、理想过程、理想实验和物理概念的过程。建构模型有助于帮助学生抓住事物的关键要素，加深对概念、过程和系统的理解，形成系统思维。②

由于长期以来学生接受的是习题训练，对原始问题的解答找不到切入点，寻不到解题思路，在原始问题教学的初始阶段，教师引领学生经历其解答过程，引导其建构物理模型，给予适当的指导帮助是必要的。可从下面四个方面切入：

（一）适时显现研究问题的一般方法促使形成逻辑思维

科学研究的过程是一个沿着一定的思维路径不断向前探索的过程。聚焦到高中物理中，有这样一条围绕"力与运动"关系的研究问题的一般思维路径：确定受力对象（研究对象）→受力分析（关注力学量、电学量）→研究力与运动的关系→研究功能关系，这样的分析推理路径需要教师在教学中适时显现，以帮助学生形成逻辑思维。

（二）展开小组学习讨论激活思维

这个过程中教师通过提供电磁炮的相关背景资料（文字、视频、图片等）供学生阅读（也可提醒学生上网自行查阅资料或一些相关参数），引导学生在阅读材料的过程中分小组讨论，大胆提出自己的见解和主张。学生分析、讨论、争辩问题的过程就是一个思维不断冲突、碰撞的过程，也是一个不断提出创造性见解和解决问题的过程，这有利于培养学生质疑、批判和创造的能力，激活思维。

---

① 朱玉成，刘茂军，肖利. 物理课堂引入原始问题的可行性分析与策略初探 [J]. 物理教师，2013（3）：4，6.

② 廖伯琴. 普通高中物理课程标准（2017年版）解读 [M]. 北京：高等教育出版社，2018：54.

（三）启发提出"问题串"逐步推进思维进阶

提出问题的过程本身就是一个科学探究的过程。学生在讨论问题的过程中思维逐步明晰起来，教师可启发学生围绕"力与运动"关系的思维路径，提出以下6个阶梯性问题，促使思维进阶。

问题1：研究对象（炮弹）的形状怎样？能否简化？

问题2：电磁炮的关键在于如何发射，其动力来源在哪里？

问题3：磁场从哪里来？电流周围的磁场是否变化？

问题4：导体运动过程除电磁力外，还受哪些力作用？

问题5：导体运动过程中是否会产生电动势？对电流会产生什么影响？

问题6：从能量转化的角度分析，导体在运动中能量是如何转化的？

（四）任务驱动下激发科学思维方法运用

为了解决上面提出的系列问题，在学生小组讨论的基础上，教师进而启发引导：科学家在解决问题的时候，经常运用理想化等效处理的科学思维方法对一些问题进行简化，忽略次要因素，突出事物本质特征，逐步抽象出物理模型，我们也可加以尝试。如此通过显化、运用物理思想方法，进一步培养学生的科学思维。具体可进行5次等效处理：

第1次等效处理：将炮弹视为长方形导体或滑块，进而等效为金属杆或金属棒（这是在研究物体运动时的一种常用的等效方法）；

第2次等效处理：由于炮弹的长度较小，可将炮弹所处区域磁场简化为匀强磁场，从而忽略磁场的变化；

第3次等效处理：将平行金属导轨由斜面理想化为沿水平方向固定，忽略重力在金属导轨方向上的分力；

第4次等效处理：将炮弹视为可沿导轨无摩擦滑行，从而忽略摩擦力；

第5次等效处理：导体运动过程会产生反电动势，对原电流造成削弱的作用，但由于电源提供的电流极大，导体运动过程产生的反电动势比电源电动势小得多，可以忽略不计。

经过以上5次理想化等效处理，就得到了一个处在匀强磁场中水平导轨上运动的"单杆+双轨"模型（电动型）（见如图4）。

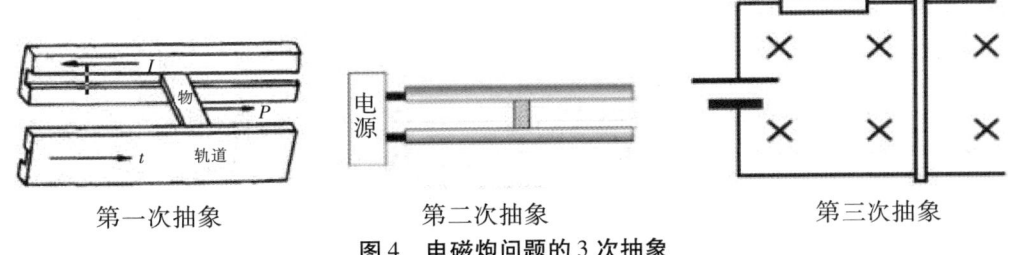

第一次抽象　　　　第二次抽象　　　　第三次抽象

图4　电磁炮问题的3次抽象

需要指出的是，在学生经过一定数量的原始问题的训练后，教师应该逐渐放手，给学生独立思考解决问题的机会，这样学生才能渐渐地凭直觉去探索正确的解决途径，创造性地解决问题。

四、让学生感悟将原始问题转换为物理习题的两种呈现形式

从原始问题走向物理习题，可在习题、原始问题中互相转换。教师可通过将书本中的习题进行略微改编，如弱化问题条件，使问题的条件多余或不足，改变问题的设问方式，使问题没有明确的指向，等等，将习题转换成原始问题。如果在原始问题教学中发现学生跟不上教师的节奏，无法依靠自身能力独立完成解题，则又可通过将原始问题还原成习题作为铺垫引导，通过习题这个桥梁来实现难度较大的原始问题的解决。

这样，通过从原始问题到习题和从习题到背后的原始问题的转换教学，不仅让学生在逆向思维过程中巩固了理论知识，训练了各种思维（尤其是非线性思维）的能力，更能让学生从这种转换中了解到物理与实际生活的联系，增强学生运用物理知识至现实情境的意识。以下用两道例题来具体说明。

（一）设置参数以定性或半定量形式呈现

例1 （2019·汕头高三期末质检）电磁轨道炮原理如图5所示。炮弹（可视为长方形导体）与两固定平行轨道保持良好接触且可在平行于轨道方向上自由移动。开始时炮弹在导轨的一端，通以电流后炮弹会被磁力加速，最后从位于导轨另一端的出口高速射出。设两导轨之间的距离为 d，导轨长为 L，炮弹质量为 m，导轨上电流 I 的方向如图中箭头所示。已知轨道的电流可在炮弹处形成垂直于轨道面的磁场（可视为匀强磁场），磁感应强度的大小与 I 成正比，忽略摩擦力与重力的影响。现欲使炮弹的出射速度增加至原来的 2 倍，理论上可采用的方法是（　　）。

A．只将轨道长度 L 变为原来的 2 倍
B．只将电流 I 增加至原来的 2 倍
C．只将炮弹质量 m 减至原来的一半
D．将炮弹质量 m 减至原来的一半，轨道长度 L 变为原来的 2 倍，其他量不变

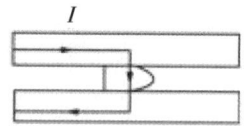

图5　电磁轨道炮原理示意图

答案：BD

（二）设置参数以定量形式呈现

例2 "电磁炮"是利用电磁力对弹体加速的新型武器，具有速度快、效率高等优点。如图6是"电磁炮"的原理结构示意图。光滑水平加速导轨电阻不计，轨道宽为 $L = 0.2$ m。在导轨间有竖直向上的匀强磁场，磁感应强度 $B = 1 \times 10^2$ T。"电磁炮"

弹体总质量 $m = 0.2$ kg，其中弹体在轨道间的电阻 $R = 0.4$ Ω。可控电源的内阻 $r = 0.6$ Ω，电源的电压能自行调节，以保证"电磁炮"匀加速发射。在某次试验发射时，电源为加速弹体提供的电流是 $I = 4 \times 10^3$ A，不计空气阻力。求：

(1) 弹体所受安培力大小；
(2) 弹体从静止加速到 4km/s，轨道至少要多长？
(3) 弹体从静止加速到 4km/s 过程中，该系统消耗的总能量；
(4) 请说明电源的电压如何自行调节，以保证"电磁炮"匀加速发射。

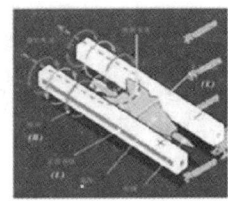 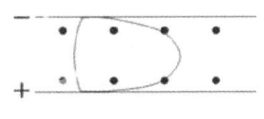

图 6　电磁炮原理结构示意图

解析：(1) 炮弹受到的安培力为 $F = BIL$，

解得 $F = 8 \times 10^4$ N。

(2) 由动能定理：$Fx = \frac{1}{2}mv^2$，

可得轨道至少要 $x = 20$ m，

(3) 又 $F = ma$，

$v = at$，

得：$t = 0.01$ s。

发射过程产生的热量：$Q = I^2(R + r)t$，

弹体的动能：$E_K = \frac{1}{2}mv^2$，

故系统消耗的总能量为：$E = E_K + Q = 1.76 \times 10^6$ J。

(4) 由于弹体的速度增大，弹体切割磁感线产生感应电动势，电源的电压应增大，抵消产生的感应电动势，以保证电源为加速弹体提供恒定的电流，使"电磁炮"匀加速发射。

上面两种物理习题的呈现形式，第二种设置参数更接近真实问题的原型。物理习题的解答是原始物理问题解决过程的一个环节，习题解答思路对相应的原始问题的解决有启发作用。在学生习惯于习题解答，而对原始问题感到陌生的情况下，对某一知识点的应用，可先进行习题训练，在学生对某类问题的解答积累了经验，形成明确的解题思路的基础上，再提交相应的原始问题，这样有利于学生逐步运用分析综合、推理论证的思维方法，不断提高解答原始物理问题的能力。学生在这些问题的分析处理过程中，经历物理建模、推理论证和理论计算等科学思维过程，并将力与运动的关系、力学量、电学量、功能关系、牛顿运动定律、能量和动量、运动学知识、电磁学基本原理等高中物理主干知识不断渗透应用于"单杆+双轨"模型中，逐步经历较高层次的思维活动，逐步体验运用物理思想、观点和方法解决问题，从而促使科学思维这一核心素养的有效提升。

五、结语

著名物理学家杨振宁曾有过精辟的分析："很多学生在物理学习中形成一种印象，以为物理学就是一些演算。演算是物理学的一部分，但不是最重要的部分，物理学最重要的部分是与现象有关的。绝大部分物理学是从现象中来的，现象是物理学的根源"。[①] 物理教学要从原始问题出发，将原始问题与物理习题有机结合，以现象为导向，以模型为载体，引导学生从生活走向物理，又从物理回归到生活，培养学生提炼模型、分析问题、总结规律的能力。物理观念、科学思维、科学探究、科学态度和责任，是物理核心素养的四个基本要素。这四个基本要素是相互联系、共同发展的，是一个有机的系统。教学中通过引导学生尝试运用科学思维方法解决原始物理问题，可进一步推动学生理解和掌握物理科学思维和方法，经历科学思维和科学探究的过程，将有利于促进其物理观念的形成，促进其对科学本质认识的不断深化，形成科学态度，增强对社会的责任感，促进物理学科核心素养的达成。

---

① 杨振宁. 杨振宁文集. 上海：华东师范大学出版社，1998：469，839.

原始问题解决与物理课程思政有机融合的实践探究
——以交通违章问题为例[①]

邹韩仕 汕头市澄海苏北中学

一、问题的提出

习近平总书记指出：思想政治理论课改革创新要坚持"八个相统一"，其中包括"要坚持显性教育和隐性教育相统一，挖掘其他课程和教学方式中蕴含的思想政治教育资源，实现全员全程全方位育人"[②]。课程思政寻求学科教学中学科知识与思想政治教育内容之间的关联性，在课程开展的过程中，将思想政治教育的相关内容有机融汇于学科教学当中，通过学科渗透的方式达到思想政治教育的目的[③]。探索物理课程思政的稳步推进，对于提升思政教育的实效性，促进立德与树人有机融合具有举足轻重的作用。

二、原始问题在物理课程思政中的功能

物理作为一门基础课程，在向学生传递科学思想、渗透科学方法、培养科学精神、形成科学世界观等方面具有独特的功能与价值。推进物理课程思政建设，需要挖掘物理课程中蕴含的"思政元素"和承载的"思政功能"，潜移默化地将知识教育同价值观教育有机结合起来[④]。物理学的根源在于生活，而生活当中即存在着大量的原始物理问题，这些问题就是推进物理课程思政的有效载体。原始物理问题中隐含的丰富思

---

① 课题来源：本文系2019年粤东基础教育研究课题"高中物理科学思维养成策略的行动研究"（批准号：YJY2019055）.

② 于向东. 围绕立德树人根本任务 探索思政课程与课程思政有机结合. [EB/OL]. http://www. moe. gov. cn/jyb_ xwfb/xw_ zt/moe_ 357/jyzt_ 2019n/2019_ zt3/zt1903_ jd/201903/t20190327_ 375691. html.

③ 谭晓爽. 课程思政的价值内涵与实践路径探析 [EB/OL]. http://images1. wenming. cn/web_wenming/zyh/szk/201805/t20180507_ 4676967. shtml.

④ 中国教育报：知识传授与价值引领同频共振：皖西学院法学院大力推进"课程思政"建设 [EB/OL]. https://www. wxc. edu. cn/2019/1002/c4a117163/page. htm.

政资源和独有育人价值,需要物理教师在教学实践中有意识地加以发掘、显化,并以此为"触点",将其融入于物理课堂教学的各个环节,丰富物理教育的内涵,形成促进学生成长、成人、成才的宝贵课程资源。

三、原始问题解决与物理课程思政有机融合的实践探究

下面以交通违章问题为例,探讨以原始问题的解决为导向,在对学生渗透"物理观念""科学思维""科学探究""科学态度与责任"培养的同时,深度挖掘,适时显化问题本身及解决问题过程中隐含的育人价值,促使原始问题解决与物理课程思政有机融合,促进学生形成正确价值观念、必备品格和关键能力。

(一)感悟体验,重现问题情境,感知物理本质,渗透规则意识、生命观念、安全意识、法治意识的培育

教学中,教师有意识地搜集并适时向学生呈现相关的视频、图片、文字等资料,将学生置于一个立体、多元、真实的生活实践情境之中,通过不同途径,促进学生直观了解、感知体验原始物理问题情境,从而由"间接经验"到"身临其境"。

情景1(视频):播放道路交通安全事故的视频资料。

情景2(图片):展示公路上限速、限载、酒驾等交通提示标识。(见图1)。

图1 各类交通提示标识及违规场景

情景3(视频):汽车碰撞冲力测试视频资料。

情景4(文字):有数据显示,我国交通死亡事故占全球的16%。这一数字的背后,超速、超载及酒后驾车是主要元凶。我国交通安全法明文规定"严禁超速、超载及酒后驾车"。为了安全,高速公路上行驶汽车的安全距离为200 m。

上述情境呈现的过程中,可渗透融合的思政元素有:

元素1:感知情境→了解交通安全法规→增强法治意识→培养规则意识→将遵守规则内化为自觉行为。

元素2:感知情境→关注个人安全(自我保护)→关注公共安全(爱护他人)→关注国家安全→珍爱生命→形成积极乐观的生命观念。

（二）生成问题，激发问题意识，触发学科关联，推动社会责任、管理意识、系统思维、道德观念的培养

在学生感知原始物理问题呈现的真实情境后，教师可以问题情境为中心，以问题生成为基点，将问题中的实际情境转化为解决问题的物理情境，以问题串的形式引导学生思考、提出并探索解决一系列有一定层次梯度的开放性问题。解决这些问题的知识可能是物理学知识，也可能是其他学科知识，方法和路径也可能是多元的，但都有共同的目标，即通过学生互相学习讨论，促使学生思考如何解决问题，并逐步探索解决问题的方法和规律，同时引导学生正确做人做事。以交通违章问题为例，可设计如下问题串（见表1）：

表1　由交通违规现象引出的问题串

问题	内容	说明
问题1	请运用所学物理知识，讨论分析说明"安全距离为200 m"的合理性	引导学生从物理学视角，通过收集数据、推理论证、应用公式定量计算，直观感知"安全距离为200 m"的合理性和重要性
问题2	请运用所学物理知识，讨论分析说明"严禁超速、超载及酒后驾车"这一交通安全法规的必要性	引导学生从物理学视角，综合应用物理知识分析论证"严禁超速、超载及酒后驾车"这一交通安全法规的必要性
问题3	面对"超速、超载及酒后驾车"等交通违法行为，试从不同角度分享你的认识和看法。为减少"超速、超载及酒后驾车"等交通违法行为，你有什么建议和对策？	引导学生不仅仅从物理学视角思考问题，也可以从安全观念、法治意识、公共安全等不同视角去认识思考问题，进而培养学生的必备品格和综合素养

上述问题生成的过程中，可渗透融合的思政元素有：

元素1：提出问题→关注违规行为→提高个人（公民）道德素养→加强道德教育（自律、他律）→关注细节→健全法律法规、遵守社会公俗良序→形成健康向上的道德伦理→培养参与社会管理意识和能力。

元素2：提出问题→从物理走向生活，从学校走向社会→关注国家、社会发展→将个人命运与国家、民族命运紧密关联→培养系统思维、全局观念→培养对国家、对民族、对社会的责任感、使命感。

（三）任务驱动，培养探究意识，体验解决过程，促进理性思辨、科学思维、科学态度、协作精神的形成

基于任务驱动的问题解决，教师可鼓励学生通过小组讨论，探讨解决问题的逻辑，

并在教师的指导帮助下，逐步形成原始问题的解决流程（见图2）。教学中引导学生经历、体验运用科学思维方法解决原始物理问题，有利于推动学生理解和掌握物理科学思维和方法，促进物理观念的形成，深化对科学本质的认识，增强对社会的责任感，发展物理核心素养。

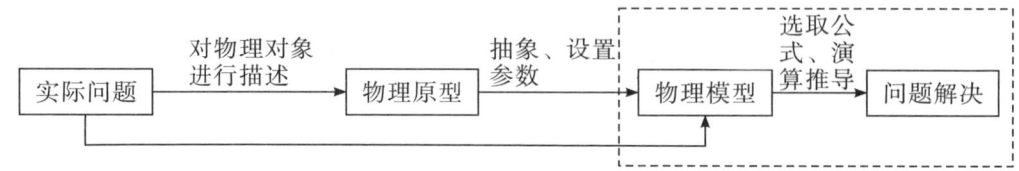

图2 原始问题解决的基本流程示意图

1. 经历物理模型建构

模型建构作为一种认识手段和思维方式，是根据研究问题和情境，在对客观事物进行抽象和概括的基础上构建易于研究的、能反映事物本质特征和共同属性的理想模型、理想过程、理想实验和物理概念的过程。围绕论证"安全距离为200 m"的合理性这一原始问题，需引导学生建构的模型包括：对象模型（质点模型），过程模型（匀速直线运动模型、匀减速直线运动模型）。

2. 体验科学推理论证

（1）分析物理过程，化繁为简。

将复杂问题分而解之，是解决问题过程中常用的科学方法。驾驶员从发现情况到车辆最终停下，经历两个子过程。过程1：反应过程（发现情况→采取制动），汽车做匀速直线运动→求反应距离 x_1。过程2：制动过程（采取措施→停止行驶，假设汽车制动时的加速度大小不变），汽车做匀减速直线运动→求制动距离 x_2。（见表2）

（2）运用规律公式，推演论证。（见表2）

表2 各类交通标识（违规现象）对应物理参数

参数	项目
v_0	超速
m	超载
t_1	醉驾、酒驾、毒驾、开车打手机、疲劳驾驶
f	限速（雨雪冰冻天气）

求反应距离 X_1：$x_1 = v_0 t_1$ ①

求制动距离 X_2：由 $2ax_2 = v_0^2$ ②

又 $a = \mu g$ ③

联立②③得 $x_2 = \dfrac{v_0^2}{2\mu g}$ ④

综上可得刹车距离：$x = x_1 + x_2 = v_0 t_1 + \dfrac{v_0^2}{2\mu g}$　　　　⑤

至此，可进一步论证上述问题 2："严禁超速、超载及酒后驾车"这一交通安全法规的必要性。论证如下：

由上⑤式变形可知：$x = v_0 t_1 + \dfrac{m v_0^2}{2f}$　　　　⑥

⑥式中 v_0、m、t_1、f 分别为各类交通标识（违规现象）对应物理参数，如表 2 所示。可见，"严禁超速、超载及酒后驾车"这一交通安全法是十分必要的。

（3）查阅估算数据，赋值验算。

查阅数据，估算赋值，计算验证，是获取证据的常用方法。学生通过代入数据定量计算得到了具体数据，更便于直观感知"安全距离为 200 m"的合理性，体验直观数据所具有的说服力。

查阅估算数据包括：运动初速度 v_0（汽车行驶的最高速度为 120 km/h）；驾驶员的反应时间 t_1（0.3 s～0.6 s 之间）；各种路面与轮胎之间的动摩擦因数（见表 3）。

表 3　各种路面与轮胎之间的动摩擦因数

路面	动摩擦因数
干沥青与混凝土路面	0.7～0.8
干碎石路面	0.6～0.7
湿沥青与混凝土路面	0.32～0.4

验证：考虑最高车速 v_0、最长反应时间 t_1 及最小动摩擦因数 μ 的极限情况下，反应距离 $x_1 \approx 20$ m，制动距离 $x_2 = 174$ m。

故刹车距离：$x = x_1 + x_2 = 194$ m ≈ 200 m

3．尝试多维视角解决问题

教师鼓励引导学生积极尝试运用多种方法解决问题，有利于培养质疑创新精神，促进物质观、运动观、相互作用观和能量观的形成。求汽车的制动距离，可以有不同的方法。

方法 1．动力学观点（见上）。

方法 2．能量观点：由 $-\mu m g x_2 = \dfrac{1}{2} m v_0^2$，可得 $x_2 = \dfrac{v_0^2}{2\mu g}$。

方法 3．数学方法（图像法，见图 3）：图 3 中图像与纵轴、横轴包围面积即为刹车距离。

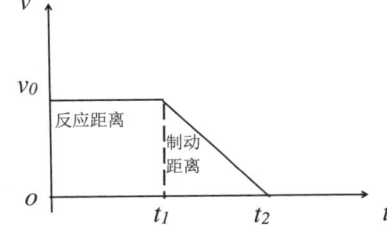

图 3　汽车刹车过程的 v-t 图像

上述问题解决的过程中，可渗透融合的思政元素有：

元素 1：面对复杂问题（多过程问题）→分步解决→局部与整体的辩证关系→培养大局意识、工匠精神。

元素 2：面对实际问题→区分事物主要矛盾、次要矛盾→突出事物主要矛盾、忽略次要矛盾→用辩证的眼光认识问题→形成认识事物、解决问题的辩证思维。

元素 3：解决问题→多方采集数据→尊重科学事实、不弄虚作假→培养实事求是的科学态度。

元素4：解决问题→培养证据意识→进行逻辑推理→形成理性思辨的科学精神。

元素5：解决问题→进行小组合作讨论→培养分工合作意识和能力→培养团队协作精神。

四、实践后的反思

为更有效发挥原始问题解决与物理课程思政有机融合带来的育人合力，在实践中，需要关注教师的示范性、问题的时代性和渗透的及时性。

教师的示范性：原始问题解决与物理课程思政的融合过程，也是物理教师将自身的政治态度、政治认同融入物理教学的过程，教师通过身教言传、示范引领，寓价值观引领于知识传授之中，通过知识和技能方法传授，启发学生自觉认同，产生共鸣与升华，实现潜移默化的效果。

问题的时代性：促进原始问题解决与物理课程思政有机融合，在原始物理问题的选取上可尽量联系我国当前社会生活、经济发展、国防建设、环境保护等方面，将科学发展的历史经验、现实需求和未来走向，以及作为普通公民所应有的价值观念与科学观念的教育有机地融合在一起①。如在学习"抛体运动"内容时，笔者结合当前"高空抛物"这一新闻热点，以"高空抛物，你想到什么？"为题，设计拓展性作业，从学生交流分享的内容中，可感受到学生思考问题的多元和深度。这种方法既培养学生灵活运用物理知识解决问题的能力，更引导学生将思维视觉从物理延伸到其他学科，将视野从课堂拓宽到社会领域，对培养学生的公共安全意识、社会责任感等诸多价值观念起到很好的推动作用。

渗透的及时性：原始问题解决与物理课程思政有机融合，要及时关注、捕捉发生在学生身边的物理问题。如笔者所在学校刚好在学生学习"力的合成与分解"阶段举行了班际拔河比赛，笔者及时利用这一思政资源，在引导学生运用物理学观点分析"怎样才能赢得比赛？"这一原始物理问题的同时，又引导学生思考"怎样看待比赛结果"，这个过程融合团队协作精神、理性看待结果等价值观念的培育，取得不错的教育实效。

五、结语

高中物理课程要有效实现"立德树人"的根本目标，就必须紧紧围绕学生的基本素质发展要求来展开。原始问题解决与物理课程思政有机融合，是引导学生正确做人做事、实现"立德树人"的一个很好的"契合点"。感知情境，提出问题，解决问题，学生在经历、体验、探索中逐步发展科学思维，建构物理观念，提升解决问题能力，培养科学态度与责任，形成正确的价值观念，促进立德树人有机融合。

---

① 廖伯琴. 普通高中物理课程标准（2017年版）解读[M]. 北京：高等教育出版社，2018：56，29.

指向深度教学　提升核心素养
——以"验证牛顿第二定律"教学为例

邹韩仕　汕头市澄海苏北中学

深度教学不是指无限增加知识难度和知识量，而是克服对知识的表层学习、表面学习和表演学习，以及对知识的简单占有和机械训练的局限性，基于知识的内在结构，通过对知识完整深刻的处理，引导学生从符号学习走向学科思想和意义系统的理解和掌握，并导向学科素养的教学。它要求学习者深度理解知识内涵，主动建构个性化的知识系统和意义系统，并有效迁移运用于解决真实情境中的问题，追求在获得知识意义、建立学科思想、发展学科能力、丰富学科经验的基础上养成学科核心素养。①"验证牛顿第二定律"是高中力学中一个非常重要的实验，它承上启下，可以关联到研究匀变速直线运动、探究动能定理、验证机械能守恒定律、验证动量守恒定律等诸多实验，其中在原理设计、数据分析处理等各个环节中也隐含着丰富的物理思想方法。如何在"验证牛顿第二定律"中实施深度教学，对物理实验教学，提升学生核心素养将有着丰富的借鉴意义。下面笔者结合自身教学实践谈谈在"验证牛顿第二定律"中实施深度教学的四个基本策略，以期抛砖引玉。

一、以"纸带"关联力学实验，促进知识的深度整合

深度教学是基于知识的内在结构和完整性，通过创建实际问题情境，引导学习者进行深度学习，帮助学习者将新知识与原有知识建立连接并不断反思建构，从而引导学生从符号学习走向更深层次的意义系统的掌握。②教学中，教师可围绕一个线索、主题或核心，创造性地将教学的各个要素及环节加以相互融合和有效组合，在整体优化的基础上促进学生核心能力和综合素养发展。③

力学实验中，学生会觉得知识杂而零碎，原因是没有深入挖掘每个实验的共性和

---

① 郭元祥. 论深度教学：源起、基础与理念. [J]. 教育研究与实验，2017 (3)：4.
② 郭彦青. 深度学习引发的深度教学是培养学生核心素养的必由之路. [J]. 教学研究. 2018 (3)：11 - 14.
③ 李松林. 回到课堂原点的深度教学. [J]. 基础教育参考，2015 (16)：49.

异性。教师可以引导学生以"纸带"这个共同点作为思维发散中心(如图1),通过分析纸带上的点迹分布,透过读取位移、时间,判断运动规律,求解速度、加速度的表层信息,再启发学生将各个实验加以求同存异,横向关联。另外,由于受前概念的干扰,学生往往在思维里局限于只是利用用打点计时器来间接测速度和加速度,可启发测量某个物理量,如速度,可以有不同的方法,打点计时器只是其中的一种简便的工具,光电门(运用极限思想)等也可等效代替,经过纵深推进,提高思维的广度和深度,将其原有相对独立的碎片化知识通过纸带联结成一个整体,通过不断的同化—顺化—平衡,进而构建力学实验的知识结构。由图1可见,抓住"纸带"这条力学实验的主线,就能联结出相关物理量、实验方法和具体实验,帮助学生深入到力学实验的知识结构中,促使学生将新概念的学习融合于已有的概念体系,促进知识的深度整合和系统重构,形成对学习过程的及时检查、调控和创造性改造。

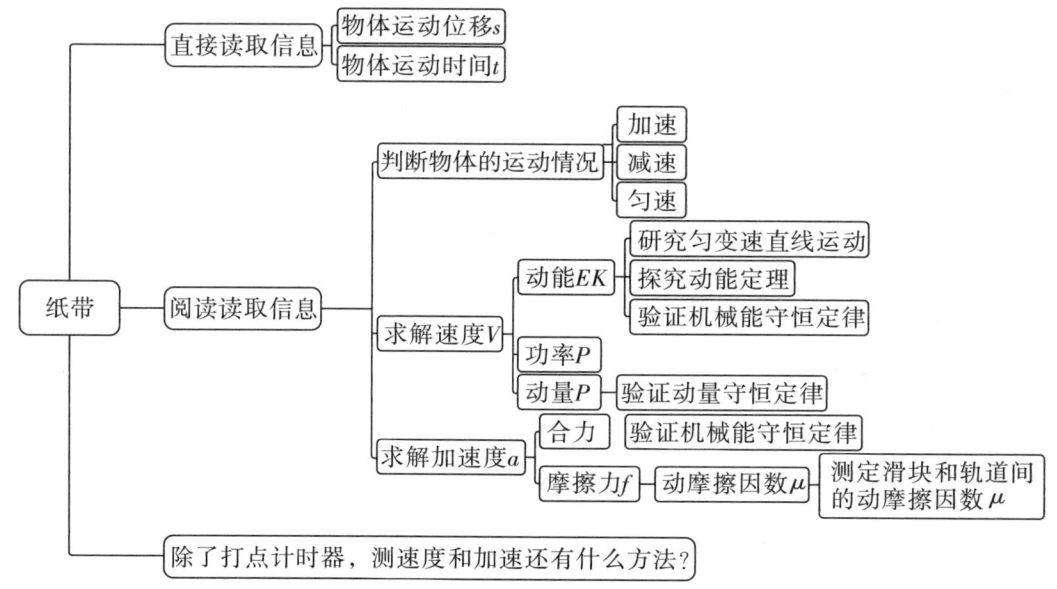

图1 "纸带"思维发散导图

二、展开小组讨论反思,深入探索知识的逻辑形式

教学通过知识而实现其发展性,这就要求我们触及知识的核心与本质,深入分析知识的内在结构,这样才能明确知识教学的过程以及教学发展价值的实现机制。从知识的内在结构来看,知识具有三个不可分割的组成部分:符号表征、逻辑形式与意义。[1] 符号表征是指人类关于世界的认识所达到的程度与状态,即"关于世界的知

---

[1] 郭元祥. 知识的性质、结构与深度教学 [J]. 课程·教材·教法, 2009 (11): 20-21.

识";逻辑形式是指人认识世界的方式,具体包括知识构成的逻辑过程和逻辑思维形式;意义是指知识内具促进人的思想、精神和能力发展的力量,是知识与人的发展之间的一种价值关系,是内隐于符号的规律系统和价值系统①。知识的逻辑形式隐含在符号表征中,学生在学习中,不仅要知道知识"是什么",更要清楚"为什么"和"怎么样",知道"为什么"和"怎么样",能够提出"为什么"和"怎么样",就体现了对知识逻辑形式的探究,经过这种过程性的探究,学生逐渐明了知识中的思维结构和思维方法,从而将客观的符号知识内化为个人的认知结构,实现转知成智②,而这种过程性的探究也是科学探究的具体呈现。教育心理学家布鲁纳说:"教学过程是一种提出问题、解决问题的持续不断的过程。"实验中,可引导学生展开小组学习、讨论、反思、辩论、提问,通过思维的碰撞,促使思维从浅层到深层螺旋上升,逐步跨越,培养学生的质疑精神、批判思维、创新能力和解决问题的能力。围绕"为什么"和"怎么样",学生提出问题的思维路径可以通过以下5个问题簇(见图2至图6)逐步进阶呈现。其中,"怎样让物体动起来"是问题的逻辑起点,有助于促进学生运动与相互作用观念的形成;"研究什么,测量什么""怎样进行数据处理分析"是实验的思维共性;解决拉力和摩擦力的问题,是实验的核心和关键要素。

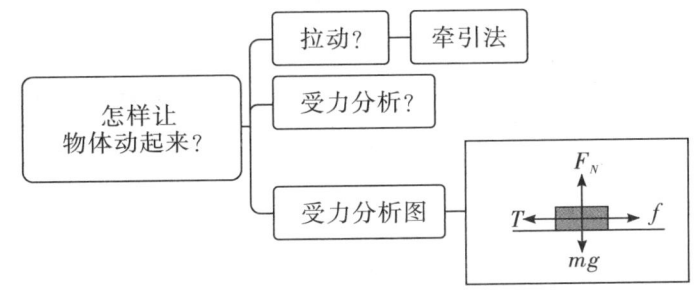

图2 问题1思维路径导图

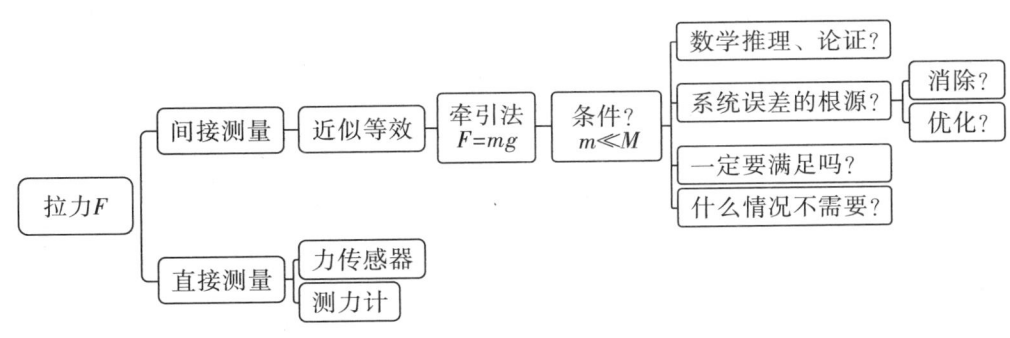

图3 问题2思维路径导图

---

①② 伍远岳. 论深度教学:内涵、特征与标准 [J]. 教育研究与实验,2017(4):60 – 61,64 – 65.

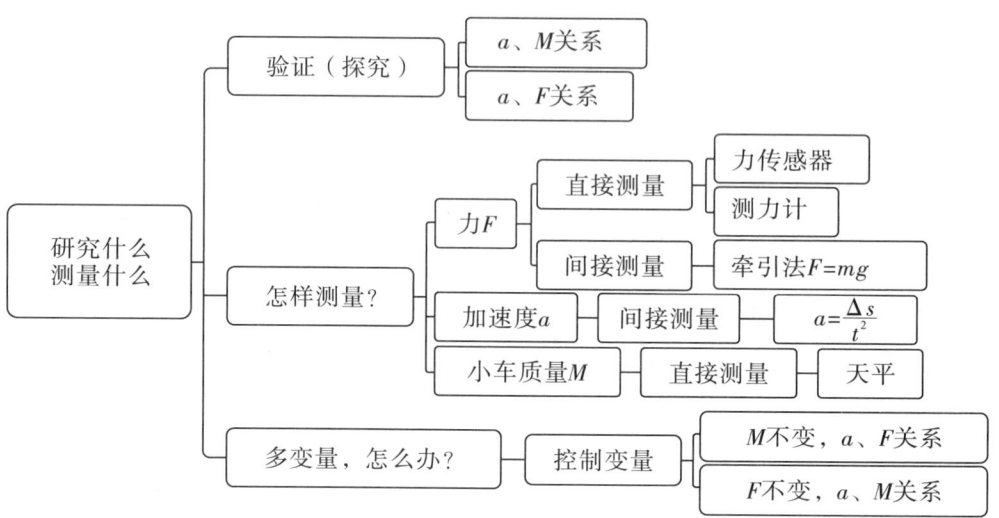

图4　问题3思维路径导图

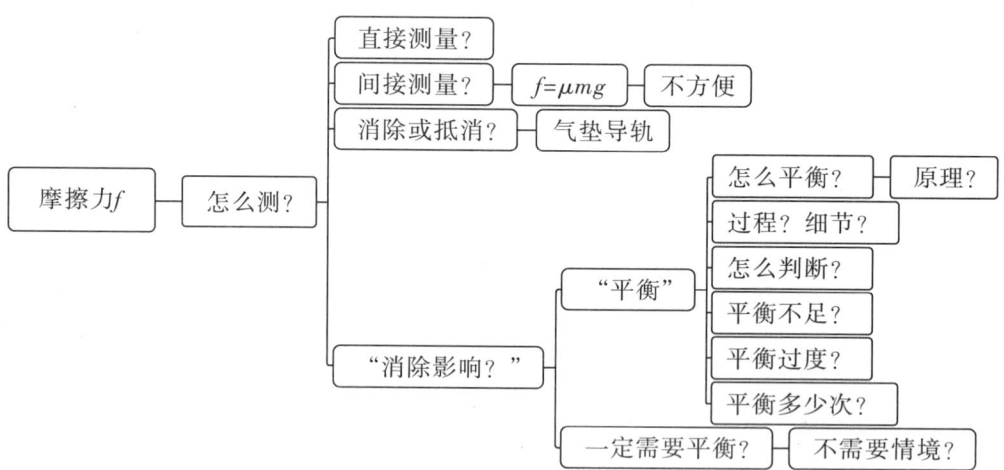

图5　问题4思维路径导图

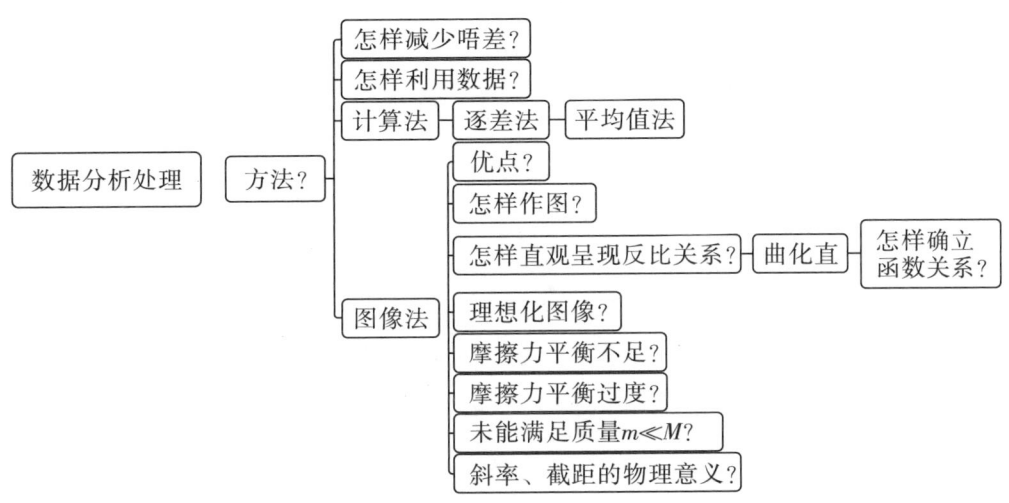

图 6　问题 5 思维路径导图

三、建构力学实验模型，培养迁移应用能力

美国当代著名的心理学家布鲁姆将认知领域的学习目标分为记忆、理解、应用、分析、评价及创造等六个层次。深度学习与浅层学习最大的区别是学生是否能够对所学知识进行批判、反思、迁移，并灵活用于实际问题的解决中。① 深度学习要求学习者做到对学习情境的深入理解，对关键要素的准确把握，在相似的问题情境中能够做到举一反三，能创造性地解决复杂的实际问题。

如图 7 所示实验装置是课本实验中的经典装置，该装置在高考题中频繁出现。教学中，教师可引导学生以此建构力学实验装置的基本模型。在"验证牛顿运动定律"实验的基础上，教师可启发学生在实验操作过程尝试使用此装置完成不同实验，如：研究匀变速直线运动，探究动能定理，验证机械能守恒定律，测定滑块和轨道间的动摩擦因数 μ 等，实现模型的横向迁移应用。有的学生在此模型的基础上，积极尝试进行实验装置改装，运用不同方法完成验证牛顿第二定律实验，虽然有不少灵感间接来自于试题中的"经验"，实验操作也未必能够成功，但这种敢于质疑探究的精神仍值得鼓励和提倡，教师也应尽量创造条件增加学生亲自动手操作的过程性体验，帮助其加深对实验原理的理解及应用，特别是围绕是否需满足 $m \ll M$ 和平衡摩擦力这两个关键性问题进行辨析推理论证，提高灵活解决问题的能力。如：图 7 实验装置中，若把小车上的砝码逐个拿到砝码盘中，不会改变系统（小车和砝码及砝码盘）的总质量，

---

① 郭彦青．深度学习引发的深度教学是培养学生核心素养的必由之路［J］．教学研究，2018（3）：11 - 14．

以系统为研究对象，不需满足 $m \ll M$ 这个条件。图 8 利用弹簧测力计直接测拉力大小，不需满足 $m \ll M$ 这个条件。图 9 利用拉力传感器直接测拉力大小，不需满足 $m \ll M$ 这个条件。图 10 利用拉力传感器直接测拉力大小，不需满足 $m \ll M$ 这个条件，使用气垫导轨直接消除摩擦力，运用转换法引入光电门间接测出速度，进而计算得出加速度。图 11 利用拉力传感器直接测拉力大小，不需满足 $m \ll M$ 这个条件，且使物体能受到恒力作用；使用位移传感器间接测加速度，不需消除摩擦力。图 12 中在平衡摩擦力时直接将砝码盘通过细绳与小车连接，通过调整长木板高度使小车向下做匀速运动，则在取下细绳和砝码盘后，小车沿长木板向下做匀加速运动，所受合外力等于砝码（含砝码盘）重力，不需满足 $m \ll M$ 这个条件，也不需平衡摩擦力。如此通过建构模型，引导学生运用一套装置完成多个实验，或同一实验采用不同方法，克服思维定式，促进思维发散，培养迁移应用和创造的能力。

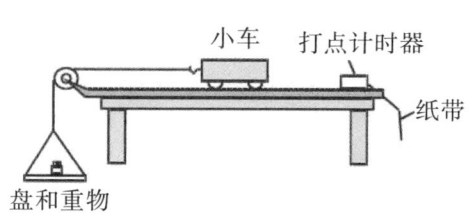

图 7　课本实验中的经典装置

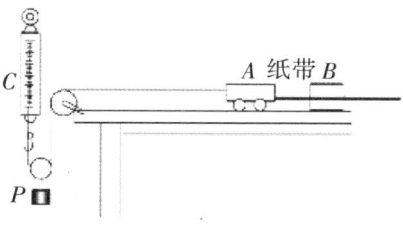

图 8　利用弹簧测力计测拉力大小

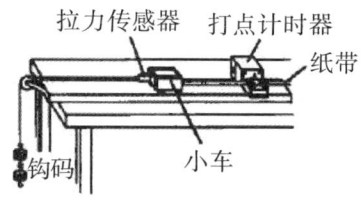

图 9　利用拉力传感器测拉力大小

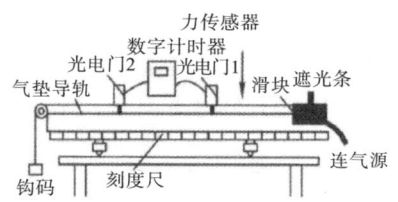

图 10　利用拉力传感器测拉力大小，使用气垫导轨消除摩擦力

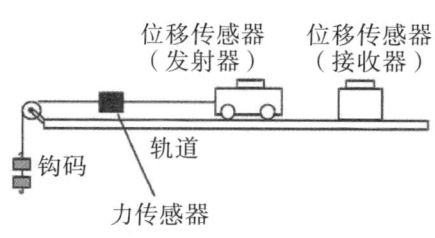

图 11　利用拉力传感器测拉力大小，使用位移传感器测加速度

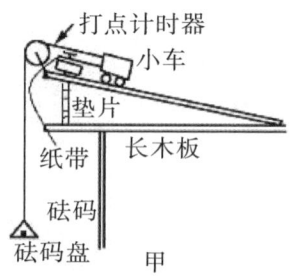

图 12　利用等效平衡测拉力大小

四、及时显化科学方法，感悟科学思维的精妙

学生在学习中不单要理解知识产生、形成和存在的逻辑依据，同时还要更深入地"走进"知识，"走进"知识内部。在学科知识的背后，隐含着丰富的学科思想和方法，需要教师在教学中加以及时显化，可从"科学是什么""科学是如何研究的"等多个角度引导学生体验、感悟。在验证牛顿第二定律实验中，渗透在实验原理设计、实验过程操作、实验数据分析处理中的科学思维方法如表1所示。

表1　科学思维方法运用说明

项目	运用科学思维方法	说　明
实验设计	转换法	实验中把对加速度 a 的测量转化为对位移 s 的测量
	近似法	为了使实验简化，在实验原理上进行了近似处理：用与绳子相连的砝码（小桶）的重力 mg 近似替代绳子的拉力 F
	等效法	实验巧妙地采用了平衡摩擦力的方法：即将重力沿斜面的分力与摩擦阻力平衡，等效于小车不受摩擦阻力的作用，从而简化了实验，"消除"了摩擦力的影响
	比较法	实验中运用比较思想，便于对物理现象正确地进行观察和研究。为研究外力 F 对加速度 a 的影响，需不断改变外力 F 的大小，同时考察加速度 a 的变化。通过对数据对比分析得到——外力 F 变化时，加速度 a 亦随之变化；再进一步对比分析发现，外力 F 增大时，加速度 a 亦随之增大，且外力 F 增加几倍，加速度 a 亦随之增加几倍（忽略误差因素）；从而分析得出其中的函数关系
	极限法	若用光电门间接测速度及加速度，即是极限法的一种体现
实验过程	列表法	列表法简单易行，条目清晰，可以简明地反映有关量之间的函数关系，便于及时检查和发现实验中存在的问题，判断测量结果的合理性；又有助于分析实验结果，找出有关物理量之间存在的规律性联系
	控制变量法	控制变量法，就是将具有某种相互联系的三个或多个物理量中的一个或几个加以控制，使之保持不变，研究另外两个物理量之间的关系；此后再控制另一个物理量，使之保持不变，研究剩余的两个物理量间的关系。实验中，为了研究外力 F、质量 M 分别对加速度 a 的影响，分别控制 M 不变，改变 F，考察 a 与 M 之间的关系，再控制 F 不变，改变 M，考察 a 与 M 之间的关系

项目	运用科学思维方法	说　　明
实验数据分析处理	图像法	图像是分析物理问题的重要数学方法。实验中利用图像来处理实验数据，可直观反映 a 同 F、a 同 M 的规律，化抽象为形象，且有利于减小偶然性误差的影响和进行误差分析
	化曲为直	实验中，当 F 一定时，a 应与 M 成反比，绘出的 $a-M$ 图像应为一条双曲线。但 $a-M$ 间的双曲线很难直观判断 $a-M$ 间的关系，可运用"化曲为直"的科学方法，将 $a-M$ 图像转化为 $a-1/M$ 图像。这种将"曲改直"的方法能够使问题简单化，在验证反比规律时经常用到
	逐差法	逐差法可充分利用测量数据，及时发现错误、总结规律，起到减小偶然性误差的作用
	放大法	在实验数据处理时，用"逐差法"计算小车加速度，如直接运用纸带上的点作为记数点，则因相邻点间的时间间隔太短，位移变化不明显，给测量和计算都带来不便。此时运用累加的方法，可把打点计时器每打 5 次点的时间作为计时单位，每隔 5 个点作为一个计数点，这便于实验过程中数据的测量，而且提高了实验的精度。用 "$S_4-S_1=3aT^2$" 计算加速度 a，而不是用 "$S_2-S_1=aT^2$"，即体现了"放大思想"

需要指出的是，显化科学方法，不应只是简单的方法上陈述和罗列，还要不断创设新的情境，让学生感悟科学方法在不同情境中的具体运用。如转换法，是将难以直接观测的物理量转化成容易间接观察和测量的物理量的方法。面对不同物理量和不同情境时，虽然测量量不同，却有异曲同工之妙。如：测加速度 a 可转变为间接测量位移 s；测速度 v 可转化为测小球平抛运动的射程；探究轻质弹簧的弹性势能，可将测弹性势能 E_P 转化为测动能 E_k，再转化为测位移 S；测弹性势能 E_P，可转化为测动能 E_k，再转化为用光电门测速度 v；等等。通过比较分析，可达到体验透过现象发现本质的科学思维过程，进一步感悟科学方法之精妙，促进知识、方法内化为能力和素养，触发思维灵感，发展科学素养。

五、结语

　　深度教学是培养学生核心素养的必由之路，也是破解当前教学表面化、学习浅层化的迫切需要①。培养学生的核心素养，课堂教学是关键的环节。深度教学通过对知识的处理，追求学生在认知方式、情感体验、思想境界、实践能力、处事方式等维度发生实质性的变化，由此达成培养学生核心素养的高层次发展目标。教育者需要摆脱工具理性对教学的束缚，突破浅表层教学对教学的局限，树立教育学立场下的知识观，关注知识的内在结构，关注知识多维教育价值，让教学走向深刻、走向深入、走向深度。②

---

　　① 郭彦青. 深度学习引发的深度教学是培养学生核心素养的必由之路 [J]. 教学研究，2018（3）：11－14.
　　② 伍远岳. 论深度教学：内涵、特征与标准 [J]. 教育研究与实验，2017（4）：60－61，64－65.

声音的产生与传播教学案例

王晓丰 揭阳市揭东区锡场镇义西初级中学

一、背景

本节主要简述声音在人类社会中的作用，具体讲述声音发生的原因和传播的条件，是典型的现象教学，以实验为主。而且这一节课是学生接触物理的第二章第一节，它在教材中以及在以后的物理教学中都具有举足轻重的地位。因此，能否通过这节课的学习让学生体会到物理知识就在我们身边，感悟到物理学的美，激发出学生学习物理的兴趣和强烈的求知欲望，初步培养学生动手实验、观察比较、归纳总结的能力和探究意识、创新意识，就成为这节课首要解决的问题。由于本校实验器具较少，如果按照传统的"填鸭式"教学，我讲，学生听、记，它将是一节乏味的概念课，更提不上物理学的美，也激发不出学生学习物理的欲望。"兴趣是人类最好的老师"，只有充分唤起学生的学习热情和智慧活动的积极性，才能使学生自主学习，真正成为学习的主人。于是我决定先播放一段音乐，让学生感悟到声音的美好，然后再让学生自己自己观察、分析、思考、实验并归纳出"一切发声的物体都在振动，声音的传播需要介质"的结论，让学生感受到发现问题、解决问题的喜悦，体验到学习的乐趣，并逐步培养学生的实验能力和创新意识。

二、情景与主题

为了增大振动的效果，上课时，我特意提着卡式录音机走进教室。有学生问我是不是要上英语课，我告诉他们是要上物理时，有好多学生露出了惊讶的神情，并表现出极大的兴趣。当我示意学生静下来听一段音乐，这时全班的学生更是热情澎湃。播几分钟的音乐后，当学生还陶醉在乐音之中时，我提出问题：在自然界也有许多声音，既美妙又神秘，但这些美妙的声音究竟是怎样产生和传播的呢？问题一出，大部分学生赶紧翻阅课本，一小部分颇有兴趣地讨论着，几个像在思考究竟是怎么一回事，还有几个好像已预习过课本，知道声音是由振动产生的，所以用手摸着喉头在自言自语，试试是不是书里说的那回事。有一位同学用力地敲着课桌，还把耳朵贴在桌上，引得全班的同学都望向他那里。我看出他是在检验声音在不同物质的传播是否相同，所以没有批评他，只是示意他别太用力。

接着我提问几个学生（包括刚才那位用力地敲着桌子的学生）是否知道声音的产生和传播是怎么一回事了，他们基本能说出声音是由振动产生的，但对于怎样传播，只有刚才那位敲桌子的说出声音的传播要经过物质，其余的都表示不清楚。于是我再问他是怎么知道声音的传播经过空气或者桌子的情形是不同的，他表示也不是很清楚，只不过是刚才听音乐时看到讲台上的粉尘在跳动，感到桌子的传播可能有所不同，所以想自己敲一下桌子听一下。我肯定了他的想法，同时提问：如果没有空气和桌子，我们能否听到声音？接着我叫学生们分组讨论：粉尘在跳动是怎么一回事？声音在空气中传播和桌子上传播有什么不同？若没有空气和桌子，我们能否听到声音？

三、分析与讨论

我让学生分成两组对上述两个问题开展讨论，不久，两组都有了结论。首先发言的是第一组，他们回答了第一个问题：粉尘的跳动是由于录音机在放音乐时，喇叭的振动使桌子也产生振动而产生的。他们的结论是：发声的物体在振动。

对于第二个问题，第二组的学生有的坐着，有的趴在桌子上听声音，有的捂着耳朵，有的激烈地讨论，最后，他们的结论是：空气和桌子传播的声音基本一样，若没有空气和桌子，则可能听不到声音。

听到了学生们的这些结论，我给予了肯定和表扬，接着我对学生的结论加以补充和解释，并指出：声音是由物体振动发生的；声音的传播需要介质，声音在不同介质中传播的速度不同，且声音在15℃的空气中的传播速度是340m/s。一整节课，学生们都异常兴奋，对问题认真思考、探究和讨论，课堂氛围非常活跃，45分钟在不知不觉中过去了。

四、对策与实施

在过去的课堂教学中，主要是以单一的教师讲授形式进行的。这种传统的授课形式虽然便于知识的系统传授和学习，但也造成诸如"理论与实际脱节"，学习者参与感不强、学习积极性不高等一系列众所周知的问题。而在本节的教学过程中，学生们怀着极大的兴趣完成了科学研究的整个步骤：猜想、实验、讨论、概括及总结。首先，我不同于以往直接提出问题让学生回答的教学形式，而是先用录音机放一段音乐诱发学生学习的兴趣，再提出问题让学生动脑思考，并亲自探究，让他们充当课堂的主角。尤其体现在让学生探究声音除了可以在空气中传播，还可以在固体等物质中传播。这样的做法不仅培养学生猜想、探索的思想，也让他们体会到通过自己的努力获得胜利的快乐。在我的引导下，学生通过探究、讨论、合作交流等方式在理性和感性上很好地掌握声音的产生原因、传播条件以及声速等知识。授课方式与授课过程很好地体现了新课标的探究性学习方法，并且达到了预期的教学效果。

五、总结与评价

通过这节课学生的学习情况，我感到教学效果比常规教学好很多。因为在整个教学过程中是学生自己探究、讨论而非教师灌输"独白"的，是集体合作的而非个体"单干"的，体现了物理学习方法中的合作交流环节。师生、生生之间的这种双向和多向互动，积极参与，平等对话和研讨，培养了学生勇于创新的意识及团体合作能力，使他们真正成为学习的主人、课堂的主人，并促使学生充分理解、掌握知识点。

浅谈八年级学生物理学核心素养的培养
——以"探究凸透镜成像规律"为例

黄少奕　汕头市达濠中学

　　为全面贯彻党的十九大精神，以习近平新时代中国特色社会主义思想为指导，贯彻党的教育方针，落实立德树人根本任务，深化教育改革，国家教育部制订了《普通高中物理课程标准》（2017年版），但初中还是沿用原来2011年版的物理课程标准。作为一名初中物理教师，要结合新一轮课改趋势，不断思考物理教学的价值，在教学过程中有意识地通过一些方式去培养学生的核心素养，为学生的学习、能力和发展打下基础。本文尝试以"探究凸透镜成像规律"的一节教学为例，来探讨八年级学生物理核心素养的培养。

一、初中物理核心素养的组成

　　物理是一门基础的自然学科，它培养的是人类了解自然、利用自然的能力，实验是研究物理的重要方法和工具，探究能力是研究物理的核心能力。2011版的《义务教育物理课程标准》中，将学生物理能力的培养分为知识与技能、过程与方法、情感态度和价值观这三维目标。《普通高中物理课程标准》（2017年版）中认为，物理核心素养是学生在接受物理教育过程中逐步形成的适应个人终身发展和社会需要的必备品格和关键能力，是学生通过物理学习内化的带有物理学科特性的品质，是学生科学素养的重要构成，物理核心素养主要由"物理观念""科学思维""科学探究"和"科学态度与责任"等四个方面构成。笔者认为结合八年级学生自身的发展特点及2011年版初中物理课程标准，可以将初中物理核心素养细分为科学知识技能、科学思维方法、科学探究能力、科学精神态度四个方面的内容。科学知识技能是指人对物理知识概念和规律、原理的理解，还有基本计算能力等数学能力、观察能力和语言表述能力等；科学思维方法是指人类研究世界的基本思维和方法，对于八年级学生来讲，更具体的是对控制变量法和转换法的理解和运用；科学探究能力是指学生思考问题、分析问题和解决问题的能力，具体是想象能力、分析能力、建模能力等；科学精神态度是指学生对科学研究的热情和严谨、实事求是的科学态度，还包括沟通能力、合作能力等。

二、制定基于培养物理核心素养的教学目标

我根据八年级学生的生理和心理特点，结合物理核心素养，制定教学目标。"探究凸透镜成像规律"一节课中，从科学知识能力来说，应该是知道凸透镜的结构特点，理解凸透镜成像的规律，能利用生活中的透明物体，如矿泉水瓶等，形成不同的成像；从科学思维方法来说，根据光的折射规律，进一步分析、推理，利用三条特殊光线理解凸透镜成像的本质特点，学会用观察、比较、列表的方法进行归纳和总结；从科学探究能力来说，学生要能懂得开展探究凸透镜成像规律的实验，掌握探究能力；从科学精神态度来说，通过有趣的物理实验来培养学生对于物理的兴趣，培养严谨的科学态度，比如在进行探究实验过程中，出现了两个成像的情况或者是将光源遮住一半后，成像特点是否发生问题的现象，学生有质疑并解惑的科学精神。

三、实施课堂教学

"探究凸透镜成像规律"是学生必做的分组实验，也是八年级学生接触到的第一个科学探究过程比较完整的实验。我在开展本节课前，先利用多媒体技术拍摄教师演示实验作为课堂素材，还准备相应的教学课件，同时做好分组实验器材的准备和分组工作。

开展课堂教学时，教师首先利用复习三种成像特点来导入新课，启发学生思考：同样都是利用凸透镜成像，为什么会有不同呢？凸透镜成像的大小、正倒和虚实和什么有关系呢？接下来教师请部分学生讲述对于提出的问题有什么猜想或假设。学生一般会说凸透镜的物距改变，所成像的虚实、大小、正倒也发生变化，所以成像的虚实、大小、正倒可能跟物距有关。教师在猜想或假设环节要注重引导学生的逻辑思维能力，因果关系要明确。教师可以采取引导式提问："那么我们要通过什么器材来设计实验探究这一猜想呢？"教师可以用预先准备好的实验器材引导学生回答，学生一般都会回答准确。然后教师播放之前先录制好的实验视频（该实验视频不能完整演示整个实验过程，而是要强调实验的过程、步骤和注意事项），让学生观看后写下实验操作的步骤，培养学生严谨的科学态度。学生写完实验操作步骤后，教师要将部分学生的实验操作通过多媒体教学平台展示给全班学生，进行讨论、归纳，培养学生思辨和整理归纳的能力。教师提问："那么进行实验后，我们得到的实验数据要怎么办？是否需要设计一个表格来记录呢？"学生会回答：需要。教师引导学生考虑设计表格需要涉及的物理量和单位，待学生设计表格后，展示设计的表格，请学生讨论完善后又作为模板提供给学生使用。接下来，教师让学生进行实验，收集实验数据和观察实验现象并记录到表格中。学生进行实验的过程中，教师要巡视，及时回答学生的疑问并观察学生实验操作的规范性。实验结束后，教师选取具有代表性的学生实验数据展示给全班学生，引

导学生对实验数据进行讨论、分析，由学生总结归纳得出凸透镜成像的规律：当 $u>2f$，成像特点是倒立、缩小的实像；当 $2f>u>f$，成像特点是倒立、放大的实像；当 $u<f$，成像特点是正立、放大的虚像。教师提问："那么当 $u=2f$ 和 $u>f$ 时，成像特点又是怎样的？"教师引导并要求学生通过三条特殊光线作图的方法，找到上述两种情况的成像特点。教师通过 flash 动画演示物距变化、成像的变化，进一步引导学生，当物距变化时、像的大小变化、像距变化情况如何？学生通过观察 flash 动画演示，思考问题，回答：物距变大，像距变小，像变小；物距变小，像距变大，像变大。

教师在课堂教学中，要引导学生体验科学探究过程，感受物理学科的魅力；要注重学生的科学实验操作，让学生将实验操作内化为知识能力的建构，不能仅仅停留在对知识的记忆。同时，为了进一步强化学生的体验，教师可以展示跟凸透镜成像有关的几种现象，引导学生进行解释，同时也可以让学生相互交流讨论生活中与此有关的现象或应用，这样既能培养学生对物理现象的分析能力，也培养了他们交流合作的能力，同时也有利于培养学生对物理学科的热情和兴趣、良好的科学态度。

四、布置课后作业

教师布置课后作业，如果只是通过作业来强化学生对于知识的记忆，忽略了对学生物理核心素养的培养，那么这样的课后作业，只能是题海战术，学生疲于完成作业，教师疲于批改。核心素养是培养学生具有物理学科特性的一种品质，不仅仅包括知识的记忆，还要包括知识的发展、能力的提高。基于物理核心素养的课后作业，应注重实际生活的需要，提高学生对物理学科的兴趣，还要发展其学习能力，更应是课堂知识技能的有益补充，如让学生认识科学发展的曲折，树立不迷信权威，敢于质疑和创新的科学态度。笔者根据"探究凸透镜成像规律"这一节的内容，在布置一些书面作业后，还布置了扩展作业，如：通过网络搜索引擎查找有关凸透镜成像规律的科学小故事或科学家；利用生活中的废品自制凸透镜；找出生活中使用凸透镜的机器或工具及其原理；等等。

五、小结

八年级学生处于青春期，对事物有强烈的好奇心。因此，在这一年龄阶段，培养学生的物理核心素养尤为重要。培养学生的物理核心素养要改变旧有的以知识的识记或学生取得高分作为完成教学目标的观念，要注重培养学生物理学科特性的品质，注重学生的科学探究和体验。当然，物理核心素养的培养是一个长期的过程，并不是仅仅靠一两节课就能实现的，笔者只是提出一个可操作的教学实践，希望能有一定的提醒作用。

浅谈物理教学中创造性思维的培养

徐志坚　汕头市达濠中学

创造性思维是以各种智力因素和非智力因素为基础,运用已有的知识进行想象、推理、分析、综合等思维加工活动,来获得自己尚未知道的新知识的思维方式。创造性思维除具有思维的广阔性、灵活性、敏捷性之外,其最为显著的特点是具有求异性、变通性和独创性。新课程要求初中物理教师要通过各种手段和途径,充分发挥学生学习的主观能动性,促进学生创造性思维的发展,提高学生的学习能力。在中学物理教学中实施创新教育,培养学生的科学创新精神和提高创新能力,是落实素质教育的核心。在新课改和素质教育的背景下,如何培养学生创造性思维能力,发展学生创新精神,仍旧是一个非常值得探讨的问题。本文试从自身教学方面谈谈物理教学中培养学生创造性思维的一些做法。

一、精心设计

课堂教学效果如何,教学质量高低,取决于教师课前教学设计质量的优劣。教材、课程标准、教学参考书,只为教学提供了基本内容、基本要求和依据,教师必须深入研究教材,结合各种教法的特点,创造性地组织教材,科学合理地设计教学方案,认真推敲每一教学细节,确定组织形式和具体处理方法,使静态的教材内容变为具有探究价值的动态研究问题,启发引导学生在研究探索的过程中获取、发现新的知识,提高思维的深刻性、灵活性、创造性。例如,在初中"阿基米德原理"这节课的教学中,我采用了探索法进行教学。"阿基米德原理"是一条重要的规律,课本中相关的实验虽然简单,但在思维上跳跃性较大。我在学生做完课本中的实验后,设计了以下问题组织学生讨论:(1)在空气中称石头所受的重力时,石头的受力情况及它们的关系如何?(2)把石头浸入溢水杯中,弹簧测力计的读数为什么减小了?分析这时石块的受力情况并计算出石块所受浮力的大小。(3)从溢水杯流入小桶中的水重与石块所受浮力的大小有什么关系?学生小组合作讨论后,再通过师生谈话,分析有关结果,十分顺利地得出了阿基米德原理。这种通过质疑、实验、探索、解释等不断深化的探索方式进行教学的方法,使学生像科学家一样亲自参与科学探索、发现,不仅有利于调动学生思维的积极性,激发灵感产生顿悟,而且可以使他们的创造性思维得到积极培养。

形式和方法都是为目的服务的，不同的教学形式和方法会产生不同的教学效果。因此，在物理教学中培养学生的创造性思维能力，选取恰当方法是至关重要的。例如在学习"晶体的熔化和凝固规律"时，先让学生根据实际结果自己在黑板上描绘熔化和凝固图像，再从图像中自己寻找规律，引导、帮助他们总结出"同种晶体的熔化和凝固点是相同的""晶体在熔化过程、凝固过程中温度保持不变"等规律。这样，学生从中获取成功的乐趣，勇于探索。因此在教学中应该根据教学实际，精心设计，选取运用有利于培养学生创造性思维的方法进行教学。

二、创设情境

实践证明，学生创造性思维的产生与发展，动机的形成，知识的获得，智能的提高，都离不开一定的物理情境。所以，精心创设物理情境，是培养学生创造思维的重要途径。

（一）创设问题情境

1. 要善于质疑问难，"学起于思，思源于疑"

教师若能创造性地驾驭教材，设计出具有趣味性、启发性、探索性的疑难问题，就会有效地诱发学生思维探索的主动性和积极性。上课伊始创设悬念，引导质疑，会使学生产生迫切探究的认知心理，激发求知欲望。例如"大气压"一节新课导入的教学，我先让学生阅读篇首有趣的故事，引发其好奇心，然后拿一只茶杯吸在嘴上，稍微停歇，学生果然产生疑问："空气为什么会产生这么大的压力？""怎样才能测出大气压强的值？"我再让学生上台参与演示实验，环环相扣，分散了难点。这样图文并茂的物理情境，定会使学生探索的欲望油然而生，促使他们集中精力，开动脑筋，尝试探寻各种可能的解决方法与途径，创造灵感和顿悟很可能由此产生。

2. 要善于抓住契机，问到"点"上

教师对问题抓得准，问得恰当，才能击中问题要害，引发思维。要提出具有高质量的问题，且能问到"点"上，这要求教师必须吃透教材，深入了解学生，所提问题应围绕教学中知识的重点、难点、衔接点、相近知识的易混点、研究问题的关键点、消极定势的易疏忽点等，难易要适度，不仅应接近学生最近思考区，而且提问的方法还应具有良好的艺术性、顺序性及逻辑性。问题要新颖，具有较强的启发性和趣味性，才能诱发学生探索思维的积极性。例如，在"惯性"的教学中，若以地球上的人竖起跳起后，落地点与起跳点位置关系为例来研究惯性，学生则会感到索然无味；但若以人站在高速水平行驶的火车车尾边沿处或大海中匀速航行的船尾上，人竖直起跳后的下落情况来研究，其教学效果则比前者好得多。

3. 要善于创设阶梯型和发散型问题

阶梯型问题就是一系列由浅入深、环环紧扣、层层深入的问题。这样的问题启发性、逻辑性强。符合认知规律和学生的认知心理，能诱发学生探索思维的积极性和创造性。如前所述的"阿基米德原理"的讨论问题，就属此类的阶梯问题。发散型问题，则是以某一知识点为中心，从不同角度、方位提出更多有价值的问题，使学生能从更多的途径认识事物的本质，使思维的发散性、敏捷性和创造性得以培养。如"阿基米德原理"教学中，实验推出原理后，可继续创设如下深入探索的问题情境：

（1）将石块浸入水中不同深度，石块所受浮力是否相同？

（2）将石块换成木块后，木块所受浮力是否等排开水重？

（3）将水换成煤油后，石块所受浮力是否发生变化？通过对这些问题的研究，不仅能从多方位加深对知识的理解，而且能有效地训练学生的思维，增强思维的广阔性、深刻性，从而培养创造性思维。

（二）创设实验情境

1. 改进实验方法，探寻新的途径，培养创新意识

在物理教学中不论是演示实验，还是学生实验，一般都不局限一种方法。如测圆柱体的周长和直径的实验、测物质密度的实验、测导体电阻的实验等，除书中的实验方法外，都还有若干种其他方法。教师如能为学生创设、提供探索其他方法的机会和条件，有意引导学生探索，寻求不同方法，则学生就能充分发挥主观能动性，发现探索出新的途径及方法。在这过程中，定能使学生思维的灵活性、发散性及独创性得到培养和提高，定能使学生思路开阔，创新意识增强。

2. 抓住由实验现象到得出结论的思维过程，训练学生的创造性思维

通过对物理实验、现象、数据进行分析、判断、概括、综合和抽象思维、推理思维加工，使学生产生认识上的飞跃，获得结论，这是教学中培养学生创造性思维的重要途径，但若把握不当，也不能达到目的。例如，牛顿第一定律的教学，关键在于通过引导学生对实验现象的分析、比较，运用假设推理拓展创造性思维，获得用实验方法无法直接验证的规律。但有些教师为急于得出结论，往往用教师的讲述取代了学生的思维，使一个难得的培养学生创造性思维的良机白白丧失。同样，在欧姆定律的教学中，对实验数据的分析处理过程，也是培养学生创造性思维的好时机。教师只有紧紧抓住这一关键环节，才能达到培养学生创造性思维的目的。

3. 让学生亲自设计实验是培养学生创造性思维的好途径

让学生根据问题要求自行设计实验，不但可以充分发挥学生的主体作用与聪明才智，尝试科学实验探索的方法，增强创造意识，而且，学生学过的知识可以在实验设计中得到综合应用，实现理论联系实际和提高创造性思维的目的。例如，学习密度的测量后，让学生设计测量某种粮食作物密度的实验（如大豆、花生等），或牛奶的密度，写出选择的仪器、实验步骤及怎样减小实验误差。学习电路图后，让学生设计楼梯电灯的控制电路及抢答器。在实验教学中，教师不失时机地对学生标新立异的方法给予肯定、支持和帮助，鼓励学生大胆地猜想和独立地思考，并通过实验否定错误的

假设或修正不完善的猜想,从而使学生解决问题的勇气、信心、毅力、科学的批判精神和创造力得到有效的培养。

(三) 创设议论情境

教学中适当组织学生讨论,让学生彼此交流、启发,会使研究的问题更深入,重点更突出,更容易突破难点、疑点,使易混点得到澄清,易疏忽点得到强化,获得的知识将会更扎实。例如,在"浮力"教学中,学习浮力产生的原因后,提出问题:"如果一个物体浸入液体中,我们对它进行受力分析,它应该受到几个力的作用呢?"从而引发学生的议论。有的学生说,应受到四个力的作用,即重力、浮力、竖直向下的压力、竖直向上的压力;有的学生说,应该受到两个力的作用,重力和浮力。教师让学生分组讨论,在此过程中引导启发,使学生打开思路,问题讨论得非常深刻。这样既能锻炼学生思维的逻辑性与敏捷性,也能锻炼学生的语言表达能力及应变能力。

三、变式训练

解题教学及习题训练是物理教学中必不可少的重要环节。进行解题的训练,尤其是一题多解、一题多变、多题归一等变式训练,更有助于加深对知识的巩固与深化,提高解题技巧及分析问题、解决问题的能力,增强思维的灵活性、变通性和创新性。

一题多解,培养学生思维的发散性。例如,一个质量为78 kg的铁球,体积是1.1 dm^3,它是空心的还是实心的?可以通过三种解法求解,即比较质量,比较密度,比较体积。通过一题多解的训练,学生可以从多角度、多途径寻求解决问题的方法,开拓解题思路,使不同的知识得以综合运用,使分析问题的能力提高,使思维的发散性和创造性增强。

一题多变,培养学生思维的应变性。把习题通过条件变换、因果变换等,使之变为更多的有价值、有创意的新问题。例如,在学生解答了"一列火车长200 m,以15 m/s的速度通过一座长1.6 km的大桥,需要用多长时间?"这道题后,教师把题目改为:"如果这列火车以相同的速度,通过另一座桥用150 s,那么桥有多长?"还可以把这道题改成:已知火车长、桥长和过桥时间,求火车过桥速度""已知桥长、火车速度和过桥时间,求火车长"等题目。这种"一题多变"的习题探讨,可开拓学生思路,使学生的思维能力随问题的不断变换、不断解决而得到不断提高,有效地促进学生思维的敏捷性和应变性,使创造性思维得到培养和发展。

多题归一,培养学生思维的收敛性。收敛思维是创造性思维的重要组成部分之一,而多题归一的训练,则是培养收敛性思维能力的重要途径之一。教会学生一道题,要让学生会解一类题,即要求学生思考问题时要注重多思路、多方案,解决问题时要注意多路径、多方式。

举个例子,教师给出一道实验设计题:现有2只电流表,1只开关,2节干电池,

1只已知电阻和待测电阻，若干导线，要求测未知电阻的阻值，画出电路图，写出实验步骤，并根据步骤进行实验操作，总结出结论。对不同层次的学生，教师要给予适当辅导，指明可以应用导体并联的特点进行设计，并启发他们画出图来，为他们在创新意识的阶梯上登攀创造条件，让每一位学生都能在探究活动中尝试着去解决问题，从而获得成功的喜悦。

然后，教师出示拓展题。

拓展一：将上题中2只电流表改为2只电压表，你将如何设计？

拓展二：将上题中2只电流表改为电流表和电压表各1只，你又将如何设计？

通过教师的引导，三个不同层次的学生都能动脑，提出自己的设计方案。这样的训练，对发展学生的发散思维和收敛思维有良好的作用，能够达到触类旁通、举一反三的教学效果，从而激发学生潜能，提高学生素质。

综上所述，在物理教学过程中，要改变传统的教学方式，把课堂还给学生，创设恰当的问题情境，激发兴趣，培养学生创新意识，引发创新思维，同时引导学生从不同角度、不同方面去探索、研究问题，促进学生创造思维的发展，使物理教学更加适应素质教育的要求。

中学物理实验教学困惑与导入方法

郑思敏　汕头市达濠中学

一、现阶段中学物理实验课堂教学遇到的困难

现阶段中学物理实验教学虽然经过了改革，但仍旧存在很多困难和不足之处，主要表现为以下几个方面。

（一）学生动手能力差，对常规仪器不会操作

中学生物理实验课堂初经改革，被纳入了正式课堂之列。学生在物理传统教学过程中不重视物理实验课堂的实际操作，同时学校安排物理实验课的课时较少，导致学生对于物理实验中的常规仪器较陌生，对于物理仪器操作基本规则不熟悉，动手能力差，因此不能够很顺利地完成物理实验基本仪器的操作和正确使用。

（二）学生对实验课缺乏兴趣

由于传统教学模式下学生对于物理实验操作的了解和实践机会非常少，学生习惯了教师灌输性的教学方式和死记硬背的学习方式，对于实验操作产生畏难情绪，并且由于不熟悉实验室设备使用方式和规则，认为实验课堂对于提升自己的物理科目考试分数没有多大用处，导致学生学习实验操作课程的热情不高、动力不足。

（三）学生实验操作漏洞百出

学生对于实验室常用仪器使用规则和使用技巧不熟悉，导致学生实验操作时漏洞百出，并且缺乏实验操作基本常识和基本使用技巧。学生在进行一项实验时，往往由于实验步骤复杂且细节和注意事项繁琐，加之对于实验室基本规则和常用仪器操作步骤不够熟练和了解，实验失败率偏高。此外，由于课堂教学人数多，教师往往顾此失彼，对于每个学生的操作错误不能及时指出，导致学生意识不到自己的错误之处，使物理实验课堂效率低下。

二、中学物理实验教学导入实践策略

（一）课前实验现象情境景拟

学生对于物理实验课堂的兴趣来自于对物理实验所产生的结论或常见现象的好奇心和探索欲。因此，教师在进行实验课堂之前，应该注意将本堂课的实验现象和结论对学生进行展示和导入，让学生顺着这个现象或结论去思考与探索其中的原理和原因，以此来激发学生的实验操作兴趣和动力。例如，在"探究加速度与力、质量的关系"实验操作课前，教师应该设定一个问题情境供学生思考。情景一，在质量不变的情况下，牵引大小不同，它们的加速度会一样吗？情景二，质量不同的小车，当牵引力不同时，它们的加速度会一样吗？那么小车的加速度和质量、力之间的关系满足一个怎样的关系呢？有没有固定的表达式来计算这些数值呢？教师通过这样的课堂思考导入，可以很好地激发学生探索物理知识的兴趣，激起学生的好奇心，从而提升学生物理实验课堂效率。

（二）多媒体课前实验操作导入

利用多媒体把实验仪器、实验原理和操作步骤展示给学生是最直观、最清晰的教学方式，通过多媒体把实验室基本规则和基础仪器操作技巧清晰展示，可以使学生快速掌握实验大致方向和基本操作步骤以及实验室基本注意事项等，让学生提前了解实验过程中的各种使用仪器的形状大小、用途及使用原理和适用范围等。同时，通过多媒体视频对学生进行本堂实验课的操作步骤进行详细说明和操作演示，可以让学生清晰直观地看到实验步骤和实验细节以及注意事项等，起到一个很好的示范和理论教学作用。例如，在进行"用打点计时器测速度"的实验操作课前，教师可以找到相关的实验操作详细步骤并在多媒体投影仪中播放，让学生进行观察，并提醒学生注意观察实验器材——双层滑轨车、砝码的种类以及实验设计的自变量和因变量等，让学生大致明白操作原理和实验证明步骤以及计算和测量的方式方法，做到心中有数。

（三）教师课前试验示范操作导入

教师对于实验仪器的基本操作演示也是实验课导入教学中必不可少的部分，现实场景中的实验操作方式、操作仪器外形以及使用技巧等都需要学生眼见为实，切身体验实验步骤和实验技巧。例如，在"探究小车速度随时间变化的规律"实验课前，教师应该亲自上台使用相关实验仪器给学生做示范，让学生观察教师的正规操作方式，打点计时器限位器要与长木板纵轴位置对齐，再固定在长木板上，使纸带、小车拉线和定滑轮在一条直线上，小车要选择在木板上运动不跑偏或偏差较小的车等，并且教师在操作时应该边操作边讲解，让学生注意到重点操作步骤和细节，进行全方位教学，让学生更加清楚了解实验步骤。

三、结束语

高中物理课堂导入教学能帮助学生更好地理解物理课堂知识和实验操作技巧、注意事项等，找到学习物理的乐趣，是加强物理生活化的迁移与运用的有效途径，是新课改下落实核心素养理念的重要手段，能够帮助学生培养物理基础素养以及动手能力等综合能力。因此，对于中学物理课堂教学导入策略研究，需要我们教师进一步深化和创新，为学生提供更好的学习体验和更高效的学习课堂。

从生活现象入手激发学生学习物理的兴趣

徐志坚　汕头市达濠中学

一直以来，学生都觉得物理是最难学的一门学科，特别是在初二下学期时，有些学生学习方法不适应，更加觉得物理难学，从而失去信心。《义务教育物理课程标准》中，把培养学生学习物理兴趣作为培养学生情感态度与价值观的首要目标，因此，培养初中学生学习物理的兴趣，是我们中学物理教师的首要任务。

从我自己任教班级的学生来看，学生的学习情况呈现以下特点：基础好的同学，思想压力大，总感觉自己学得不扎实，不放心，从而学习上比较努力，行动上比较自觉。基础较好的同学，心理压力大，总感觉自己已经非常勤奋了，成绩却不能令自己满意，减少了自觉学习的动力，变得怨天尤人，总把过错归于他人。基础差的同学，自感不能考进心目中的理想学校，从而完全放弃自己的学习，不但自己不学习，还影响别人的学习，甚至连作业也不完成。由于九年级学生即将面临中考的压力，思想不稳定，情绪变化大，学习成绩也呈现出不稳定的现象。

在我任教的班级里，前两类学生不到一半，其余学生均属于基础较差的一类。因此班级里的学习氛围不浓，竞争心不强，上物理课给人一种懒洋洋的感觉。初中物理学习进入一定深度时，学生对物理的学习极易出现"两极分化"现象。这在很大程度上取决于任课教师是否在学生初学物理时对他们进行学习兴趣的激发、学习方法的指导、学习潜能的挖掘、学习积极性的发挥、学习心理的揣摩等。要让学生喜爱物理，学好物理，教师必须充分了解学生学习初中物理的心理，要根据学生的心理特点进行教学，引导学生热爱生活，热爱物理。

一、追求新、奇、趣

初中学生处于青少年时期，好奇心强。他们对一些新颖、奇特的东西、现象非常敏感。一种现象、一个演示、一幅版画、一段故事，都会激发他们极大的兴趣，会使他们的注意力高度集中。任课教师应抓住学生这一心理特点，在"新""奇""趣"上做文章。教学内容的组织安排、教学方法的探索和选用、物理实验的设计和演示、新课的引入等应尽可能体现"新""奇""趣"的特点。如在引入新课时要不断变换方式，不时选用诸如悬念引入、故事引入、趣味实验引入、联系实际引入等方式。课堂上可以选择几个简单新奇的实验，如小纸人跳舞，隔掌吸钉，可乐发电，将1枚1角硬币放在距课桌边缘2~3 cm的地方用嘴沿桌面用力吹气，让学生联想该现象与飞机飞行有什么关系。由于几个实验新颖、有趣，因此对学生产生了很大的吸引力，激发了他们的好奇心和求知欲。这样，学生听课的注意力都非常集中。

二、物理内容要生活化、故事化、社会化

物理难教难学，知识枯燥无味，抽象不可捉摸，深奥不可理解。我们的教学要从生活走向物理，从物理走向社会，走向身边。教师要从周围自然现象，从生活、生产实践，从科学技术的实例中，去引导学生，使学习内容与现实生活相联系，使学生体会到物理就在身边，这样接受起来就容易多了。例如：我们在讲物态变化时，如能结合云、雨、冰、雾、霜、露的形成，学生就感到亲近了，好学了；讲串并联电路，结合家庭或学校照明电路，就实际些。当今世界科技迅猛发展，许多与物理相关的科学技术迅速在生产与生活中得以广泛应用。若把与所学知识有联系的高新技术做简单介绍，不但可以丰富学生知识，开阔学生视野，而且能够激发学生学习兴趣，增添学习动力。如学习电磁现象，可结合通信技术、电话、无线电话、可视电话、电视、电报、传真雷达、遥感、光纤通信的介绍；学习声音的传播，可结合噪声危害与防护；介绍电冰箱原理，可结合臭氧层的破坏与人类活动的关系；讲干电池，可接结合废旧电池的回收和利用，抛弃干电池对环境的污染；学习曲线运动，可结合人造卫星、宇宙飞船的运行；学习周期，可结合同步通信卫星。

中学生普遍爱听故事，教师可精选一些有趣味的故事，不但能激发其兴趣，而且能加深其对所学内容的理解。如讲大气压，教师用绘声绘色的语言讲述"马德堡实验"，学生对大气压的存在及大小的认识会更深刻；讲"曹冲称象"对浮力，学生对阿基米德原理就理解得具体鲜明了；讲"牛顿与苹果"的故事，学生对地球引力、重力就会有兴趣。这些形式，能使学生在轻松的气氛中学到物理知识，让学生改变"物理是枯燥的公式定理"的认识，同时也激发了学习物理的兴趣。

三、精心设计导入语

人们把一堂课比喻为"凤头，猪肚，虎尾"，即开头要像凤凰那样引人入胜，可见引入新课的重要地位。在这个过程中，设计好引导方法，唤起学生兴趣，使学生产生对新知识的热烈渴望情绪，形成良好的学习氛围，这堂课教学就有了一个良好开端。导入新课的方法很多，有趣味问题导入，实用实例导入，趣味游戏导入，实验猜想导入，物理小故事导入，学生动手实验导入，现代高科技应用导入，等等。关键是将学生的注意力引导到教学内容中来，抓住学生的心理特点，使他们产生好奇、新奇的感觉，产生求知欲，想学，想知道，激发了学习动机，增强了学习的内驱力。如讲相对

运动时，可以用一战期间法国飞行员顺手抓住一颗在脸旁晃动的德国子弹为导入，使学生感到好奇，急于知道其中的奥妙，就会全神贯注地投入教学活动中去。

四、联系生活进行点拨，探究生活问题

在实施新课程标准时，必须将培养学生发现问题与提出问题的能力作为物理教学的重要目标。问题从哪里来？问题往往产生于具体的生活情境中，产生于现实生活中的陌生现象，产生于对现实事物或现象的深刻思考之中。在物理教学中，可根据学生的年龄特点和生活体验，科学有效地创造生活情境，采用灵活多样的切入方法，让学生在熟悉的物理生活情境中愉快地探究问题，找到解决问题的规律。在教学中可采用讨论、辩论、小组活动、参观、调查等活动来激发学生学习科学和技术的兴趣，为他们将来的工作、生活、参加社会活动而从知识、能力、观念等方面做准备。

例如，在讲到电学时，就可以结合生活实际，拿电灯泡进行点拨教学。

生活问题：白炽灯是人们常用的照明用具。根据你对白炽灯的了解，请提出两个与物理知识有关的问题，并针对提出的问题做出简要回答。

问题：白炽灯的灯丝用久了为什么会变细？

简答：在高温状态下工作灯丝升华造成的。

分析点拨：白炽灯是我们日常生活中常见的一种照明用具，它涉及许多的物理问题，可以从制造的材料、形状、工作情况等方面提出相应的问题。"提出问题"是科学探索的第一步，该题型有利于考查和培养学生科学探索的意识及相关能力。本题是针对学生非常熟知的白炽灯和灯头，学生可以提出很多问题并做出简答：

如：（1）白炽灯的工作原理是什么？白炽灯是利用电流的热效应工作的。

（2）灯泡内为什么要抽出空气？防止钨丝在高温下氧化燃烧。

（3）白炽灯在工作时能的转化是怎样的？

（4）白炽灯是否节能？现在越来越多家庭用 LED 灯照明，有哪些优点？

……

五、经常对学生进行物理学重要性的教育

因为物理学研究的内容最为普遍，应用范围最为广泛，所以物理的基本原理和研究方法应用于各个领域。从历史发展的长河来看，许多重大科学技术的进步都是以物理学的发展为先导的。如 19 世纪法拉第发现电磁感应和麦克斯韦磁场方程组的确立，产生了今日的发电机、电动机、电报、电视、电话、雷达。电充满了人们的整个生活领域。当代引人注目的高科技——核能技术、信息技术、激光技术、电子技术，物理学都起了突出作用。如果我们潜移默化地给学生渗透这些内容，学生学习物理就会产生动力，加以重视。

物理学是一门发展中的科学，是现代前沿科学中最为激动人心的科学之一。不断让学生接触这些知识，如宇宙大爆炸、相对论、纳米材料、核能、超导材料、磁悬浮光纤通信等打开一个通向现代物理学前沿广阔天地的窗口，使学生了解将来他们施展才华的广阔天地，势必在学生思想上产生火花，激起学生的求知欲，促使他们爱学物理，学好物理。

激发兴趣不只是在讲授新课引入时这样做，在整个教学过程中都要采取不同的手段、不一样的形式，不断调节课堂气氛，不断改变讲课方式或交往形式，调动学生学习的积极性和兴趣。

支架式教学在物理课堂中的应用

王玥璇　汕头市达濠中学

随着新课改的深入,许多一线教师逐渐接受了新课改提倡的教学理念,不再满意于传统教学中的"灌输式",开始探寻有利于学生构建知识并获得终身学习能力的教学模式。其中,支架式教学以其自身的优越性备受青睐。

一、支架式教学的内涵及理论基础

"支架"(scaffold)又翻译为"脚手架",这词语的运用始于1300年,原本是指建筑行业中使用的"脚手架",即工人们在建造或装饰建筑物时所使用的能够为他们和建筑材料提供支持的暂时性的平台、柱子等。当建筑物建好后,这种支持就撤掉了,最终留下建筑物本身屹立在那里。在教育中,"支架"一词最早由伍德、布鲁纳以及罗斯于1976年提出。学生被看作是一座建筑,学生的"学"就是在不断积极建构自己的过程,而教师的"教"被看作是建筑物的支架。支架对于学生的作用与对于建筑物的作用是同样的:能帮助学生不断建构自己,逐步完成学习目标,让他们在原有水平上获得攀升,不断建造在新领域的能力;当学生的能力增加到自己能独立完成各种学习任务或能处理学习中出现的问题时,要及时拆掉"支架"。

支架式教学的理论基础是维果斯基的"最近发展区理论"。他认为,学生的发展状态有两种水平,一种是"实际发展"水平,一种是"潜在发展"水平。前者是指个体能够独立完成学习任务的能力水平,后者是指个体在他人的帮助下才能完成任务的能力水平,这两种水平之间的区域就是"最近发展区"。支架式教学提出以最近发展区作为教师介入学生发展的空间,以学生的实际发展水平为基础,以潜在的发展水平为目标,在最近发展区内进行教学。它是以学生为中心,利用情景、协作、探索、会话等方式充分发挥学生的主动性、积极性和创新性,使学生对所学知识进行意义建构的教学方法。在支架式教学中,教师应随着学生对知识和方法的掌握而逐渐撤去支架,将管理学习的任务转移给学生。

二、支架式教学的操作程序

支架式教学的基本思想是在学生的现有知识水平和学习目标之间建立起能帮助学

生理解的一些学习支架，为学生学习提供正确导向，充分利用学生之间的活动与讨论，最终帮助学生完成自己难以独立完成的学习任务，而学生的智力也从一个水平提升到另一个水平。支架式教学的基本操作程序包括搭建支架、进入情境、独立探索、协作学习、效果评价五个环节，以"支架"贯穿在整个过程中，通过五个基本环节的实施，充分发挥学生的积极性、主动性和创新性，在教师和同学的帮助下，完成规定的学习任务，达到意义建构的目标。

（1）搭建支架。确定目标：教师围绕本节课学习的主题内容，在学生的"最近发展区"内，按学习的要求构建对知识理解的概念框架，使学生沿支架逐步攀升。

（2）进入情境。分析问题：创设情境，以问题作为情境引入，让学生体验面临的难题，激发学生探究的兴趣。

（3）独立探索。集思广益：教师应放手让学生独立探索。教师在学生探究初期启发指导，提供解决问题的相关原理和基本概念。在学生探究过程中，教师根据学生的需要提供恰当的支架，帮助学生沿着概念框架逐步攀升；随着探究不断深入，逐步将支架撤销，最终放手让学生自己探究。

（4）协作学习。完成构建：建立学习小组，通过学生之间、教师与学生之间的协商、讨论活动，在共享集体思维成果上，对前知识进行修正、补充，最终达到全面正确地对所学知识的意义建构。

（5）效果评价。能力的检测：通过自评、互评、教师做出评价与期望。评价内容包括：是否完成对所学知识的意义建构、对小组协作学习做出的贡献、自主学习能力等。

三、针对力的合成法则（平行四边形法则）进行支架式教学实施

"力的合成"这一节是高一物理第一学期的重点。传统教学模式是教师讲解、演示，学生观察、倾听，即教师根据演示讲规律，学生只是被动地接受规律，承认结论的正确性，课堂气氛沉闷，学生学习的积极性不高。教师可利用支架式教学模式引入真实情境，引起同学的兴趣，通过问题支架、工具支架、实验支架、思维导图等引导学生顺着知识框架不断攀升，层层深入，让学生充分体验、感悟合力、分力的概念，最终达到"力的合成符合平行四边形法则知识"的整体建构。

1. 我们确定学生的最近发展区

重点：合力与分力是等效替代的关系；探究并理解力的平行四边形定则。

难点：合力与分力的关系猜想与验证。

2. 搭建脚手架

知识概念框架：教师创设"泗水捞鼎"的情景，让学生进入拉杠铃片的游戏中，体验合力、分力、力的合成的概念；在理清概念后，搭建实验支架，使学生独立探究力的合成遵循平行四边形定则，教师加以适当的指导，学生通过协作总结规律，用所

学的知识解释"泗水捞鼎"情景中的问题。

学习资源（实验器材）包括 20 kg 的杠铃片、长绳、画图板、橡皮筋、弹簧秤、三角尺、白纸、绳套、铅笔、拴两根线的 200 g 砝码等。

3. 教学主要环节（学习支架）

教师用 PPT 展示"泗水捞鼎"情景，根据此情景做拉杠铃片的模拟游戏，将学生引入情景，使学生借助在模拟游戏中的深刻体验，理清合力、分力以及力的合成等概念。接下来通过实验支架、示范实验支架，让学生在实验中独立探索，进一步体验合力与分力的等效替代性，设置支架问题，为学生指明探究的方向；通过 PPT 现实实验步骤，强调分力与合力间的等效性，选择学生中具有代表性的答案，全班进行交流评价，通过教师和学生的协作讨论得出平行四边形定则；在得出结论后，对"泗水捞鼎"的问题进行解释，并要求学生会用图示法和计算法求合力。可以自制平行四边形模型，用其感悟分力间夹角从 0°到 180°变化时，合力的方向和大小的改变。

4. 教学的效果评价

第一，活跃了课堂的学习气氛。课前的模拟游戏，给学生创设了真实的教学情境，可以有效地调动学生的学习兴趣，激发学生的求知欲望和探索兴趣，使其深刻地理解合力、分力以及力的合成的概念。

第二，实验能力和思维能力可以得到很大提高。本节的学生实验是重点，围绕老师设置的问题支架，学生展开思考，并自己动手在进行实验的同时得出平行四边形的规律，通过实验支架亲身感受所学的内容。这样不仅提高了学生的动手能力，还培养了学生的思维能力，使学生对平行四边形定则的体会更加深刻。

第三，增强了学生的合作与交流能力。支架式教学强调学生的自主探索和协作学习过程。通过实验探究，学生有了初步体验后表达自己的观点，再在仔细聆听他人的过程中，补足自己的不足。在整个过程中教师创设丰富的合作学习的交流机会，让学生积极思考，比以往的教师讲解要好很多。

教师无论采用何种教学模式进行课堂教学设计，除了心中有课本、教法，更主要是关注学生。学生是教学的主体，如果没有考虑学生的实际认知水平、已有经验，再好的教学设计也是不切实际的，也是没有意义的。因此，在教学设计中，根据教学内容灵活运用各种教学模式，但不唯模式，在追求一定的教学模式时也应有自己的教学个性和思想，逐步形成自己的教学风格。

学生篇

案例共享：创新教学设计

"单摆的周期" 教学设计

黄冬妮

【课　　题】单摆的周期
【教学时间】45 分钟
【教学对象】高中二年级学生
【教　　材】人教版《物理（选修 3-4）》第十一章第四节

一、教学内容分析

1. 教材的地位和作用

"单摆"是高中物理中理解难度和教学难度都比较大的一节课，其中单摆的回复力、等时性、单摆周期的定性和定量探究，都体现严谨深刻的科学方法和物理思想（如理想化物理模型、等效思想、控制变量法、实验数据分析和处理等）。单摆作为简谐运动的应用实例，对于研究简谐运动具有很强的代表性，学习单摆的运动规律、运动周期，对进一步掌握简谐运动具有很大的推动作用。本节课主要学习的是单摆振动的固有周期（频率），为后面学习共振奠定了基础，起到了加深、拓展、承前启后的作用。

2. 新课标要求

新课程标准对本节课的要求是：
（1）通过实验，探究单摆周期与摆长的关系；
（2）知道单摆周期与摆长、重力加速度的关系。

3. 教材处理

该部分内容在教材中是以实验探究的形式出现的，先定性探究单摆周期与质量、振幅、摆长之间的关系，得出结论，并在此基础上定量探究单摆周期与摆长的关系，通过数据分析和处理后得出 $T \propto \sqrt{l}$，最后因势利导直接给出单摆周期的计算公式 $T = 2\pi \sqrt{\dfrac{l}{g}}$。

4. 教材的特点

本节课包含定性和定量探究两个环节，给学生经历数据分析和处理过程提供了很好的途径，是高中物理学中不可多得的提高学生数据分析处理能力的实例之一，是培养学生发散思维、进一步提高学生科学素养的好素材。

二、学生学情分析

1. 学生的心理特征

本节课授课的对象是高二的学生，他们对事物的认识已经上升到较为理性的阶段，不仅仅停留在表象上，更加关心的是现象背后的本质原因，喜欢探究，因果认识兴趣浓厚，分析问题的能力有所提升。

2. 学生的知识基础

学生在学习本节课之前已经掌握了单摆的基础知识，知道什么是单摆、振幅、摆长、周期，以及单摆做简谐运动的条件。

3. 学生的认知困难

学生初次接触单摆，不善于利用等效摆长的方法解释单摆运动现象，对于摆长的概念（悬点到摆球重心的距离）理解得不够透彻。由于周期与摆长的二次方根成正比，这对于学生而言比较抽象，在猜测上存在一定的思维障碍。

三、教学目标

1. 知识与技能

（1）知道单摆周期与摆长、重力加速度的关系；

（2）学会运用结论解决单摆运动问题。

2. 过程与方法

（1）进一步掌握用控制变量法进行实验探究；

（2）分析生活中的单摆现象，渗透等效思想；

（3）经历数据处理过程，培养发散思维。

3. 情感态度与价值观

通过实验，培养辩证唯物主义观点，进一步提高科学素养。

四、教学重点

通过实验，探究单摆周期与摆长的定性和定量关系。

五、教学难点

（1）运用等效摆长的方法解释单摆运动现象；

（2）由实验数据分析得出单摆周期 $T\propto\sqrt{l}$。

六、教学方法

（一）教法

（1）实验法。

本节主要学习的内容是探究单摆周期与摆长的关系，先定性研究单摆周期与质量、振幅、摆长之间的定性关系，在此基础上结合计算机 excel 软件技术研究单摆周期与摆长的定量关系。通过采用教师演示实验和学生操作实验相结合的方法进行教学，使学生从不同感官上获取新知识，加深印象，突出本节课教学的重点，体现以学生为主体的教学理念。

（2）讲解法。

采用引导性的讲解方式，结合实验现象、直观教具、数表分析，启发学生的发散思维，使学生逐步从感性认识上升到理性认识，并从中学会利用计算机的数表软件 excel 处理数据，进而突破本节课教学的难点，体现以教师为主导的教学理念。

（二）学法

在教师的指导下培养学生观察、分析、探究的能力，从实验中掌握科学研究方法；从直观现象中体会学习的乐趣，加强对学生发散思维的训练；经历定量探究过程，并从中形成良好的探究精神和科学素养。

七、教学用具

多媒体课件、计算机数表软件 Excel、自制单摆周期实验仪、自制蛇摆、直尺、学生探究器材（筷子、夹子、已知直径的摆球、摆线、标注灯、秒表）等。

八、教学流程

教学流程图如图 1 所示。

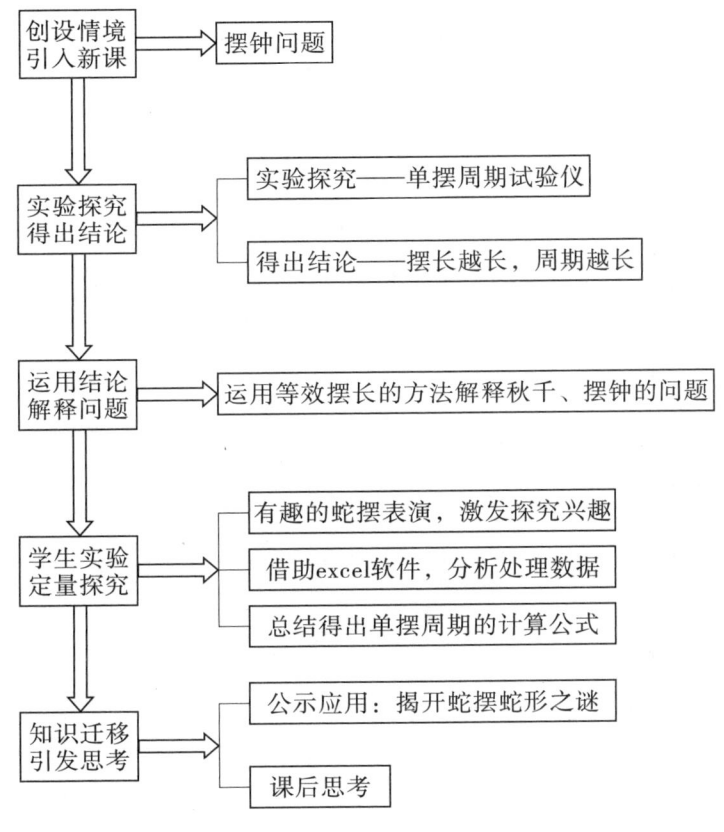

图 1　教学流程图

九、教学过程设计

教学过程设计如表 1 所示。

表 1　教学过程设计

教学环节和教学内容	教师活动	学生活动	设计意图
【创设情景，引入新课】 钟摆走慢了，只要将摆锤下面的螺母往上拧几下，摆钟走起来就准了。	提出疑问：到底摆锤来回摆动的时间是由什么决定的呢？	疑惑、思考，迫不及待想知道答案	①创设情境，设下疑问引入课题，既吸引学生的注意，又激发学生的学习兴趣； ②紧扣课题，为学习新知识做好充分的准备
【实验探究，得出结论】 知识回顾： 1. 单摆的概念； 2. 单摆摆长的概念； 3. 单摆振幅的概念； 4. 单摆周期的概念。 提出问题： 单摆的周期可能与哪些因素有关？ 猜想与假设： 结合示意图做合理的猜想，提出用控制变量法进行实验。			复习相关知识，为实验探究做好准备。
	提问：根据示意图猜想单摆的周期可能会和哪些因素有关？ 强调：采用质量大、体积小的摆球减小空气阻力的影响。	思考、分析、猜想 期望回答：摆球质量、振幅、摆长、空气阻力。	结合示意图进行猜想，使猜想有依据。

续上表

教学环节和教学内容	教师活动	学生活动	设计意图
设计实验与进行实验： 让学生根据提示自主设计实验方案。 ①探究单摆周期与质量的关系。 实验方案一： ![实验方案一图] 实验方案二： ![实验方案二图]	提问： 可以用什么方法来设计实验？ 演示实验，引导学生观察、分析实验现象。 得出结论： 单摆周期与质量无关。	 期望回答1： 控制振幅不变，让两摆球偏离一定角度并保持平行后同时释放，如果摆动同步，就说明周期一样。 期望回答2： 两个球靠近中线位置同时释放，如果在摆动过程中它们总能在中间相遇，说明周期一样。	让学生自主设计实验方案，注重培养学生分析问题、解决问题的能力。 ①采用自制双面实验演示仪，实验现象直观明显，有助于学生更好地理解知识； ②把实验演示仪做成可以双面用，体现环保理念、效率高，把科学性和教育性有机结合，贯彻教学原则，突出教学重点。
②探究单摆周期与振幅的关系（在振幅较小情况下）。 ![实验图]	演示实验，引导学生观察、分析实验现象。 得出结论： 在振幅较小情况下单摆周期与振幅无关。	观察、思考	

续上表

教学环节和教学内容	教师活动	学生活动	设计意图
③探究单摆周期与摆长的关系。 得出结论： 单摆振动的周期与摆球质量无关，在振动幅度较小时与振幅无关，但与摆长有关；摆长越长，周期也越长	演示实验，引导学生观察、分析实验现象。 得出结论： 单摆周期与摆长有关。摆长越长，周期越长；摆长越短，周期越短	观察、思考	
【应用结论，解释问题】 利用等效思想分析单摆运动。	提问： 如果想让秋千摆动快一点，要选择摆线长的还是摆线短的？ 提问： 这两种情况下，谁会摆动得更快？ 分析、渗透等效思想。	期望回答： 摆线短的。由于摆线短周期短，因此摆起来就更快了。 疑惑、思考	采用这些有趣的生活实例，渗透等效的思想，使学生学会运用结论解释问题，加深对新知识的理解，增强课堂趣味性，提高学生运用物理知识解决实际问题的能力。

续上表

教学环节和教学内容	教师活动	学生活动	设计意图
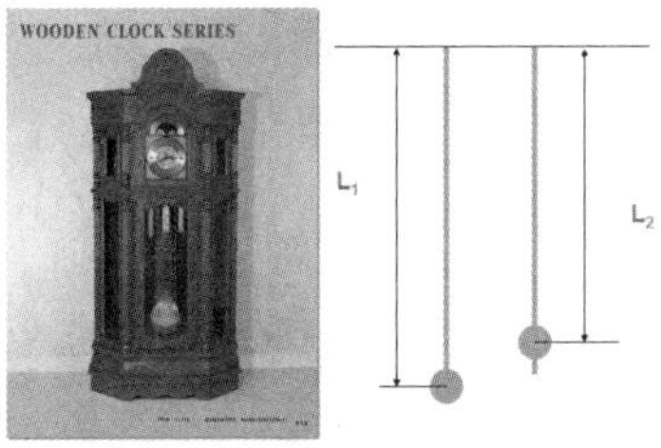	分析、渗透等效思想	恍然大悟	
【学生实验，定量探究】 引入：蛇摆表演 	展示蛇摆表演，引入定量探究环节。	觉得新奇、有趣，学习积极性被调动。	通过有趣的蛇摆表演引入定量探究，在引起学生注意的同时，充分调动了学生的好奇心，使学生更加积极主动地配合老师的教学和进行定量研究，达到了双赢。
探究 ① 介绍实验装置。  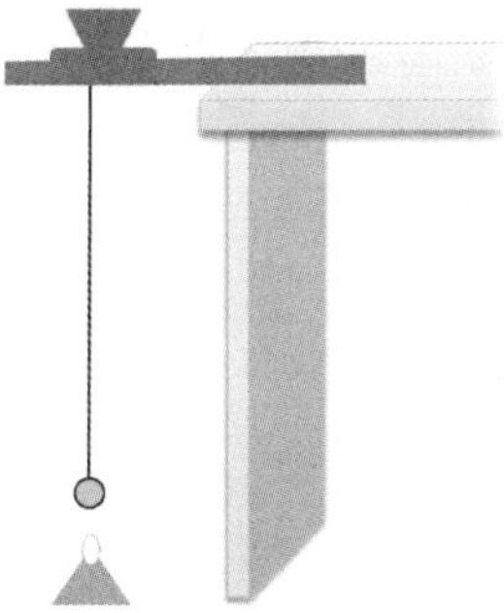	提供实验器材，结合图示讲解具体实验操作。		实验器材生活化，操作简单，体现生活当中处处有物理。

续上表

教学环节和教学内容	教师活动	学生活动	设计意图
②实验操作要点。 摆球的振幅不能太大； 细线上端的悬挂方式； 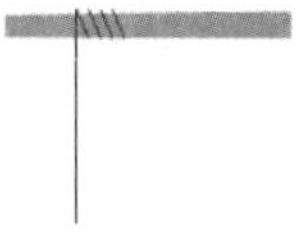 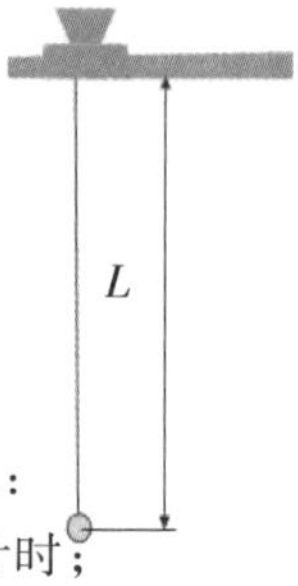 摆长L的测量。 周期测量的要点： A：在平衡位置处计时；  B：多次测量求平均值。 $T=\dfrac{总时间}{往返运动次数}=\dfrac{t}{n}$ ③学生进行实验并记录数据。 	结合图示简要说明实验目的和实验操作要点。 A：当摆球经过平衡位置时，形成像快门一样闪烁的光，从而确定平衡位置。 B：多次测量求平均值减少误差。 检查、指导，提供帮助。	做好记录，为实验探究做充分的准备，尽量减少偶然误差，提高探究效率。 觉得新奇有趣，迫不及待想做实验。 学生之间进行合作与交流，设计表格，进行实验并记录数据。	利用图形的直观性特点，使教学内容更容易被学生接受，深化学生对知识的理解，同时也使教学效率大大提高。 这样的改进既增加了实验的趣味性，又便于学生更准确地定位单摆摆动时的平衡位置。采用多次测量求平均值的方式，大大地降低了偶然误差，进一步提高学生的科学素养，渗透情感态度与价值观教育 ①引导操作，确保实验过程的规范性； ②采用分组的形式，使学生通过交流与合作完成实验探究，培养学生的团队精神。

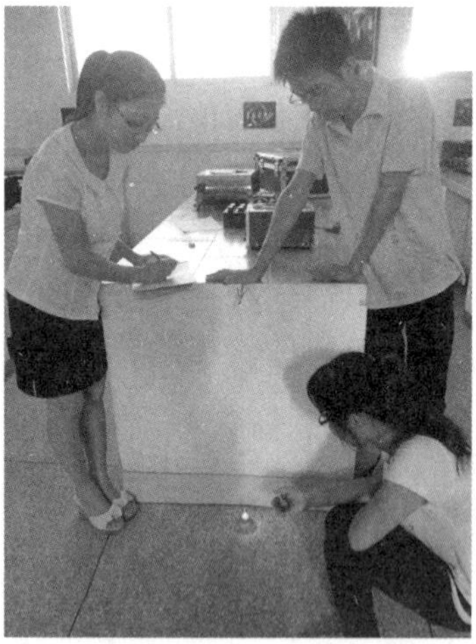

	1	2	3	平均值
总时间 t/s				
往返运动次数				

续上表

教学环节和教学内容	教师活动	学生活动	设计意图
④Excel 数据汇总，寻找线性关系。 *定量研究单摆周期(T)与摆长(l)的关系表格* *T与√l的关系图*	数据汇总，引导学生猜想单摆周期与摆长到底有怎样的关系。	猜想1：$T \propto l$ 猜想2：$T \propto l^2$ 猜想3：$T \propto l^{1/2}$ 猜想4：$T \propto l^{3/2}$ ……	由于周期与摆长的二次方根成正比，这对于学生而言比较抽象，在猜测上存在一定的思维障碍，通过引导学生猜想 $T \propto l$、$T \propto l^2$ 这两种可能，再引导猜想 $T \propto l^{1/2}$、$T \propto l^{3/2}$，最后利用 Excel 软件对数据进行处理，使结果直观明了，让学生在形成实事求是的精神的同时，学会用 excel 软件分析和处理实验数据。
⑤给出公式，结束定量探究。 $T = 2\pi \sqrt{\dfrac{l}{g}}$	总结得出惠更斯研究得出的单摆周期公式。		在实验基础上，总结得出公式，显得更加顺其自然，体现物理学科的实验性质，激发学习兴趣并传达了严谨的物理思维
【知识迁移，引发思考】 应用公式，揭开蛇摆蛇形之谜： $T = 2\pi \sqrt{\dfrac{l}{g}} \Rightarrow l = \dfrac{g}{4\pi^2}T^2$	分析、引导，结合视频动画揭开蛇摆蛇形之谜。	意识到物理的趣味性，想自己去尝试	分析蛇摆的制作原理，一方面起到了前后呼应和释疑的作用；另一方面使学生学会运用公式解决问题，远离枯燥的传统习题，使课堂生动有趣。
课后思考，知识迁移： 单摆周期的公式还可以作何变换，变换之后有什么作用？	布置课后思考	思考、预习	主要考查的是学生学以致用的能力，并为下一课时的学习做好铺垫

十、板书设计

板书如图 2 所示。

$$\S 11.4 \text{ 单摆的周期}$$

一、 影响因素：摆长（l）

二、 实验结论：$T \propto \sqrt{l}$

三、 公式：$T = 2\pi\sqrt{\dfrac{l}{g}}$

图 2　板书设计

十一、创新之处

1. 原创素材新颖，自制教具精美

本节课的教学设计十分合理，循序渐进，符合学生的认知规律。原创素材新颖，自制了双面实验演示仪、蛇摆装置两种教具，精美环保，寓科学性和教育性于整个教学过程中，体现新课标的要求。

（1）自制双面实验演示仪

双面可用，一面是探究单摆周期与质量的关系，另一面是探究单摆周期与振幅、摆长的关系，体现环保理念，给学生渗透环保思想，寓教育性于教学过程中。如图 3 所示。

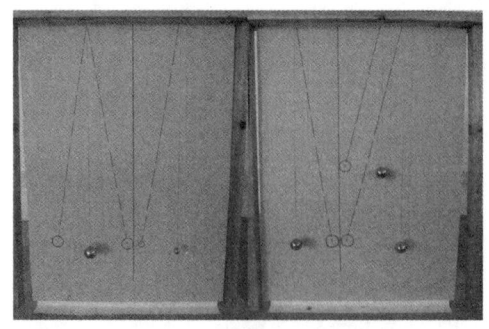

图 3　自制双面实验演示仪

（2）自制蛇摆装置

①提高艺术性，提高课堂活力：蛇形明显，使课堂的艺术性大大提高，在引起学生注意的同时，充分调动学生的兴趣，使枯燥的定量探究有了活力。

②超越传统，远离枯燥：制作蛇摆最基本的原理是单摆周期的计算公式，在课堂的最后，分析如何利用公式制作蛇摆，远离枯燥的传统习题，使课堂生动有趣。

2. 创造性地改进实验装置，使现象明显，增加实验的趣味性

闪灯装置是该教学设计的亮点之一。由于一般的高中学校实验设备并不齐全，要在课堂上用传感器进行学生实验比较困难，而且中学生使用这些设备不够熟练，在操作上需要耗时较多，教学效率不高。

把传统的标注台改成灯，当摆球经过平衡位置时，形成像快门一样闪烁的光，从而确定计时的最佳时刻，如图4所示。这样一来，既提高了课堂的趣味性，学生操作起来得心应手，同时实验现象明显，大大地减少了误差。

图 4　闪灯装置

"流体压强与流速的关系" 教学设计

陈阳阳

【课　　题】流体压强与流速的关系
【教学时间】15 分钟
【教学对象】初中三年级学生
【教　　材】人教版《物理（九年级全一册）》第十四章第四节

一、教学内容分析

1. 教材的地位和作用

本节课是在学习了固体压强、液体压强、大气压强的基础上引入的，既是对大气压强、液体压强的理解和应用，又为学习下一节浮力的认识奠定了基础；而实验探究的科学方法的培养，也为以后物理的学习奠定了基础。虽然内容较为抽象，但本节内容与生活和科学技术联系密切，能使学生保持对自然界的好奇，发展对科学的探索兴趣，从而产生将科学技术应用于日常生活和社会实践的意识，很好地体现了新课程中"从生活走向物理，从物理走向社会"的理念。

2. 新课标要求

通过实验探究，初步了解流体的压强与流速的关系。

3. 教材的编写思路

先使用教材里的"硬币'跳高'比赛"作为导入，引导学生思考气体压强与流速是否有关系，再通过设计往两张自由下垂的纸的中间吹气的实验，让学生在实验探究中亲自感受和体验，通过观察、分析、讨论、总结，最后得出结论。课后用"动手动脑学物理"栏目来提升学生总结的知识，进一步强化，使物理内容与日常生活联系起来。

4. 教材特点

教材在本节设计上有两个特点：第一，注重学生活动，突出实验探究；第二，重视物理知识的应用。

5. 教材处理

人教版教材通过"硬币'跳高'比赛"导入新课,引发猜想,并用往两张纸的中间吹气的实验验证猜想,得出结论。这两个实验都比较简单易行,但实验探究的成分不大,结论的得出过程较为简单。而初三学生学习了二力平衡以及力和压强等知识,可以适当地添加实验现象分析的成分。因此,本节课将采用更为有趣的魔术作为导入,实验探究环节也将采用更直观的实验,能让学生更好地分析实验现象,从而得出结论,使本节内容更具逻辑严谨性和完整性,同时培养学生分析、归纳、总结的逻辑思维能力。

此外,由于教材的"动手动脑学物理"栏目提及了"流体流速越大的位置,压强越小"所造成的现象或应用,因此,我将在课堂中提出一些其他新颖的应用,拓展学生的知识面,使学生学会应用物理知识解决实际问题,体现"从生活走向物理,从物理走向社会"的课程理念。

二、学情分析

1. 学生的兴趣特点

(1)初三的学生的直觉兴趣十分浓厚,但因果认识兴趣有待加强。因此我将采用魔术以及让学生产生思维冲突的实验引起学生注意,激发学生的学习兴趣,同时培养其观察能力和分析思考能力。

(2)初三的学生具有强烈的操作兴趣,他们正值青春年少,敢于探索,希望将自己学习的知识应用到生活中去。因此我采用自制"简易淋浴器"的演示实验,激发学生的操作兴趣,使学生感觉到:物理不仅易学,而且好用!

2. 学生的知识基础

经过之前三个学期的物理学习,学生已具有了一定的物理知识,掌握了一定的学习物理的方法。具体来说,学生们在本章的前三节学习中,已经对压强、液体压强、大气压强有了深入的认识,但对生活中一些常见流体的压强与流速的关系的有关现象并不十分清楚,而这也正是学生感兴趣的地方。

3. 学生的认知困难

初三的学生分析能力较差,缺乏严谨的逻辑思维,因此要采用层层引导、层层递进的方法,引导学生分析现象、总结规律。

三、教学目标

1. 知识与技能

(1)了解流体压强与流速的关系。

(2)了解并能简单解释生活中跟流体的压强与流速相关的现象。

2．过程与方法

（1）通过实例和演示，锻炼学生的观察能力、实验能力，提高学生的猜想与假设的能力。

（2）通过解释生活中跟流体的压强与流速相关的现象，培养学生分析解决实际问题的能力。

3．情感态度与价值观

（1）通过实验探究活动，培养学生科学探究精神，体验解决问题时的喜悦。

（2）通过解释生活中跟流体的压强与流速有关的现象，使学生产生强烈的求知欲，让学生真切地感受到物理的实用性，感受到科学和社会、生活的联系。

四、教学重点

通过实验探究，了解流体的压强与流速的关系。

五、教学难点

通过实验探究活动，从简单物理现象归纳出物理规律。

六、教学策略设计

1．教学组织形式

本节课以问题为主线，采用教师引导、学生探究的教学组织形式，让学生在体验科学探究的过程中，自主获取物理知识。

2．教学方法

（1）演示法。

在本节课导入时采用演示法表演"天女散花"的魔术，通过老师的演示，吸引学生的注意力，活跃课堂气氛，引发他们思考，使学生带着问题走进课堂。

（2）实验探究法。

本节教学设计注重以问题为主线，把主要内容的教学过程变成一种解决问题和科学探究的过程，让学生按照"发现问题，提出猜想—实验探究，收集证据—分析与论证—得出结论"的过程进行探究。

（3）讲授法。

初三学生已经学习了二力平衡的知识，但分析能力较差，缺乏严谨的逻辑思维。

因此，分析实验现象时，适时引导学生从感性认识上升到理性认识。本节课讲授法主要应用于引导学生进行实验的分析论证和在生活中的应用上，以便突出重点、突破难点。在探究的过程中传授必要的受力分析的思想。

3. 学法指导

在教学过程中，以观察、猜想、实验探究、分析论证、归纳总结的形式，锻炼学生的逻辑思维能力，注重培养学生自主获取知识的能力。首先，激发学生的求知欲，重视学生的猜想，同时引导学生去探索、分析和总结，使学生的学习过程本身构成一个解决问题的过程，并且让学生学会从现象分析问题，得出结论的方法和步骤，培养其逻辑思维能力，为以后的物理课学习打下基础。

七、教学用具

多媒体课件、彩纸、软管、玻璃管、小球、针筒、自制 T 型管、压力喷雾器等。

八、教学流程

教学流程如图 1 所示。

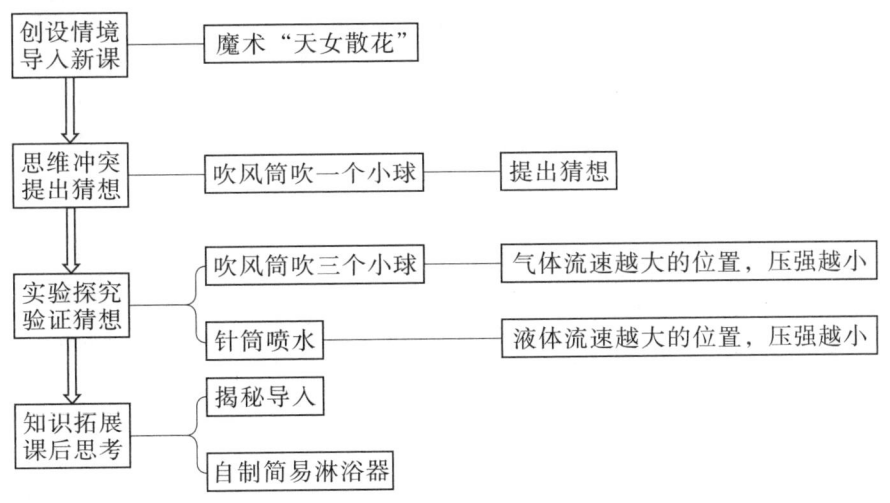

图 1　教学流程图

九、教学过程设计

教学过程设计如表 1 所示。

表 1　教学过程设计

教学环节和教学内容	教师活动	学生活动	设计意图
【创设情境，引入新课】 表演魔术——"天女散花"	提问： 为什么摇动管子上部，彩纸就自下而上地飘出来呢？	（观察、思考、好奇）	利用魔术吸引学生的注意力，让学生体会到物理课堂的趣味性，并通过提出问题，激发学生的求知欲，从而引入新课
【思维冲突，提出猜想】 通过回顾前面两节课的内容，引导学生得出气体和液体的共同点，进而得到流体、流速的定义。	提问： 气体和液体有何共同点？	（回忆、思考） 期望回答： 都有压强，都能够流动。	回顾知识（不流动时流体的压强），引出课题（流动时流体的压强与流速有何关系）。
实验：通过用吹风筒在管口竖直向下吹风，让学生观察到小球不仅没被吹走，而且还往吹风筒所在的管口运动，从而形成思维冲突。	问题： 为什么小球从吹风筒所在的管口跑出来了呢？	（观察、疑惑、思考）	
通过分析打开吹风筒前后，小球左右两个面受到的压强变化，引导学生提出猜想	提问： 气体的压强和流速可能存在什么关系？	期望回答： 气体流速大的位置压强小/气体流速大的位置压强大	实验现象与猜想不符，使学生产生疑惑，再次激发学生的学习欲望

续上表

教学环节和教学内容	教师活动	学生活动	设计意图
【实验探究，验证猜想】 1. 探究气体的压强与流速存在什么关系。 实验1：吹风筒在管口竖直向下吹风，观察三个小球的运动情况有何不同。 实验2：吹风筒在管口竖直向上吹风，观察三个小球的运动情况有何不同。 通过两个实验的对比，分析得出共同点：最靠近吹风筒的小球运动得最快。学生在老师的引导下，分析实验现象，得出气体的压强与流速的关系：对于气体，流速大的位置压强小。 提问学生解释实验1的现象。	提问：吹风筒在左边管口竖直向下吹风，3个小球的运动情况有何不同？ 提问：吹风筒在左边管口竖直向上吹风，3个小球的运动情况有何不同？ 分析实验现象，引导学生验证猜想。 提问：为什么越靠近吹风筒的小球运动得越快？ 提问：为什么小球从吹风筒所在的管口跑出来了呢？	（观察、思考、分析） 期望回答：最上面的小球运动得最快，最下面的小球运动得最慢。 （观察、思考） 期望回答：最下面的小球运动得最快，最上面的小球运动得最慢。 思考、验证猜想、得出结论；利用结论解释实验现象。 期望回答：打开吹风筒，左边的流速变大，小球左面受到的压强变小，因此小球就被压过来了。	通过两个现象直观明显的演示实验的对比，让学生认识到：最靠近吹风筒的小球运动得最快。 引导学生从两个实验分析得出共性，培养学生的归纳能力和语言表达能力。 应用刚得出的结论来解释实验现象，使学生学以致用，同时增加学生学习物理的兴趣。

续上表

教学环节和教学内容	教师活动	学生活动	设计意图
2. 探究液体的压强和流速存在什么关系。在针筒的粗管和细管的地方各扎一个面积一样的小孔，装满水后，推动活塞，让学生观察两个小孔喷出的水柱高度有何不同，从而得出结论：对于液体，流速大的位置压强小。 总结规律：对于流体，流速大的位置压强小	提问1：粗管部分和细管部分的流速哪个大？ 提问2：哪个小孔喷出来的水柱比较高？ 提问3：能不能得出总的结论？	期望回答：细管部分流速大，粗管部分流速小。 期望回答：粗管处的小孔喷出的水柱高，细管处的小孔喷出的水柱低。 期望回答：对于气体和液体，流速大的位置压强小。	通过简单的实验以及老师的提问，让学生直观地看到实验现象，得出结论：对于液体，流速大的位置压强小
【知识拓展，课后思考】 1. 魔术揭秘。 请学生利用本节课学习的知识解释课前的魔术。 2. 课后思考。 展示自制的"简易淋浴器"	演示实验，引导学生观察	利用规律揭秘魔术。 （观察、思考、好奇）	用所学知识解释课前的魔术，一方面，揭开奥秘，起到首尾呼应的作用；另一方面，巩固知识，培养学生学以致用的能力。 利用方便、实用的"简易淋浴器"激发学生的学习兴趣，使他们体会到物理的实用性。并通过课后思考的形式，给学生课后继续学习留下更大的空间

十、板书设计

```
§14.4 流体压强与流速的关系
一、定义
    流体
    流速
二、结论：对于气体和液体，流速越大的位置，压强越小。
三、应用
```

图2　板书设计

十一、创新之处

1. 以问题为线索贯穿整节课

本节课的设计思路是实验—问题—知识，因此实验和问题贯穿本节课始终，从导入到讲解再到应用，都采用物理实验，提出问题，引出知识点。首先表演魔术"天女散花"，提出问题，导入新课；接着以吹风筒在管口吹风使小球往吹风筒所在的管口运动，使学生产生思维冲突，提出问题，引发猜想；再以吹风筒在管口吹风使三个小球运动情况不同引导学生分析实验现象，从而得出气体压强与流速的关系；接着引导学生观察针筒喷水的实验，提出问题，引导学生得出液体压强与流速的关系；最后通过展示自制"简易淋浴器"，引导学生思考其原理。教学环节环环相扣，引人入胜。

2. 自制教具吸引学生兴趣

本节课采用的实验均为自创或创新改进，比较新颖，使学生在获得课本提供的材料之外，还可以接触到更新奇的事物。这样也避免了一些主动预习的学生在预习完课本后再上课，因为觉得老师讲的实验自己已经了解而导致提不起兴趣的情况。这样可以使学生在上课时接触新奇的事物，课后还可以通过预习或复习课本知识了解课本里提供的素材，达到课堂课后双丰收。

本节课所用到的实验器材均能在生活中轻易获得，正如朱正元教授提倡的"坛坛罐罐当仪器，拼拼凑凑做实验"，这样可以让学生体会到，物理就在我们身边。

而本节课的最后自制的"简易淋浴器"，跟在校住宿的中学生的生活息息相关，且制作简单。如果学生有兴趣，完全可以自制一个"简易淋浴器"在校淋浴使用，创新性和实用性非常高，这也是本节课的亮点之一。

"液体的表面张力" 教学设计

李敏儿

【课　　题】液体的表面张力
【教学时间】15 分钟
【教学对象】高中二年级学生
【选用教材】人教版《物理（选修 3 – 3）》第九章第二节

一、教材分析

1. 教材地位和作用

本节课是学习了液体的微观结构后进一步学习液体的重要性质——表面张力，是利用微观上分子间作用力与距离的关系解释宏观现象的综合应用，为继续学习浸润和不浸润以及毛细现象提供学习的方法。运用该知识点解释日常生活中液体表面张力的现象，培养了学生理论联系实际的能力。

2. 新课标要求

通过实验，观察液体的表面张力现象，解释表面张力产生的原因，交流讨论日常生活中表面张力现象的实例。

3. 教材特点

①利用肥皂膜实验的演示，了解液体表面张力的特点；
②利用分子间作用力与距离的关系推导出表面张力的定义。

4. 教材处理

①适当调整教材的编排顺序，通过演示实验直接引入表面张力，并通过微观解释表面张力的产生原因和宏观上的表现给液体的表面张力下定义，然后根据定义来判断分析表面张力的现象，了解表面张力的特点。
②化抽象为具体，利用具体的事例类比解释微观抽象的理论，让学生形象地理解相关现象。

二、学情分析

1. 学生的心理特征

高二的学生初步具备抽象思维的能力，逻辑推导能力有了一定的提高，因果认识兴趣十分浓厚，所以通过实验演示导入，可以激起学生的学习兴趣。

2. 学生的知识基础

学生已系统学习了分子动理论，学习了物质的微观结构，同时他们对生活中的一些有关液体表面张力的现象有了感性认识。

3. 学生的认知困难

由于液体表面张力的知识涉及微观理论，较为抽象，虽然学生已经接触过液体表面张力的现象，但是往往不能解释表面张力是如何产生的，对于利用表面张力的相关知识解释生活现象有一定的难度。

三、教学目标

1. 知识与技能

（1）知道液体表面张力。

（2）了解液体表面张力产生的原因。

（3）利用液体表面张力的知识解释生活中的各种现象。

2. 过程与方法

（1）通过两个人拉手倾倒来类比表面层中微观分子之间的吸引力，了解和掌握类比的方法。

（2）通过现象到原因再到现象，使学生经历从感性到理性再到实践的过程。

3. 情感态度与价值观

（1）通过利用微观理论解释宏观现象，让学生更深刻地了解微观与宏观的联系。

（2）通过利用原有知识引入新知识，培养学生善于学习的意识。

（3）通过利用表面张力解释各种现象，使学生感受到物理与生活联系密切。

四、教学重点

知道液体的表面张力，了解表面张力产生的原因。

五、教学难点

用液体表面张力的特点解释各种相关现象。

六、教学策略

1. 教学组织形式

本节课采用实验现象引入，逻辑推导结论，融合生活现象组织教学，凸显以教师为主导、学生为主体的课堂组织形式。

2. 教学方法

（1）实验法。

首先以小船自动前进的实验，创设情景，制造悬念，提出问题，导入新课；利用水溢出杯口、铁针漂于水面上，引导学生利用液体的表面张力解释分析各种现象；捏水成串实验引导学生了解影响液体表面张力大小的原因。

（2）讲授法。

由于学生对于分子微观知识只有初步认识，所以需要配合教师富有诱导式的讲解，积极引导学生展开思维活动，让学生从感性认识上升至理性认识。在讲授知识的同时，帮助学生学会分析、归纳、总结物理规律，将学过的知识和新知识结合起来，达到突出重难点的目的。

3. 学法指导

在教学过程中，注重学生的学法指导，使学生掌握分析问题的方法。引导学生善于利用旧知识，将微观知识和宏观现象结合起来。

七、教学用具

多媒体课件、容器、水、自制塑料小船、自制易拉罐演示器、视频等。

八、教学流程

教学流程如图1所示。

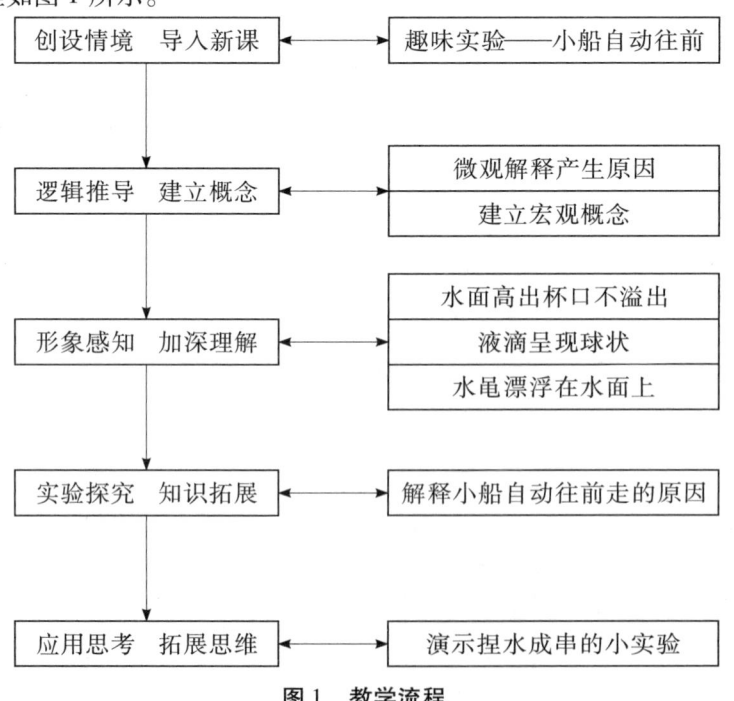

图1　教学流程

九、教学过程设计

教学过程设计如表 1 所示。

表 1　教学过程设计

教学环节和教学内容	教师活动	学生活动	设计意图
【创设情景，导入课题】 演示小船自动往前走的小魔术	提问：小船在水平方向上似乎没有受到外力的作用，可小船怎么会自动往前走呢？	（观察、疑惑、思考、好奇）	利用学生原有知识的不足，设计了有趣的实验，引起悬念，为学生学习创设问题情景，激发学生的学习兴趣
【逻辑推导，建立概念】 通过分析液体的微观结构，介绍表面层的形成，结合分子间相互作用力和距离之间的关系，从微观上了解液体表面张力产生的原因。	引导学生回忆已学知识，分析汽—液的微观结构，由此可以得出液体与气体接触时会产生一层薄薄的表面层。		为体现"以学生为主体、教师为主导"的教学原则，通过一系列有梯度的问题设置，利用所学知识一步一步引导学生推导出结论，因果关系的概括让学生体验到知识间的联系。既复习了旧知识，又加深对新知识的理解和记忆
	提问：在该层中分子相对于液体内部怎么样？ 引导学生复习分子间作用力与距离之间的关系。	期望回答：稀疏。	
	提问：当分子间距离 $r > r_0$ 时，分子间作用力的合力将表现为什么样的力？	期望回答：引力。	
通过类比分析得出液体表面张力具有收缩趋势。	提问：由此可判断表面层中的力将为什么样的力？	期望回答：引力	
定义：液体表面张力是由于液体表面层的分子间存在着吸引力，从而在宏观上产生一个作用于液体表面，使液体表面积趋于最小的力	强调定义中的关键字，使学生更加准确地理解定义		

续上表

教学环节和教学内容	教师活动	学生活动	设计意图
【形象感知，加深理解】 演示：在装满水的茶杯中继续加水，水不会溢出来。 通过类比分析，得出液体表面张力具有收缩趋势。 展示各种水滴的图片，根据数学知识相同体积的物质球体的表面积最小，让学生加深使液体表面积趋于最小的理解。 通过水黾的现象，理解"液膜"的产生。 演示：将铁针轻轻地放在水面上，针不会沉下去	1. 准备一杯已经装满水的杯子，然后再慢慢往里面加水，水不会溢出来。展示事先准备好的图片，引导学生仔细观察液体表面，类比两个人拉手倾倒的图片，形象地类比表面层中微观分子之间的吸引力。 2. 展示各种液滴的图片，讲解液体表面张力使液体表面积趋于最小。 3. 通过水黾的例子讲解液体表面"液膜"的形成。 4. 展示铁针在水面上不会沉下去的图片	（观察、思考、对比、分析、想象、理解）	演示有趣的生活现象，展示各种图片，引导学生观察各种现象，从各个角度加深对于液体表面张力，特别是液体表面层的吸引力，使液体表面积趋于最小及表面张力方向的理解

续上表

教学环节和教学内容	教师活动	学生活动	设计意图
【实验探究，知识拓展】 再次演示小船自动往前走的现象，解释现象背后的原理。 得出不同种类的液体的表面张力不同。	揭示小船自动走的原因，经过分析说明影响液体表面张力的因素有液体种类	（观察、思考、释疑）	揭示导入的现象背后的原理，一方面起到前后呼应的作用，另一方面拓展知识——液体表面张力大小与液体的种类有关
【知识应用，拓展思维】 演示：捏水成串。 让学生课后思考实验现象产生的原因，并让学生利用一些简单的材料制作实验器材	用自制的易拉罐演示捏水成串的实验。 让学生课后思考实验现象的解释并启发他们要善于利用生活中的简单材料制作实验器材，发现生活中的物理现象	（思考，好奇，对知识的应用感兴趣）	让学生应用所学知识解决问题，自主获得知识，启发学生善于利用生活中的简易器材加深对物理知识的理解

十、板书设计

板书如图 1 所示。

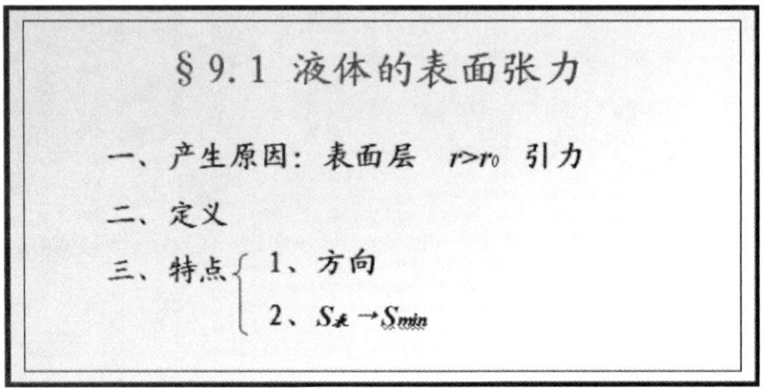

> §9.1 液体的表面张力
>
> 一、产生原因：表面层 $r>r_0$ 引力
>
> 二、定义
>
> 三、特点 { 1. 方向
> 　　　　　 2. $S_{表} \to S_{min}$

图 1　板书设计

十一、创新之处

1. 合理安排教学内容

本节课的设计特色是对教材内容进行重新安排：通过小船自动往前走的趣味实验创设情景，导入新课；通过对液体表面张力产生原因的细致分析，推导出表面张力的定义；通过生活中具体形象的例子加深学生对知识的理解；对小船自动往前走的现象进行揭秘，拓展知识；最后引导学生应用所学知识解释捏水成串实验，拓展学生的的思维。

2. 通过形象的类比，化抽象为具体

本节课涉及的微观理论较为抽象，学生往往难以在一时之间掌握，所以在讲解微观分子间的作用力效果时通过形象恰当的例子进行类比，用两个人手拉手倾而不倒的例子使学生更好地了解表面层中分子互相吸引使液面紧绷弯曲，有助于学生更好地理解抽象的概念。

3. 演示器材简单环保

本节课采用自制的实验器材演示液体表面张力的现象，取材方便，制作简单，现象明显。这些实验不仅可以使学生了解表面张力，还可以使学生更好地感受到物理与生活的密切联系，培养他们善于发现生活中的物理现象，感受物理的魅力！

"楞次定律"教学设计

吴逸虹

【课　　题】楞次定律
【教学时间】45 分钟
【教学对象】高中二年级理科生
【教　　材】人教版高中《物理（选修 3-2）》第四章第三节第一个课时

一、教学内容分析

1. 教材的地位和作用

"楞次定律"是高中物理中理解难度和教学难度都比较大的一节课，是在初中磁场知识和对电磁感应简单认识的基础上，进一步深入研究磁生电的规律。电磁感应在生活中应用极为广泛，楞次定律是电磁感应的基础知识，是本章重点之一；楞次定律涉及因素多，规律隐蔽，抽象性和概括性强，学生理解起来比较困难，是本章的一大难点；其既基于电磁感应的产生条件，又为下面研究电磁感应定律做铺垫，也是为后续分析交变电流的产生过程做必要的准备，起到了联系前后知识的纽带作用。

2. 新课标要求

新课程标准对本节课的要求是：通过探究，理解楞次定律。

3. 教材的内容安排

该部分内容在教材中是以实验探究的形式出现的，分为三个部分来进行：首先通过实验探究总结归纳得出楞次定律；接着通过习题讲解楞次定律的应用思路，即应用楞次定律判断感应电流的方向；最后是介绍右手定则来判断闭合导体的一部分切割磁感线运动时感应电流方向的方法。

4. 教材的特点

教材编写以问题与解决问题为纽带，以实验事实为基础，使学生通过理论分析总结规律，从感性认识上升到理性认识。

5. 对教材的处理

教材中采用探究感应电流的产生条件的实验，即将线圈接到电流计上，通过观察指针偏转来判断感应电流的方向。这个实验较为枯燥，而且学生还需要弄清楚线圈导线的绕向、电流的方向、指针摆动的方向与电流表的红黑接线柱的关系。这些关系复杂，对学生理清思路会造成干扰。为此，我将电流计改为用并联的发光二极管来表示两个相反方向的电流，使现象直观明显，学生很容易就能判断感应电流的方向；在学生难以找到原磁场方向与磁通量变化和感应电流方向的关系时，抓住机会因势利导，引入一个"中介"——感应电流的磁场，转换思路，进一步找出了"阻碍变化"的规律，得出了楞次定律。为了加深学生对定律的理解，我以有趣的实验演示让学生感知"阻碍变化"，为学生提供感性材料，有助于学生深刻记忆知识，并且应用"三步走"的方式，层层递进讲解楞次定律的应用思路。整个教学思路清晰连贯，遵循学生的认知规律，环环相扣，由感性认识上升到理性认识。

二、教学重点

通过实验探究，得出并理解楞次定律。

三、教学难点

理解楞次定律中"阻碍变化"的含义。

四、学生学情分析

1. 学生的心理特征

高二的理科生处于形象思维与理性思维的过渡阶段，理性思维逐渐占主导地位，但好奇心强仍是其心理特征之一，对事物充满探究的欲望，热切希望究其本质，喜欢探究，因果认识兴趣浓厚，分析问题的能力有所提升；学生已具备一定的抽象思维能力以及探索分析概括能力，观察能力和想象力迅速发展，思维目的明确，对物理现象已有一定的认知。

2. 学生的知识基础

在本节内容学习中，学生已具有一定的空间立体思维基础，简单了解磁场性质及电磁感应规律，掌握安培定则及感应电流的产生条件。

3. 学生的认知困难

高二学生对物理知识的理解、判断、分析、推理还具有一定的主观性、片面性和表面性，因果认知和概括能力具有一定局限性。而本节课是从"静态场"到"动态场"的一大飞跃，楞次定律又是高度概括，且理解好"阻碍变化"的含义是掌握楞次定律的关键，学生往往难以理解或者错误理解其含义，造成对楞次定律的掌握不牢固。

五、教学目标

1. 知识与技能
（1）通过实验，探究感应电流方向的一般规律；
（2）理解楞次定律的内容，能运用楞次定律判断感应电流方向；
（3）通过实验探究，培养学生分析、归纳、概括及表述的能力。
2. 过程与方法
（1）亲自体验楞次定律的实验探究过程，学习用实验手段研究物理问题和解释物理现象的科学方法；
（2）在建立规律的过程中，学会对比、抽象、概括的思维方法。
3. 情感态度与价值观
（1）通过楞次定律的实验探究过程，培养发散思维和树立实践第一的观点；
（2）通过实验探究，激发学生学习科学知识的兴趣，培养学生实事求是、不怕困难的科学态度和追求真理的精神。

六、教学方法

1. 教法
（1）演示法。

课前以自制教具——神奇的秋千摆实验演示导入，让学生初步体验物理的乐趣，激发学习本节课程的兴趣，对知识先有一个感性的认识，带着疑问进入课堂学习，注意力集中，学习目的明确，从而达到更好的教学效果；以有趣的动态小船实验演示让学生感知"阻碍变化"的规律。

（2）实验法。

通过实验探究磁场方向和磁通量变化与感应电流之间的关系，改进教材实验装置，运用两个并联的发光二极表示两个相反方向的电流，代替灵敏电流计，既使现象明显直观，又活跃课堂氛围，激发学生的求知欲；让学生经历科学探究过程，掌握科学研究方法，从而突出重点，突破难点，达到教学的三维目标。

（3）讲授法。

通过对实验现象的分析、比较、引导、启发学生，在步步深入的过程中引入中介，建立联系，进而归纳出感应电流的方向应遵循的一般规律，即楞次定律。楞次定律的表述简明扼要，高度概括，学生初学时难以正确理解它的含义，结合动态小船实验，通过讲授法给学生进一步讲解楞次定律的内容，正确理解"阻碍变化"的含义，突出重点，突破难点，发挥教师主导作用。

2. 学法

注重引导学生联系新旧知识，形成连贯的知识体系，集中精神观察教师演示实验，形成发散的思维方式。在教师的指引下，学生在课堂上"动"起来，观察实验现象，思考分析原理，对比归纳得出结论，在主动获取知识的过程中，领会物理学的研究方法，受到科学思维方法训练以及协作精神、探索精神等情感态度价值观教育，突出学生主体地位。

七、教学用具

多媒体课件、自制秋千摆、自制感应电流方向实验 LED 电路板、自制铝环小船实验教具、磁铁、线圈、弹簧、支架和条形磁铁磁场分布展示板等。

八、教学流程

教学流程如图 1 所示。

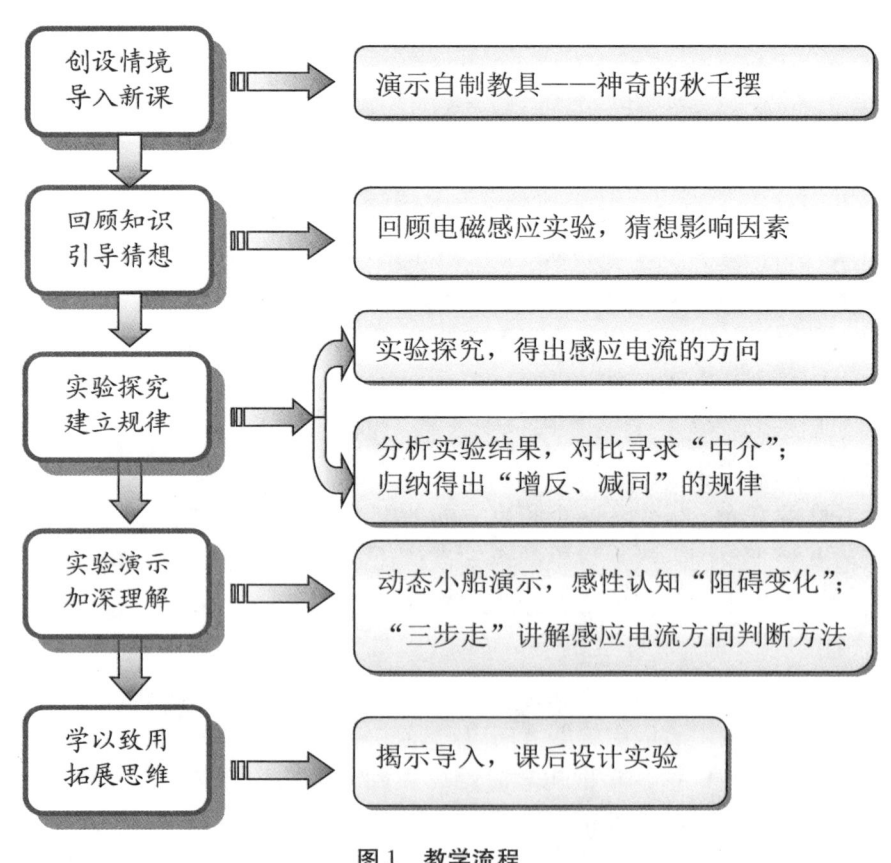

图 1　教学流程

九、教学过程设计

教学过程设计如表 1 所示。

表 1　教学过程设计

教学环节和教学内容	教师活动	学生活动	设计意图
【创设情景，导入新课】（4分钟） 使小盒子在秋千下面来回运动，不需要任何的触碰，秋千就能够荡起来 揭秘：小盒子——磁铁 　　　秋千——线圈	提出疑问： 为什么闭合线圈会跟着磁铁前后摆动？	（疑惑、思考，迫不及待想知道答案）	①有趣的隔空制动的秋千摆进入课堂，引发学生思考，使学生注意力集中，学习目的明确； ②紧扣课题，为学习新知识做好充分的准备
【回顾知识，引导猜想】（4分钟） 实验回顾： 回顾探究感应电流产生条件的实验： （1）N极和S极分别插入线圈，指针偏转方向不同； （2）由磁通量增加或减少，指针偏转方向不同，引导学生猜想影响感应电流方向的两个因素： ①磁场的方向；②磁通量变化。	提问： 同学们觉得是什么因素在影响感应电流的方向？	思考、分析、猜想 期望回答： 磁场方向； 磁通量变化。	复习相关知识，为实验探究做好准备。 结合直观的实验演示，观察电流表指针偏转方向，进行猜想，使猜想有据可依。

续上表

教学环节和教学内容	教师活动	学生活动	设计意图
【实验探究，建立规律】（22分钟） 1. 介绍实验装置。 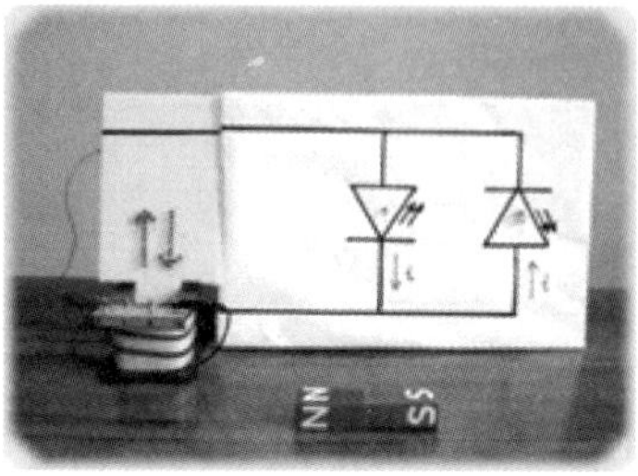 二极管单向导通，用于表示两个相反方向的电流。磁场是抽象的，不能直接观察，设计两个相反方向的发光箭头表示相应电流的线圈中磁场的方向。	演示实验，引导学生观察、分析实验现象。	认真了解实验装置，为下面进行实验做充足的准备	引导学生进行实验，注重培养学生分析问题、解决问题的能力。
2. 进行实验，收集证据。 通过实验观察，以下四种情况是红绿灯的发光情况： ①N极插入线圈。 ②N极拔出线圈。 ③S极插入线圈。 ④S极拔出线圈。 在图中记录感应电流的方向： 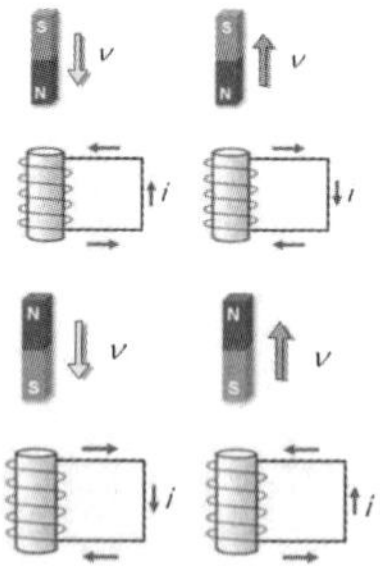 （线圈周围箭头表示感应电流的方向）	提问： 哪个灯亮了？ 提问： 感应电流方向是顺时针还是逆时针？	边观察边思考回答 期望回答： ①绿灯。 ②红灯。 ③红灯。 ④绿灯。 期望回答： ①逆时针 ②顺时针 ③顺时针 ④逆时针	设计创新之处：对教材实验装置进行改进，采用自制感应电流方向实验LED电路板，使现象直观明了，便于观察、记录，同时也活跃课堂气氛，为学生进行思维加工、建立规律提供感性材料。
3. 比较分析，寻找规律。 磁场方向以及磁通量变化的两个因素都与感应电流的方向不能直接对应，找不到普遍适用的规律。		对比、分析，难以找到普适的规律。	

续上表

教学环节和教学内容	教师活动	学生活动	设计意图
（1）引发思考：同类物理量间的关系可能更容易找到规律，回顾奥斯特实验，通电螺线周围会激发磁场。 （2）引入中介：感应电流的磁场。	提问： 电流通过线圈时，会激发什么？ 将磁铁N极和S极分别插入、拔出线圈。	期望回答： 磁场。 观察箭头的发光情况来判断感应电流磁场的方向，与原磁场方向进行对比。	设计创新之处： 磁场是抽象的，不能直接观察，巧妙地用两个箭头表示线圈中感应电流磁场的方向，使对比更直接、容易观察
（3）转换思路：探究感应电流方向的规律。 判断原磁场方向与感应电流磁场方向的关系。 将两磁场方向标在图中： （4）得出结论："增反、减同"。	提问：当原磁通量增加时，原磁场方向与感应电流磁场的方向相同还是相反？	期望回答： 相反。	
4.实验结论：楞次定律。 "感应电流具有这样的方向，即感应电流的磁场总要阻碍引起感应电流的磁通量的变化。" 定律中的关键词："阻碍""变化"	提问： 当原磁通量减少时，原磁场方向与感应电流磁场的方向相同还是相反？ 提问： 应该怎么理解"阻碍变化"？	期望回答： 相同。 找到规律，豁然开朗 思考"阻碍变化"的含义	

续上表

教学环节和教学内容	教师活动	学生活动	设计意图
【实验演示,加深理解】(12分钟) 有趣的小船实验: 帮助理解"阻碍变化"的含义。 分析小船实验: 磁铁靠近铝环,原磁场与感应电流磁场的方向相反,同极相斥,斥力让小船离开。 结论:"反抗增加"→"阻碍变化" 磁铁离开铝环,原磁场与感应电流磁场的方向相同,异极相吸,吸力让小船跟上。 结论:"补偿减少"→"阻碍变化"	实验演示:铝环与磁铁不能相吸。 ①将磁铁靠近铝环,提问:小船怎么运动? ②将磁铁远离铝环,提问:小船又如何运动? 提问: 磁通量增加,"增则反",感应电流磁场的方向要与原磁场的方向相同还是相反? 提问: 磁通量减少,"减则同",感应电流磁场的方向要与原磁场的方向相同还是相反?	觉得新奇有趣,学习积极性被调动 期望回答: 远离磁铁的方向运动。 期望回答: 向靠近磁铁的方向运动。 期望回答: 相反。 期望回答: 相同。	设计创新之处:采用有趣的动态实验,直观形象,使学生感性认识,学会运用结论解释问题,加深对新知识的理解,增强课堂的趣味性和艺术性,提高学生运用物理知识解决问题的能力。 设计环环相扣的问题步步诱导,并结合动画讲解,形象直观,方便学生理清思路。

续上表

教学环节和教学内容	教师活动	学生活动	设计意图
随堂小测试： 操作：普通的铁块和磁铁同时从倾斜的铝板下滑。 现象：普通的铁很快落下，磁铁缓慢下滑。	提问： 为什么磁铁在铝板上缓慢下滑？ 如何应用楞次定律阻碍的作用来解释？	（观察实验现象，并思考） 期望回答： 受到阻碍。 思考、讨论，交流想法。	及时练习才能及时反馈，设计落磁动态实验使学生进一步感知"阻碍"，并及时应用新学知识解释实验现象，达到及时巩固知识的目的。
楞次定律的应用： 应用思路——"三步走" "三步走"：原磁场的方向 　　　　　　磁通量的变化 楞次定律　感应电流磁场方向 安培定则　判断感应电流方向	以层层递进的方式讲解应用思路	思路清晰、茅塞顿开	层层递进的讲解方式构建直观的知识流程图，使学生思路清晰，自然而然突破了本节课的教学难点
【知识迁移，扩展思维】（3分钟） 1. 揭秘导入，巩固知识。 感应电流磁场与原磁场之间的相互作用力使秋千荡起来；利用楞次定律的应用思路判断线圈中感应电流的方向。	提问： 要判断感应电流的方向，根据什么定则？ 提问： 磁场方向？ 磁通量变化情况？ 提问：根据楞次定律，如何感应电流磁场的方向？	期望回答：安培定则。 （右手螺旋法则）。 期望回答： 向左。 期望回答： 增加。 期望回答： 向右。	揭秘导入，首尾呼应，学生自己解释奥秘，收获成功的喜悦，并巩固所学知识。将所学知识应用到问题当中，使学生"不仅学会物理，而且会用物理"。

续上表

教学环节和教学内容	教师活动	学生活动	设计意图
2. 趣味实验，课后练习：会动的磁铁。 学生课后运用本节知识解释磁铁振动现象，并设计出新的"隔空制动"的物理小实验	演示实验	好奇、思考，回顾本节知识	以趣味实验结束课堂，引发学生课后继续思考，从而巩固所学知识； 课后实践培养了学生的创新思维能力，提高学生动手能力，符合新课标的要求，实现教学三维目标

十、板书设计

板书设计如图 2 所示。

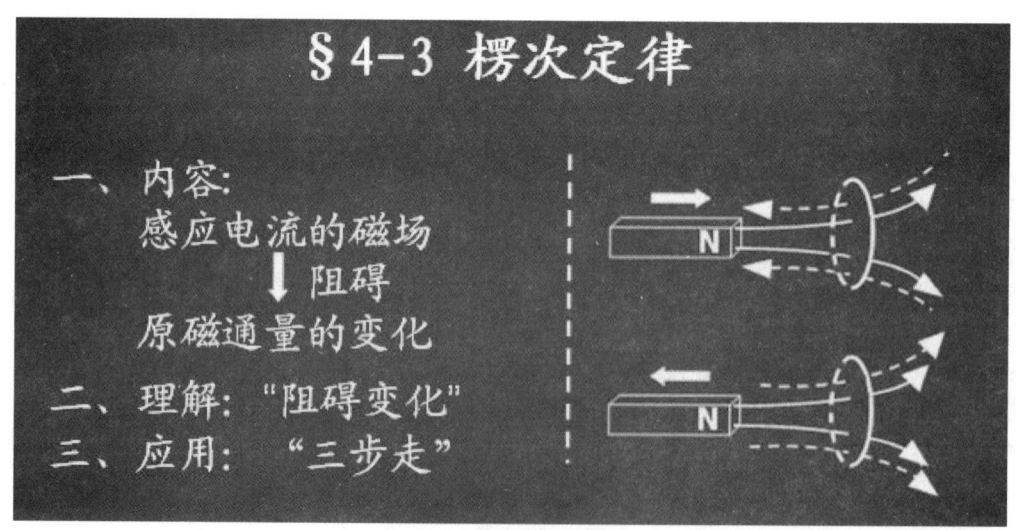

图 2　板书设计

十一、创新之处

1. 原创素材新颖，自制教具精美

本节课的教学设计科学合理，循序渐进，遵循学生的认知规律。原创素材新颖，所用教具都是自制的，具有现象直观明显的特点。本节课教学过程寓科学性和教育性于一体，体现新课标的要求。

（1）自制秋千摆装置。

秋千由闭合线圈做成，美观生动，增加物理课堂的趣味性和艺术性，提高课堂活力，调动学生的兴趣。打破定向思维，利用磁铁，不需要碰到秋千就能让秋千荡起来，其制作原理是楞次定律"增反减同"的规律，既用于课堂导入，又用于巩固知识，远离枯燥的传统习题，使课堂生动有趣。如图3所示。

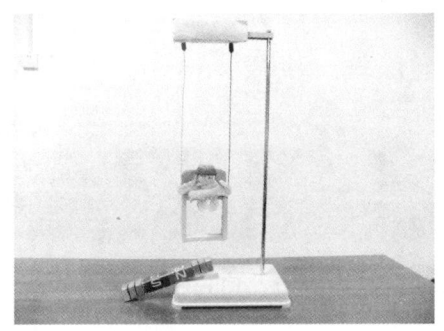

图3　自制秋千

（2）自制铝环小船演示教具。

磁铁在线圈中运动时产生的感应电流属于微电流，所以感应电流的磁场与原磁场的相互作用力也较小，而船在水上运动摩擦力极小，很小的力就能让其动起来，利用这一放大原理，将铝环置于泡沫小船上，动态效果极好又充满趣味性，方便学生感性认知，进而帮助理解知识难点，体现了以教师为主导、学生为主体的教学理念。如图4所示。

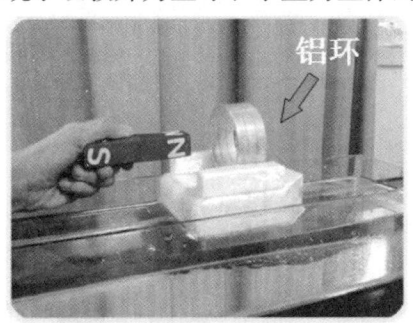

图4　自制铝环小船

2. 创造性地改进实验装置，使现象明显，增加实验的趣味性

自制感应电流方向实验 LED 电路板是该教学设计的亮点之一。由于一般的高中学校实验设备并不齐全，要在课堂上用灵敏电流计进行学生实验比较困难，而且中学生使用这些设备不够熟练，在操作上需要耗时较多，教学效率不高。

把传统的电流计改成两个颜色不同的发光二极管，表示两个不同方向的电流，由 LED 的发光情况就能直观地判断感应电流的方向，并且设计了两个箭头来表示相应的线圈中磁场的方向，将抽象的磁场形象直观化。教具设计实用性强、效率高，把科学性和教育性有机结合，既提高了课堂的趣味性，同时实验现象明显，大大地提高了课堂效率。如图 5 所示。

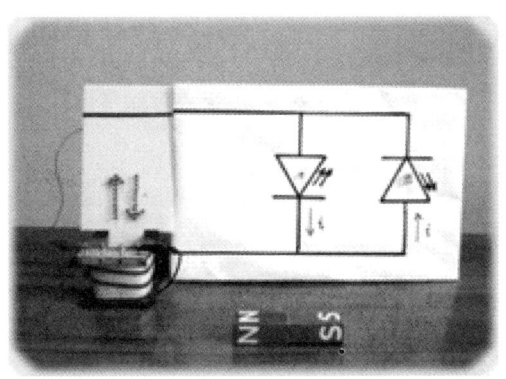

图 5　自制 LED 电路板

"动量守恒定律" 教学设计

李晓茵

【课   题】动量守恒定律
【教学时间】45 分钟
【教学对象】高中二年级学生
【教   材】人教版《物理（选修 3 - 5）》第十六章第三节

一、教学内容分析

1. 教材的地位和作用

"动量守恒定律"是对探究碰撞中的不变量实验课堂的延伸，为学生接下来学习碰撞、反冲等内容打下基础，因此它起到一个承前启后的作用。动量守恒定律不仅是本章的核心内容，也是整个高中物理的重点内容。它作为物理学中三大守恒定律之一，比牛顿运动定律更具普适性，不仅适用于宏观物体，也同样适用于微观系统。而理解动量守恒定律，对今后综合处理物理问题以及学习新的物理知识都是至关重要的。本节课的学习，有助于学生对生活现象更全面地分析，加深对自然界和谐与统一的思想渗透。

2. 新课标要求

通过实验，理解动量守恒定律，能用动量定律定量分析一维碰撞问题。

3. 教材的特点

教材注重通过牛顿运动定律等理论知识，分析推导得出动量守恒定律，强调守恒定律的应用理解。

4. 对教材的处理

为了克服本节内容理论性过强，我将结合实验探究，使学生在具有感性认知的基础上得出定律内容。我首先演示一个有趣的碰撞球实验，轨道上每次弹出的桌球数与撞击的球数都相等，新奇的现象使学生对碰撞过程中是否存在着守恒量提出猜想，激发学习兴趣；再通过理论与实验相结合的逻辑推导与实验验证，得到了定律的内容，运用定律分析自制针筒小船走与不走的现象，加深学生的理解；最后做"超球"实验，当我们将乒乓球放在桌球的上方，使它们保持对心下落，乒乓球就会被高高地弹起，这与学生的生活经验相悖的实验结果引起了学生的思维冲突，激发了他们课后探究真相的兴趣。这里实验简单有趣，现象直观明显，既有利于教师教，又有助于学生学。

二、学生学情分析

1. 学生的心理特征

本节课的教学对象是高二理科生，他们的学习兴趣体现在对物理现象的因果认识兴趣上，对事物的认知不止停留在表象上，而更加关心的是现象背后的本质原因；也具备比较系统的观察探究能力；喜欢将所学物理规律应用到对生活现象的分析解释上。

2. 学生的知识基础

学生在学习本节课之前已经学习了探究碰撞中的不变量，对动量守恒存在着一定的感性认知；也学习了动量的概念与动量定理，为本节课学习动量守恒定律打下了基础。

3. 学生的认知困难

以往学生探究物理规律的对象通常是一个物体，对于系统的分析比较生疏，这会造成学生难以把握系统的守恒条件，从而形成一定的认知困难。

三、教学目标

1. 知识与技能

（1）在了解系统、内力和外力的基础上，认识和理解动量守恒定律。

（2）会运用动量守恒定律解决生产、生活中的简单问题。

2. 过程与方法

（1）通过观察实验，理论推导分析，进而得出动量守恒定律的内容。

（2）通过实际运用定律内容解释问题，培养学生将所学知识运用到生活中的能力。

3. 情感态度与价值观

通过自主探究，总结定律，使学生在过程中获得成就感，亲身体验探究自然规律的过程，感受自然界的和谐与统一。

四、教学重点

掌握动量守恒定律的内容以及守恒的条件。

五、教学难点

理解动量守恒定律的理论推导过程。

六、教学方法

1. 教法

（1）实验法。

实验是本节课知识的载体，因此实验法在本节课有着举足轻重的作用。演示碰撞球实验，可使学生对守恒量具有感性的认知，获得了解现象本质的兴趣。而自制测量装置，得出物体相互作用前后系统总动量的关系，并对实验数据进行分析验证定律，突出本节课的教学重点。课堂中针筒小船的对比演示实验，使学生在真实、有意义的情境中应用动量守恒定律，加深了对定律的理解。最后的"超球"实验，引起了学生的思维冲突，激发他们课后探究真相的兴趣。

（2）讲解法。

本节课将通过对观察对象的理论推导分析，得出动量守恒定律的内容。深入浅出的推导过程，环环相扣，层层递进，使学生在严密紧凑的推导过程中感受到物理规律的逻辑性，体现以教师为主导的教学理念。

2. 学法

教师培养学生观察、分析、探究的能力，将对学生的实验技能训练与科学探究过程有机地结合起来，使他们从实验中掌握科学研究方法。学生从直观现象中体会学习的乐趣，加强对发散思维的训练；经历探究过程，从中形成良好的探究精神和科学素养。

七、教学用具

多媒体课件、桌球、自制测量装置、自制针筒小船、乒乓球。

八、教学流程

教学流程如图 1 所示。

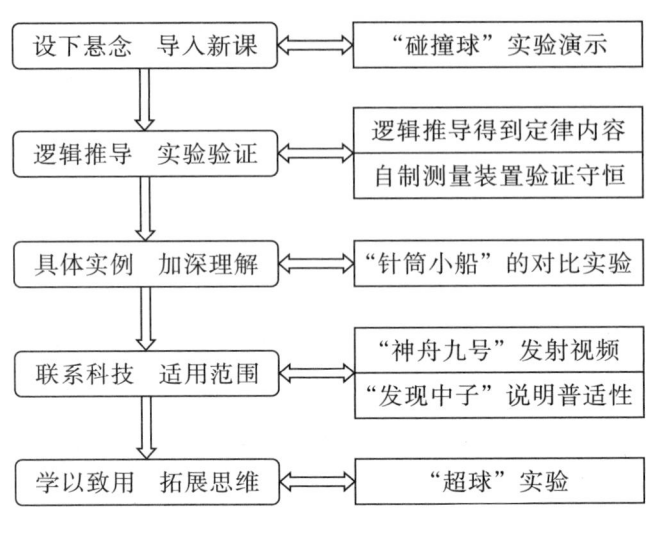

图 1 教学流程

九、教学过程设计

教学过程设计如表1所示。

表 1 教学过程设计

教学环节和教学内容	教师活动	学生活动	设计意图
【设下悬念，导入新课】（5分钟）"碰撞球"实验 十颗质量相等的桌球平放在轨道上	分别用一颗桌球与三颗桌球去碰撞剩余的桌球，弹出的球数等于碰撞的球数。 提问：如果用六颗桌球去碰撞四颗，这次会有多少颗球弹出呢？ 通过演示使学生发现，弹出的球数为六颗	（好奇、疑惑、思考） 期望回答： 六颗？ 四颗？ 猜想： 碰撞前后会不会有什么物理量保持不变？	通过这个有趣的实验设下悬念，既吸引学生的注意，又激发学生的学习兴趣。 现象直观明显，弹开的球数与碰撞的球数相等，使学生对碰撞过程中的"守恒量"形成感性的认知

续上表

教学环节和教学内容	教师活动	学生活动	设计意图
【逻辑推导，实验验证】（20分钟） $F_2 \leftarrow \bigcirc\bigcirc \rightarrow F_1$ 动量定理 $F_1t = m_1v_1 - m_1v_{10}$　$F_2t = m_2v_2 - m_2v_{20}$ ⇩ 牛顿第三定律 $F_1 = -F_2$ ⇩ 动量守恒定律 $p_0 = p$ 1. 实验验证。 	以两个小球为系统，结合动量定理与牛顿第三定律，推导出动量守恒定律。 1. 介绍实验装置。	（听课、思考、分析） （观察、思考）	理论具有抽象的特点，结合问题的分析进行讲解。运用逻辑推导的方式，步步引导，层层递进，使学生在原有的基础上总结归纳出动量守恒定律的内容，充分体现了教师的主导性，突出本节课的教学重点。 基于一般验证动量守恒的实验器材是气垫导轨小车，这在一般课堂中是难以实验的。本节课的理论抽象性也比较强，而实验则比理论更加感性直观。我通过自制测量装置，让学生可以直接观察，对动量守恒具有形象感知。而且实验器材简易方便，有利于学生进行课堂实验。

217

续上表

教学环节和教学内容	教师活动	学生活动	设计意图
(1) 小铁片将两小球弹开的力： $F_1 = -F_2$ (2) 小球被弹开后做平抛运动： $x = v\sqrt{\dfrac{2h}{g}}$ 两球水平方向位移的比例关系与被弹开后速度的关系相对应： $x_1 : x_2 = v_1 : v_2$ 左边 | 右边 m_1 | v_1 | m_2 | v_2 m | v | m | $-v$ m | v | $2m$ | $-\dfrac{1}{2}v$ m_1 | x_1(cm) | m_2 | x_2(cm) m | 15.3 | m | 15.1 m | 12.4 | $2m$ | 6.1	2. 指导学生完成数据的测量工作。 3. 将学生测得的数据记录到表格中，分析数据。	学生分组完成实验。	
2. 动量守恒定律：如果一个系统不受外力，或者所受外力的矢量和为零，这个系统的总动量保持不变。 守恒条件： (1) $\sum F_{外} = 0$（理想情况）。 (2) $F_{内} \gg F_{外}$（忽略外力）。	4. 得出结论：外力矢量和为零的小球系统，始末动量是保持不变的。 引导学生总结得出定律内容，并通过对碰撞问题的分析引出守恒的条件。	科学探究： 进行实验→ 交流讨论→ 分析总结。	
用三颗球碰撞 | 碰撞前 | 碰撞后 动量 | $3mv$ | $3mv$ 机械能 | $\dfrac{1}{2}(3m)v^2$ | $\dfrac{1}{2}(3m)v^2$	运用机械能守恒定律与动量守恒定律，解释课前碰撞球实验的原理		用所学知识解释课前实验，一方面，揭开奥秘，起到首尾呼应的作用；另一方面，巩固知识，培养学生学以致用的能力

续上表

教学环节和教学内容	教师活动	学生活动	设计意图
【具体实验，加深理解】 "针筒小船"实验 针筒射出的水打到小船以外，小船在水槽中能自动向前走 针筒射出的水打到小船的尾板上，小船在水槽中没有向前走	演示小船在水槽中自动向前走与不走的对比现象。 引导学生对两次实验中的小船进行受力分析，得到守恒条件，从而揭开小船走与不走的原因	（惊奇、疑惑、思考） 通过运用定律内容，解释了现象的原因，体会获得成功的乐趣	使学生在真实、有意义的情境中应用到动量守恒定律，加深了对定律的理解，同时培养学生分析、解决问题的逻辑思维能力
【联系科技，适用范围】 1. "神九发射升空"的视频。 2. "中子的发现"历程。	1. 播放"神九发射升空"的视频。 2. 介绍"中子的发现"历程。 通过以上两个环节，引出动量守恒定律的普适性	重温神"九发"射升空，提高对祖国的荣誉感，自豪感 从中子的发现历程中感受到物理知识的重要作用，了解定律的普适性	通过介绍火箭与中子两种对比明显的宏观物体与微观粒子在作用过程中都遵循动量守恒定律，使学生了解到动量守恒定律的普适性。而微观粒子是学生接下来的学习中将要接触的学习对象，揭示定律的普适性，为学生的学习做好铺垫

续上表

教学环节和教学内容	教师活动	学生活动	设计意图
【学以致用，拓展思维】 "超球"实验 	演示乒乓球在一般情况下的反弹高度。 将乒乓球放在桌球上方并保证两球对心下落，乒乓球会被高高弹起的现象	（观察、好奇） 引发思维冲突 课后查阅资料，解释现象成因	学生通过查阅资料解释问题，加深对新知识的理解，增强课堂趣味性，提高学生运用物理知识解决实际问题的能力

十、板书设计

板书设计如图 2 所示。

16.3 动量守恒定律

一、系统　内力和外力
二、动量守恒定律
　　1. 内容：如果一个系统不受外力，或者所受外力的矢量和为零，这个系统的总动量保持不变。
　　2. 条件：（1）$\sum F_{外}=0$（理想情况）
　　　　　　（2）$F_{内} \gg F_{外}$（忽略外力）
　　3. 条件：（1）区分内力和外力
　　　　　　（2）在总量一定的情况下，每个物体的动量可以发生恒大的变化
三、动量守恒定律的普适性

图 2　板书设计

十一、创新之处

1. 合理安排教学内容

本节课教材的特点是注重理论的推导得出动量守恒定律，强调守恒定律的应用理解。为了解决本节内容理论性过强的问题，我将结合实验探究，使学生在具有感性认

知的基础上得出定律。

2. 逻辑推导过程细致严谨

针对本节课的特点，采用递进式的讲解，通过设置一个个启发性的问题，引导学生一步一步推导出动量守恒定律的内容，过程细致严谨，充分地展现了物理的逻辑性，虽不同于一般高中的直观教学方法，但是推导合理，符合高二学生的思维特点，培养了学生的逻辑推导能力。

3. 演示器材简单环保

本节课采用身边的物品自制课堂教具，取材方便，制作简单，现象明显。这些实验不仅可以使学生对定律内容获得形象的感知，还可以使学生更好地感受到物理与生活的密切联系，培养他们善于发现生活中物理现象的能力，感受物理的魅力！

"涡流、电磁阻尼和电磁驱动"教学设计

何文婷

【课　　题】涡流、电磁阻尼和电磁驱动
【教学时间】45 分钟
【教学对象】高中二年级理科生
【教　　材】人教版高中《物理（选修 3-2）》第四章第七节

一、教学内容分析

1. 教材的地位和作用

随着科技的发展，涡流的应用无疑让我们的生活更添色彩。本节内容选自人教版高中《物理（选修 3-2）》第四章第七节，是电磁感应现象的重要应用，也是前面所学的电磁感应知识的延伸和飞跃，更为后面学习交变电流和高压输电打下基础，具有承上启下的作用。

2. 教材的特点

理论与实验相结合。

3. 对教材的处理

重组教学内容，设计新的探究实验。

4. 新课程标准对本节的要求

通过实验了解涡流现象，举例说明涡流现象在生产生活中的应用。

二、学生学情分析

1. 知识基础

本节课的授课对象为高二理科生，在学习本节课之前，学生已经学习了电路和电磁感应的相关知识，为学习本节课做好了知识铺垫，同时也具备了辩证逻辑推理和实验探究能力。

2. 兴趣特点

高二的学生求知欲望强，对生产生活中的物理现象具有浓厚兴趣，对事物充满探究的欲望，热切希望究其本质。

3．认知困难

学生头脑中还不具备涡流的概念，并且涡流的成因、热效应、机械效应内容的分析和概括较为抽象，所以学生在学习上会有一定的障碍。

三、教学目标

1．知识与技能

使学生对问题有所了解、有所理解、有所掌握：
（1）了解涡流的利与弊，以及如何利用和防止涡流。
（2）理解涡流是如何产生的。
（3）掌握涡流的机械效应。

2．过程与方法
（1）通过实验演示，让学生观察现象分析问题，提高学生分析、解决问题的能力。
（2）通过运用旧知识分析新问题，培养学生对知识的运用与迁移能力。

3．情感态度与价值观
（1）通过展示生活中无处不在的涡流，使学生感受物理的魅力。
（2）通过观察实验现象、分析规律，培养学生实事求是、严谨的科学态度。

四、教学重点

涡流现象及其应用。

五、教学难点

涡流、电磁阻尼、电磁驱动的形成原理。

六、教学方法

1．教法
（1）演示法。

通过游戏的方式演示自制金属探测器遇到金属鸣叫的实验创设情景，提出问题，导入新课。

通过借助自制教具电磁阻尼、电磁驱动演示仪表演魔术，引导学生分析、理解涡流的机械效应。

（2）讲授法。

生动且极具启发式的讲解，引发学生思考，帮助学生建立涡流概念，理解其成因与应用。

(3) 讨论法。

通过引导学生进行讨论分析，突出学生的主体地位，也使学生在分析过程中加深对所学知识的理解。

2. 学法

教师培养学生观察实验、讨论分析、归纳总结以及解决问题的能力，使学生从直观现象中体会学习的乐趣，加强对学生发散思维的训练；学生经历讨论分析过程，揭秘实验现象背后的本质，并从中形成良好的探究精神和科学素养。

3. 教学媒体设计

图片、实物、多媒体动画的展示，提供大量的感性材料。分析涡流成因以及涡流的各种应用，从而突破重难点。

七、教学用具

自制金属探测器、自制电磁阻尼和电磁驱动演示仪、永久磁铁、自制塑料盒子、铁块、塑料块、橡皮擦。

八、教学流程

教学流程如图1所示。

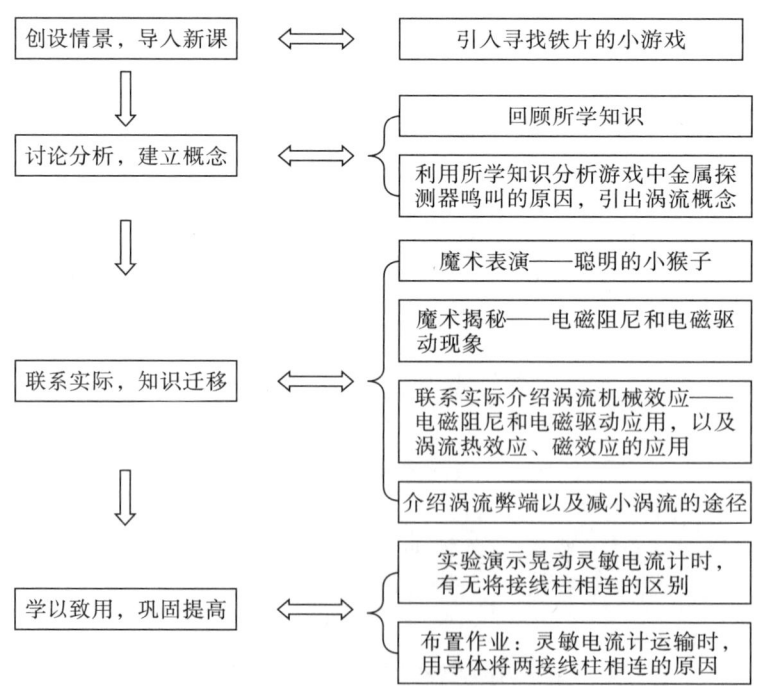

图1 教学流程

九、教学过程设计

教学过程设计如表1所示。

表1 教学过程设计

教学环节和教学内容	教师活动	学生活动	设计意图
【创设情景,导入新课】 利用自制教具金属探测器进行小游戏,巧妙找出铁片 	小游戏: 将金属探测器分别移至四个盒子处,移到装有铁片的盒子处时,发出了响声。 提问: 1. 铁片和其他物体有什么不同,为什么金属探测器能感应到它呢? 2. 为什么金属探测器遇到金属会鸣叫?	(观察、疑惑) 期望回答: 因为只有铁片是金属物体。 (思考,迫不及待想知道答案)	通过小游戏,提出问题:为什么金属探测器遇到金属会鸣叫?引起学生的学习兴趣,激发学生对探究新知识的欲望,让学生得以快速融入课堂
【讨论分析,建立概念】 1. 回顾所学知识:产生感应电流的条件以及楞次定律。	提问所学相关知识。	(回顾知识)	复习旧知识,为接下来新课的教学做好铺垫。
2. 将刚才所回顾的知识结合图像,引导学生分析得出金属探测器鸣叫的原因。	引导分析金属探测器鸣叫的原因。	(观察、思考、归纳)	通过观察实验现象,结合所学知识进行分析,培养学生分析、解决问题的能力。
3. 引入涡流定义:在分析金属探测器鸣叫的原因之后,水到渠成地引入涡流定义,并进行讲解	讲解	(思考、记忆)	顺理成章地引入涡流定义,便于学生理解记忆,突出本节教学的一个重点

续上表

教学环节和教学内容	教师活动	学生活动	设计意图
【联系实际，知识迁移】 在明确涡流定义之后分析涡流的各种应用。 1. 表演魔术——聪明的小猴子： 在不触碰小猴子的情况下，让它听口令——当它运动的时候，让它迅速停下来，当它静止的时候，让它跟着口令前后运动——并提出问题，让学生思考。	表演魔术。 提出问题： 在整个过程中，我都没有碰到这只小猴子，那我是如何来控制它的呢？这其中究竟隐藏着什么样的奥秘呢？	（观察、疑惑、思考） 期望回答： 我觉得老师手中的物体阻碍和带动了另一个物体的运动。	通过表演魔术，再次引发学生好奇，牢牢抓住学生的注意力。 让学生在思考讨论中对问题有更加深刻的印象，有助于学生更好地理解教师接下来的讲解。
2. 魔术揭秘：其实这是一块导体铝片，而老师手中拿着的是永久磁铁。引导学生分析得出，这些现象其实是涡流的机械效应，电磁阻尼和电磁驱动现象，由此引入电磁阻尼和电磁驱动的定义。	讲解。		突破本节课的难点。
3. 应用： （1）阻尼摆以及交流感应电动机。 （2）电磁炉以及感应熔炼炉。 （3）金属探测器以及机场安检门。	举例说明涡流现象在生产生活中的应用。	（思考、讨论、回答）	通过举例说明涡流现象在生产生活中的应用，突出本节课的又一个重点。
4. 涡流的弊端： 以上讲的都是涡流的应用，但是任何事物都有两面性，涡流也存在弊端：由于电动机的线圈绕在铁芯上，涡流使铁芯发热，不仅浪费能量，也可能损坏电器。 讲解减小涡流的两种途径： （1）增大铁芯材料的电阻率。 （2）用互相绝缘的硅钢片叠成的铁芯来代替整块硅钢。	讲解	（思考、分析）	让学生学会运用辩证的眼光科学地看待问题

续上表

教学环节和教学内容	教师活动	学生活动	设计意图
【学以致用，巩固提高】 演示实验： 用手晃动一个灵敏电流计的表壳，学生会观察到表针相对表盘摆动的幅度很大。但是如果用导线将两个接线柱相接，学生会观察到，表针相对表盘摆动的幅度明显变小，并最终停止摆动。 让学生课后思考：为什么灵敏电流计在运输时要用导体将两个接线柱相连呢？	提出问题： 为什么灵敏电流计在运输时要用导体将两个接线柱相连呢？	观察实验，课后思考，解决问题	一方面是检验学生的学习效果，另一方面是让学生体会"从生活走向物理，从物理走向社会"的新课标课程理念

十、板书设计

板书设计如图 2 所示。

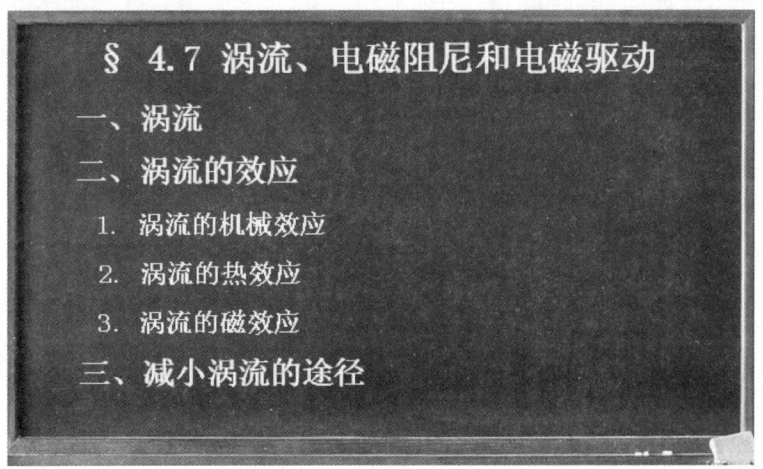

图 2　板书设计

十一、教学反思

我采取实验演示结合理论分析，循序渐进地开展本节课的教学：以游戏的形式引入新课内容，由此提出问题——为什么金属探测器遇到金属会鸣叫？然后引导学生进行分析，解决这一问题。在学生感受到解决问题的喜悦之后，我紧接着通过表演魔术，抛出下一个问题，并与学生一起来解决问题。这样的教学设计可以牢牢抓住学生的注意力，活跃课堂气氛。最后是联系实际，学以致用，通过举例让学生感受到生活中无处不在的物理现象的魅力，从而体现"从生活走向物理，从物理走向社会"的新课标课程理念。

整个教学过程充分体现了"以学生为主体，教师为主导"的教学思想，不是老师一味地教，而且适当地引导学生学习，让学生从学会向会学转变，真正成为学习的主人。

十二、创新之处

1. 用自制教具以游戏方式引入新课，增加趣味性

通过一个生动有趣的游戏引入新课，在与学生互动的过程中活跃课堂气氛，吸引学生注意力，并增加课堂的趣味性。

2. 教具简易、有针对性，方便操作

如图3所示，自制的教具，不仅可以直观地展现教学内容，还可以使学生更好地感受到物理与生活的密切联系，激发他们动手操作的兴趣，从而感受物理的魅力！

图3　体制教具

3. 理论分析过程细致严谨

通过回顾所学的知识，分析金属探测器鸣叫原因，条理清晰，井井有条。结合教具一步步讲解电磁阻尼和电磁驱动现象以及其产生的原因，简单明了。推导分析的过程合理，符合高二学生的思维特点，培养了学生的思考分析能力。

"离心现象及其应用" 教学设计

陈武

【课　　题】离心现象及其应用
【教学时间】45 分钟
【教学对象】高中一年级理科生
【教材章节】粤教版高中《物理（必修二）》第二章第三节

一、教学分析

1. 教材的地位和作用

"离心现象及其应用"这节课编排在"匀速圆周运动"和"向心力"等知识之后，体现了"圆周运动"等相关知识的实际应用，同时也为下一章学习"卫星变轨"做好知识准备，在结构上有着承上启下的作用。

2. 教材的特点

注重学生对知识的吸收与运用。

3. 课程标准要求

分析生活和生产中的离心现象。

4. 教材的编排与处理

（1）教材的编排。

教材从一开始便简单解释了离心现象的产生原因，接着通过几个实验得出离心现象的产生条件和定义，然后便大篇幅地介绍了离心现象的应用，而在"讨论与交流"环节则涉及了离心现象的危害及其防止。（如图1所示）

（2）本人对教材的处理。

由于教材一开头便直接给出离心现象的成因，而没有简述离心现象的概念，对学生而言，知识的跳跃性比较大，而且在得出产生条件之后，便马上进入应用和危害的学习，对学生来说，知识的跳跃性同样存在；因此，我新增一个概念引入的环节，让学生对离心现象有个简单的认识。而且我会插入一个探究环节，探究利用或者防止离心现象发生的常用方法，减小知识的跳跃性，从而按照"是什么、为什么、怎么样"的逻辑思路，帮助学生更好地掌握知识。（如图2所示）

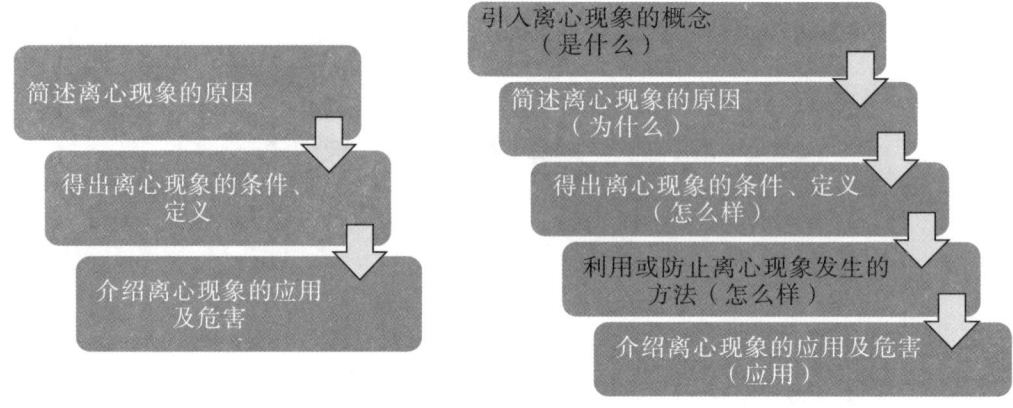

图1 教材原本的编排思路　　图2 本人处理后的思路

二、学情分析

1. 心理特征

高一学生对事物的好奇开始侧重于探究事物内部的因果关系,有着"知其然,亦想知其所以然"的求知欲望。

2. 认知基础

本节课的授课对象为高一理科生。在学习本节课之前,学生已经学习了向心力等相关知识,并且对生活中常见的离心现象有所了解。

3. 认知困难

高一学生空间想象能力不强,对"远离圆心"这一概念的理解存在一定困难。

三、教学目标

1. 知识与技能

(1) 知道离心现象的产生条件。

(2) 了解离心现象的应用及其危害的防止。

2. 过程与方法

通过学习,掌握离心现象的分析方法。

3. 情感态度与价值观

感受到物理与生活的密切联系,树立对生活问题进行理性分析的意识。

四、教学重点

离心现象的产生条件。

五、教学难点

离心现象中物体的运动轨迹。

六、教学方法

1. 教法

（1）演示法。

通过多种自制教具为学生演示离心现象的相关实验，让学生对离心现象有个清晰直观的认识。

（2）实验法。

通过自制的"离心现象探究仪"，与学生一同探究离心现象发生的常用方法。

（3）讲解法。

通过严密、生动的讲解，引发学生思考，帮助学生建立离心现象的概念，理解离心现象产生的原因，了解离心现象的应用和危害。

2. 学法

根据学生学情分析以及教师教法的选择，在学法上采用以下几种方法：

（1）观察思考法：指导学生利用多种感官去感知，积极调动思维。

（2）实验探究法：将课堂交给学生，提升自主探究能力。

（3）合作交流法：通过小组合作探究学习的模式，促进学生之间合作交流的意识。

七、教学流程

教学流程如图 3 所示。

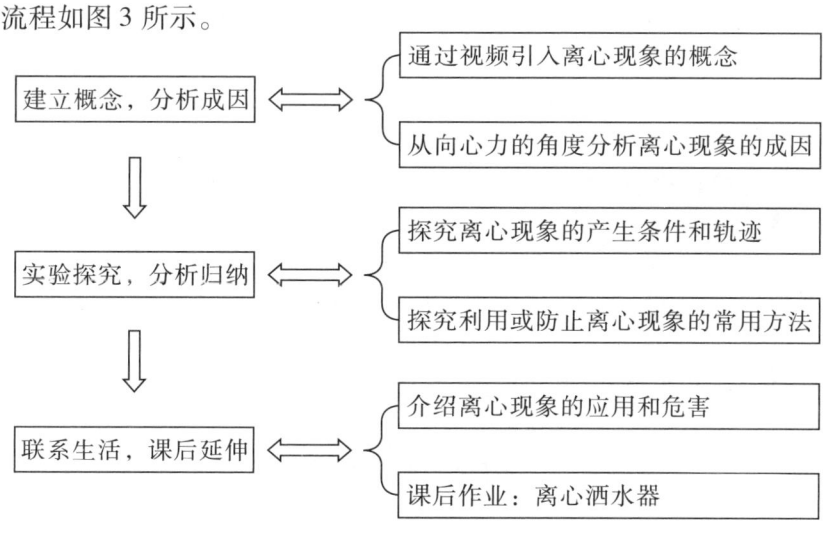

图 3　教学流程

八、教学过程设计

教学过程设计如表 1 所示。

表 1 　教学过程设计

教学环节和教学内容	教师活动	学生活动	设计意图
1. 建立概念：通过播放"掷链球"和"转盘游戏"视频，引入离心现象的概念	播放视频	（观察、思考）	以生活常见例子引入概念，学生更容易接受知识
	提问：视频中的链球和小朋友有什么共同点？	期望回答：都是先做圆周运动，然后做远离圆心的运动	
	下定义：做圆周运动的物体发生逐渐远离圆心的现象		
2. 分析成因：转动乒乓球，引导学生分析离心现象的成因	演示乒乓球的转动	（观察、思考）	
	提问：松开手，物体不做圆周运动了，它远离圆心，说明了什么？	期望回答：向心力不足	
	解释：离心现象发生的原因是，合外力不足以提供做圆周运动所需要的向心力		

续上表

教学环节和教学内容	教师活动	学生活动	设计意图
3. 实验探究：离心现象的产生条件 （1）猜想：$F_合 < F_需$。 （2）探究。 ①当 $F_合 = 0$ 的情况：用盖子转动乒乓球，然后提起盖子。 当 $F_合 = 0$ 时候的轨迹：在水写布上演示合外力为 0 时，乒乓球的轨迹。 ②当 $F_合 < F_需$ 的情况：演示猴子捞月的实验——慢速度转动"猴子"，然后增大猴子的转动速度，月亮被捞了起来。 $F_合 < F_需$ 的轨迹：在一张白纸上滴 4 滴墨水，转动转盘，墨水的痕迹显示出来。 	演示实验、讲解。	（观察、思考）	通过实验，加深学生对知识的印象。突出重点，突破难点。 通过水的痕迹，让学生清晰直观地看到实验现象。 "猴子"要怎么"捞月"呢？用童话故事来设计实验，引起学生的兴趣。 通过墨水痕迹，解决 $F_合 < F_需$ 的轨迹难以理解的问题。

续上表

教学环节和教学内容	教师活动	学生活动	设计意图
（3）得出结论： 离心现象的产生条件：$F_合 < F_需$。 4. 探究：利用或防止离心现象发生的常用方法？ （利用自制教具"离心现象演示仪"进行实验探究） （1）实验过程。 ①控制其他量不变，改变乒乓球的转动角速度 ω。 ②控制其他量不变，改变乒乓球的转动半径 r（因为是同轴转动，4个乒乓球的转动角速度始终保持相同）。 ③控制其他量不变，改变乒乓球的合外力 $F_合$。 （2）得出结论。 ①利用：增大转动速度，减小合外力。 ②防止：减小转动速度，增大合外力。			自制教具操作性强，现象直观明显，可以形象清晰地让学生们观察到离心现象，同时对离心现象的产生条件有直观性的了解。
5. 联系生活：离心现象的应用及危害。 （1）离心现象的应用。 雨伞甩水　　　　离心分离器			通过举例说明离心现象在生产生活中的应用和危害，感受物理与生活的密切联系

续上表

教学环节和教学内容	教师活动	学生活动	设计意图
脱水机	提问：脱水机的脱水原理是什么？	期望回答：增大脱水桶的转动速度，水与衣物间的附着力不足以提供做圆周运动的向心力，就被甩了出来	
（2）离心现象的危害。 汽车过弯的时候容易因为离心现象发生侧翻，造成车祸。	播放汽车过弯发生侧翻的视频，讲解离心现象的危害		
（3）防止离心现象的危害。			

续上表

教学环节和教学内容	教师活动	学生活动	设计意图
6. 课后延伸 课后作业：制作离心洒水器 	演示：将简易洒水器插进水里并转动，杯中水被甩出来		加深学生对知识的印象，感悟物理的奇妙，将课堂延伸到课外

九、板书设计

板书设计如图 4 所示。

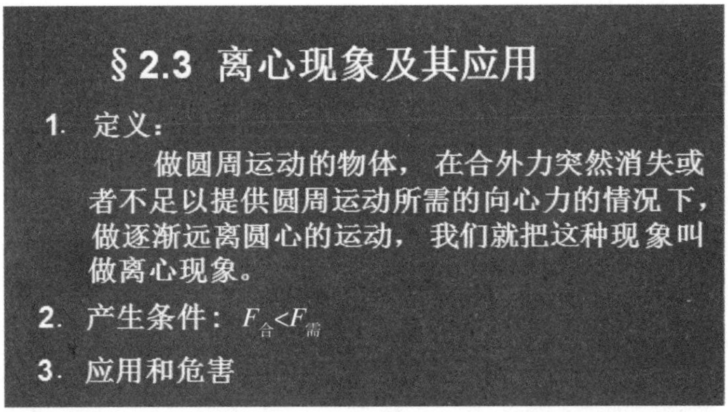

§2.3 离心现象及其应用

1. 定义：
做圆周运动的物体，在合外力突然消失或者不足以提供圆周运动所需的向心力的情况下，做逐渐远离圆心的运动，我们就把这种现象叫做离心现象。

2. 产生条件：$F_合 < F_需$

3. 应用和危害

图 4　板书设计

十、教学反思

整个教学过程，我采用"是什么""为什么""怎么样"的逻辑思路，让学生沿着这条思路有序地掌握知识；并且以启发的教学方法，让学生不仅仅掌握了知识，还能经历知识的获得过程，从"学会"向"会学"进行转变，真正成为课堂的主人，充分体现了"以学生为主体，教师为主导"的教学原则，这样的教学设计可以牢牢抓住学生的注意力，活跃课堂气氛；最后是联系生活，通过举例让学生感受到生活中无处不在的物理现象的魅力，从而体现"从生活走向物理，从物理走向社会"的新课标课程理念。

"涡流、电磁阻尼和电磁驱动"教学设计

彭桂鑫

【课   题】涡流、电磁阻尼和电磁驱动
【教学时间】45分钟
【教学对象】高中二年级理科生
【教材】人教版高中《物理（选修3-2）》第四章第七节

一、教学内容分析

1. 教材的地位和作用

随着科技的发展，涡流的应用无疑让我们的生活更添色彩。本节内容选自人教版高中《物理（选修3-2）》第四章第七节，是电磁感应现象的重要应用，也是前面所学的电磁感应知识的延伸和飞跃，更为后面学习交变电流和高压输电打下基础，具有承上启下的作用。

2. 教材的特点

理论与实际相结合。

3. 对教材的处理

调整教学编排，采用知识线、方法线双线并行的教学模式即，涡流定义──→涡流三种效应──→涡流应用。

4. 新课程标准对本节的要求

通过实验了解涡流现象，举例说明涡流现象在生产生活中的应用。

二、学生学情分析

1. 心理特点

高二的学生正处在青春期，活泼好动，并且对于向加热食物的电磁炉和检验作弊工具的金属探测器等自己熟悉却不知原理的现象求知欲望强，热切希望究其本质。

2. 知识基础

本节课的授课对象为高二理科生。在学习本节课之前，学生已经学习了电路和电

磁感应的相关知识，为学习本节课做好了知识铺垫。

3．认知困难

涡流看不见、摸不着，较为抽象，学生没有生活经验，并且课本教材对于涡流的成因、热效应、机械效应内容的分析和概括较为抽象，所以学生在学习上会有一定的障碍。

三、教学目标

1．知识与技能

使学生对问题有所了解、有所理解、有所掌握：

（1）理解涡流是如何产生的。

（2）掌握涡流的机械效应——电磁阻尼和电磁驱动。

（3）了解涡流的利与弊，以及如何利用和防止涡流。

2．过程与方法

（1）通过实验演示，让学生观察现象分析问题，提高学生分析、解决问题的能力。

（2）通过运用旧知识分析新问题，培养学生对知识的运用与迁移能力。

3．情感态度与价值观

（1）通过展示生活中无处不在的涡流，使学生感受物理的魅力。

（2）通过观察实验现象分析规律，培养学生实事求是、严谨的科学态度。

（3）通过展示涡流在生产生活中利与弊的作用，培养学生学会一分为二、辩证地看待问题。

四、教学重点

涡流现象及其应用。

五、教学难点

涡流、电磁阻尼、电磁驱动的形成原理。

六、教学方法

1. 教法

（1）演示法。

①通过魔术的方式演示"动态锡箔纸跳环实验"，创设情景，提出问题，导入新课。

②通过演示荡秋千模型、电磁炉加热鸡蛋实验、金属探测器猜硬币等突出重点，突破难点。

（2）讲授法。

运用简笔画法和渐进式的理论分析，生动介绍涡流概念，建立起感应电流和涡流之间的桥梁，有效减小思维跨度。

（3）讨论法。

通过引导学生进行讨论分析，突出学生主体地位，也使学生在分析过程中加深对所学知识的理解。

2. 学法

培养学生观察实验、讨论分析、归纳总结以及解决问题的能力，从直观现象中体会学习的乐趣，加强对学生发散思维的训练；学生经历讨论分析过程，揭秘实验现象背后的本质，并从中形成良好的探究精神和科学素养。

3. 教学媒体设计

图片、实物、多媒体动画的展示，提供大量的感性材料。分析涡流成因以及涡流的各种应用，从而突破重难点。

七、教学用具

电磁炉、自制小黄人秋千模型、自制金属探测器、永久磁铁。

八、教学流程

教学流程如图 1 所示。

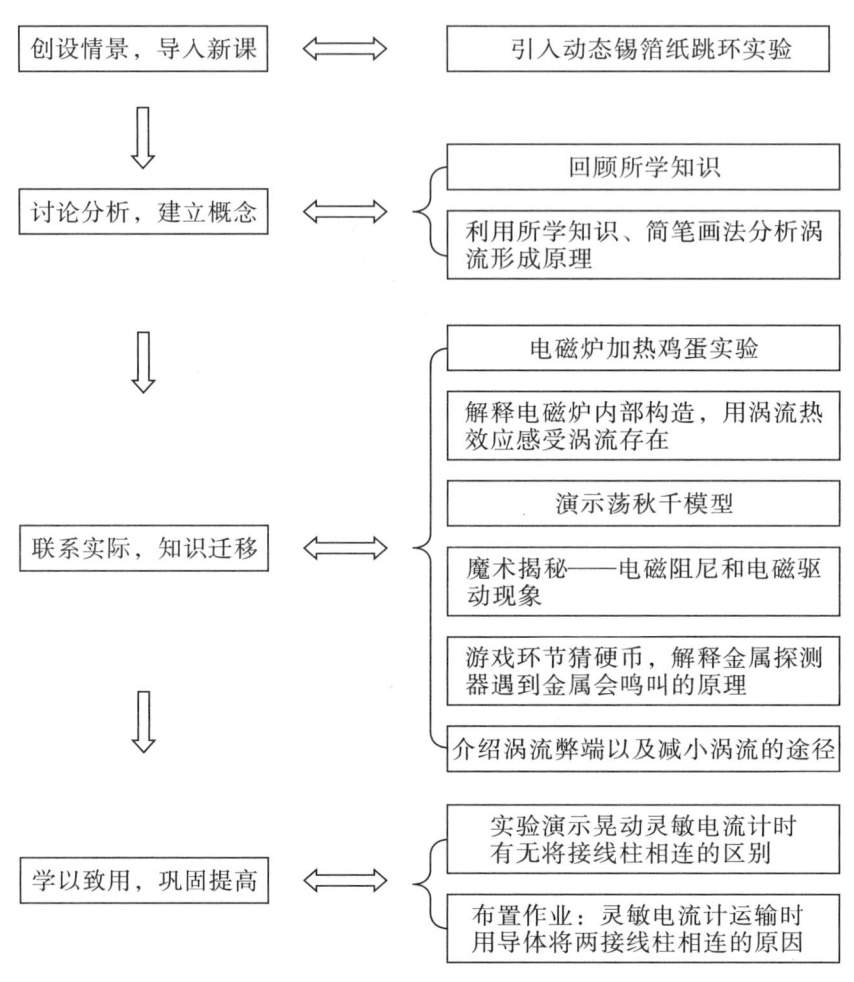

图 1 教学流程

九、教学过程设计

教学过程设计如表 1 所示。

表 1 教学过程设计

教学环节和教学内容	教师活动	学生活动	设计意图
【回顾知识】 回顾所学知识：产生感应电流的条件以及楞次定律	提问所学相关知识	回顾知识	复习旧知识

续上表

教学环节和教学内容	教师活动	学生活动	设计意图
【新课教学】 1. 利用电磁炉演示"动态锡箔纸跳环实验",引起学生的学习兴趣。 	小魔术: 将剪好的锡箔纸放在电磁炉上,锡箔纸跟随口令跳动起来。 提问: 1. 为什么锡箔纸会跟着口令跳动起来呢?	(观察、疑惑、思考,迫不及待想知道答案)	通过"动态锡箔纸跳环实验"引起学生的学习兴趣,激发学生对探究新知识的欲望,让学生得以快速融入课堂,为接下来新课的教学做好铺垫。
2. 运用所学知识、简笔画法与动态渐进式理论分析,引导学生得到涡流形成原理。 电流变大	引导分析,简笔画法。	(动手、思考、归纳)	通过旧知识、简笔画法、渐进式理论分析,建立感应电流与涡流之间的桥梁,有效减小思维跨度,便于学生理解记忆,突出本节教学的一个重点。
3. 在明确涡流定义之后,从现象到本质,分析物理原理。 (1)机械效应。 ①表演魔术——小黄人荡秋千模型。 	表演魔术。	(观察、疑惑、思考)	通过表演魔术,再次引发学生好奇,牢牢抓住学生的注意力。

续上表

教学环节和教学内容	教师活动	学生活动	设计意图
在不触碰秋千的情况下，让它听我的口令：当它运动的时候，让它迅速停下来，当它静止的时候，让它跟着我的口令前后运动，并提出问题，让学生思考。	提出问题：在整个过程中，我都没有碰到秋千，那我是如何来控制它的呢？其中究竟隐藏着什么样的奥秘呢？	期望回答：我觉得老师手中的物体阻碍和带动了另一个物体的运动。	让学生在思考讨论中对问题有更加深刻的印象，有助于学生更好地理解教师接下来的讲解，突破本节课的难点。
②魔术揭秘：其实这是一块导体铝片，而老师手中拿着的是永久磁铁。引导学生分析得出，这些现象其实是涡流的机械效应，电磁阻尼和电磁驱动现象，由此引入电磁阻尼和电磁驱动的定义。	讲解。		
（2）涡流的热效应。 演示电磁炉加热鸡蛋实验： 电磁炉通电，鸡蛋触碰金属锅迅速发出阵阵飘香，而直接与电磁炉接触的鸡蛋毫无反应。	演示电磁炉实验，并向学生提出问题：为什么鸡蛋触碰金属锅迅速发出阵阵飘香，而直接与电磁炉接触的鸡蛋毫无反应？	（思考、讨论、回答）	实验现象明显，形成对比，有利于学生对电磁炉工作原理的掌握。
（3）磁效应。 表演猜硬币的游戏环节。	提出问题：为什么金属探测器遇到金属会鸣叫？	（思考、讨论、分析）	围绕实验唱主角，难点变游戏理念，让学生直观认识涡流磁效应，突出本节课最后一个重点

续上表

教学环节和教学内容	教师活动	学生活动	设计意图
【学以致用】 1. 应用： （1）电磁炉以及感应熔炼炉。 （2）阻尼摆以及交流感应电动机。 （3）金属探测器以及机场安检门。	举例说明涡流现象在生产生活中的应用。		通过举例说明涡流现象在生产生活中的应用，突出本节课的又一个重点。
2. 涡流的弊端。 以上讲的都是涡流的应用。但是任何事物都有两面性，涡流也存在弊端：由于电动机的线圈绕在铁芯上，涡流使铁芯发热，不仅浪费能量，也可能损坏电器。 讲解减小涡流的两种途径： （1）增大铁芯材料的电阻率。 （2）用互相绝缘的硅钢片叠成的铁芯来代替整块硅钢	讲解	（思考、分析）	让学生学会运用辩证的眼光科学地看待科学问题
【布置作业】 演示实验： 用手晃动一个灵敏电流计的表壳，学生会观察到表针相对表盘摆动的幅度很大，但是如果用导线将两个接线柱相接，学生会观察到，表针相对表盘摆动的幅度明显变小，并最终停止摆动。 让学生课后思考，为什么灵敏电流计在运输时要用导体将两个接线柱相连呢？	提出问题：为什么灵敏电流计在运输时要用导体将两个接线柱相连呢？	（观察实验、课后思考、解决问题）	一方面是检验学生的学习效果，另一方面是让学生体会"从生活走向物理，从物理走向社会"的新课标课程理念

十、板书设计

板书设计如图 2 所示。

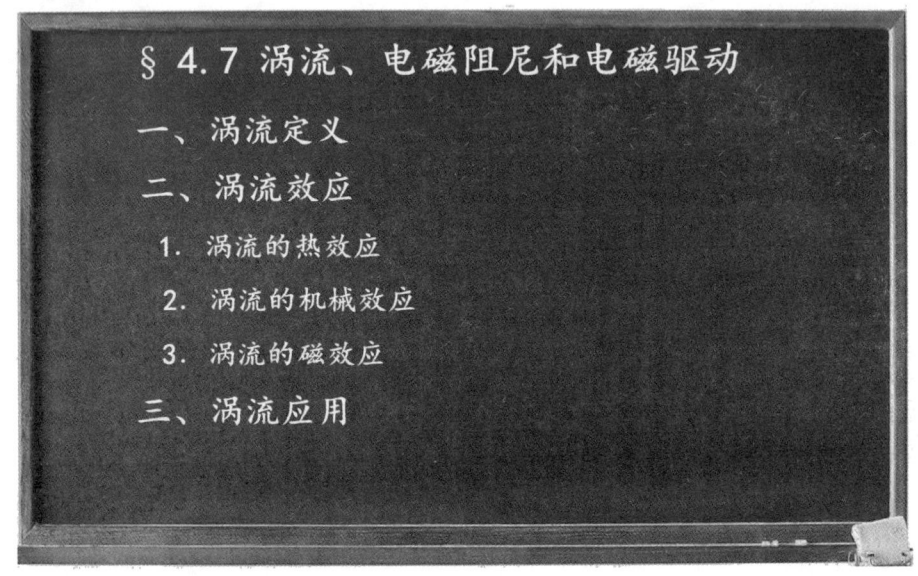

图 2　板书设计

十一、创新之处

1. 用"动态锡箔纸跳环实验"以魔术方式引入新课，增加趣味性

通过一个生动有趣的游戏引入新课，在与学生互动的过程中活跃课堂气氛，吸引学生的注意力，并增加课堂的趣味性。

2. 教具简易，有针对性，方便操作（见图 3）

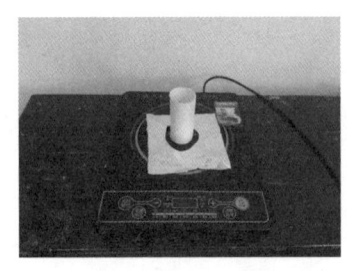

图 3

通过自制的教具，不仅可以直观地展现教学内容，还可以使学生更好地感受到物理与生活的密切联系，激发他们动手操作的兴趣，从而感受物理的魅力！

3. 教学编排创新

结合旧知识，运用简笔画法与渐进式理论分析得到涡流概念，减小思维跨度。利用相关演示实验得到涡流的三种效应，最后是涡流在生产生活中的应用，"是什么、为什么、怎么办"的教学顺序符合学生认识问题的思维过程。结合教具一步步讲解电磁阻尼和电磁驱动现象以及其产生原因，简单明了。推导分析的过程合理，符合高二学生的思维特点，培养了学生的思考分析能力。

"共振" 教学设计

连丹丽

【课　　题】共振
【教学时间】15 分钟
【教学对象】高中二年级学生
【教　　材】人教版高中《物理（选修 3－4）》第十一章第五节

一、教学内容

1．教材的地位和作用

"受迫振动 共振"是第一章机械振动中第五节"外力下的振动"的内容。按照教材的编排思路，学生在学习此部分内容之前，先学习了较为简单的简谐运动，然而简谐运动仅是实际振动的理想化物理模型，相比之下受迫振动、共振才是更常见的机械振动现象，而共振作为特殊情况下的受迫振动，是一种十分普遍的自然现象，在生产生活中也有着丰富的应用。

本节课的学习能够让学生认识受迫振动现象，理解共振产生的条件以及其利弊、防止和应用。同时，本节课的学习过程对培养学生善于观察与思考的学习习惯也有着重要作用。

2．课程标准对本节的要求

了解产生共振的条件及其在技术上的应用。

3．教材的编写思路

教材是通过问题的提出，引导学生进行猜想。紧接着通过实验及图像，引导学生归纳分析，得出受迫振动的振幅达到最大时驱动力频率所满足的条件，并由此建立共振的概念。最后通过举例分析，介绍共振在日常生活中的应用及危害。

4．教材特点

（1）重视实验探究过程。
（2）注重知识在生活中的应用。

5．对教材的处理

教材在引入受迫振动振幅教学时，提出的问题是："受迫振动的振幅是否与物体的固有频率无关？"这种问法强行将"振幅"与"固有频率"这两个物理量联系在一起，在思维上具有很大的跳跃性，学生可能会从一开始就产生疑惑。

因此，我的做法是先设置一个探究小实验环节，让学生认识到受迫振动的振幅与驱动力频率是有关的，进而再通过共振演示实验，探讨振幅最大时对应频率所满足的条件，以此来得出受迫振动振幅与固有频率的关系，从而得出共振的条件。这种处理方式减少了思维的跳跃性，降低了学习难度，也利于加深学生对共振的理解。

除此之外，我还在课堂引入及应用部分增设了演示实验，为学生提供了丰富的感性认识材料，既能帮助学生构建新的知识，也有利于对学生生活观察能力的培养。

二、学情分析

1. 学生的认知基础

学生通过前面的学习，对简谐运动有了一定的了解，认识简谐运动频率、振幅、相位三个基本概念，知道受迫振动的频率特点。

2. 学生的心理特征

高二学生对生活具有较强的观察能力，对物理知识在生活中的应用也十分感兴趣。所以在教学中，应充分发挥演示实验的作用，通过教师的引导，激发学生的认知兴趣，充分调动学生学习的积极性和自主性。

3. 学生的认知困难

尽管学生对简谐运动已经有了一定的了解，但他们对受迫振动现象的分析能力较弱，且生活经验往往会让学生错误地认为受迫振动的振幅仅与驱动力大小有关，驱动力越大，振幅就越大，故学生在理解共振产生的条件（驱动频率等于固有频率）时会遇到一定的困难。

三、教学目标

1. 知识与技能
(1) 理解共振的概念和产生条件。
(2) 知道共振现象，以及共振在生活中的利弊。

2. 过程与方法
(1) 通过实验观察分析，理解共振产生的条件。
(2) 列举共振现象在生活中的利用和防止，渗透一分为二的辩证思想。

3. 情感态度与价值观
(1) 通过实验，养成善于思考与观察的学习习惯。
(2) 通过应用实例，具有将知识应用于实际的意识。

四、教学重难点

依据高中物理课程标准对本节课的要求，以及学生的实际情况，我认为教材的重点难点分别如下。

（1）教学重点：认识共振现象，了解共振产生的条件。

（2）教学难点：共振产生的条件。

五、教学策略

1. 教学组织形式

本节课采用教师演示，学生观察、分析的组织形式。一方面，教师通过创设问题情境和有效的设问引导，让学生亲历物理知识的构建过程；另一方面，教师通过演示实验，让学生参与其中，自主分析现象，总结规律。学生在学习知识的同时体验过程与方法，进而收获情感态度与价值观。

2. 教学方法

通过演示法与讲授法的综合应用，既突出了重点，又突破了难点。

（1）实验法。

在本节课的教学中，首先通过演示鱼洗共振现象引入，为学生提供丰富的感性认识材料，调动学生的学习兴趣，也为下面的教学做好铺垫。在探究共振产生的条件时，利用"让子弹摆"小实验以及共振实验装置演示，让学生参与其中，体验方法，再通过问题的引导，逐步得到共振产生的条件。

（2）讲授法。

通过老师形象生动、富于引导式的讲解，辅以演示实验、各种直观教具和现代教学技术，启发学生思维，把学生的感性认识提升到理性认识。在讲授知识的同时渗透探究的思想，在探究的过程中讲授必要的物理知识。

3. 学法指导

鼓励学生通过对现象的观察、分析，联系新旧知识，构建新知识，并尝试用所学的物理知识解释生活现象。

4. 多媒体设计

本节课综合应用自制教具、视频、图片等媒体为学生提供丰富的感性认识材料；利用自制的共振演示装置帮助学生进行实验探究；利用视频把书本中对具体应用的文字技术分析直观地展现在学生面前，化抽象为具体，便于学生理解。

六、教学资源

鱼洗、"让子弹飞"装置、自制共振实验装置等（见图1）。

 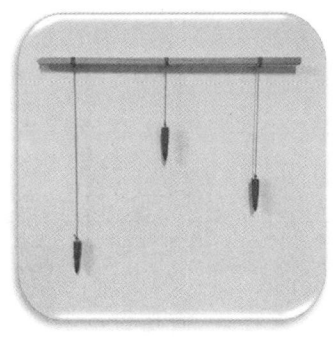 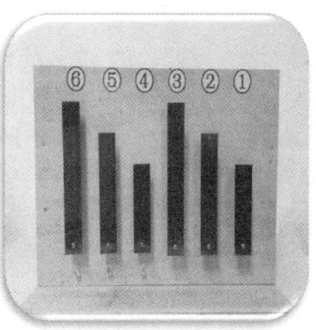

图 1　实验装置

七、教学流程

教学流程如图 2 所示。

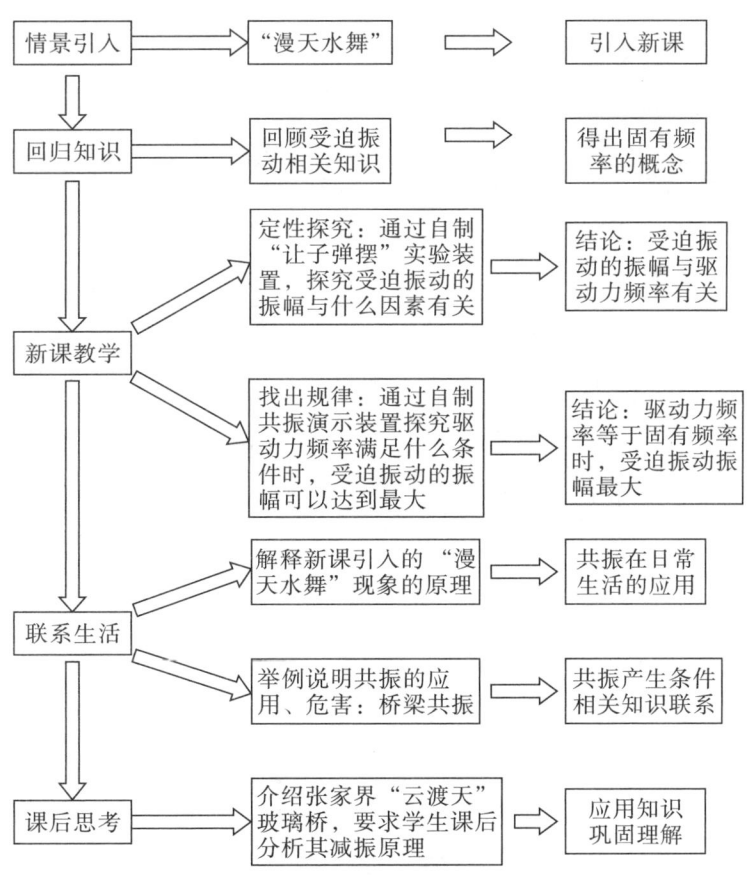

图 2　教学流程

八、教学过程设计

教学过程设计如表1所示。

表1　教学过程设计

教学环节和教学内容	教师行为	学生活动	设计意图
【实验演示，导入新课】 利用"鱼洗"向学生们演示"漫天水舞"现象（现象：摩擦鱼洗把手时，鱼洗中的水剧烈跳动起来，且改变手摩擦的频率时，水跳动的剧烈程度不同），引导学生们观察鱼洗中水的变化后思考问题：为什么鱼洗里的水会漫天飞舞起来呢？	利用鱼洗演示共振现象。 提出问题：为什么摩擦鱼洗的把手，鱼洗中的水就会漫天飞舞起来呢？	（观察、感受、思考）	通过实验增强学生的感性认识，激起学生的学习兴趣。 提问能让学生带着问题走进课堂
【回顾知识，提出疑问】 通过提问的方式引导学生们回顾自由振动和受迫振动的频率特点：自由振动的频率是不变的，称为固有频率；受迫振动的频率等于驱动力的频率，与物体的固有频率无关。 问题1：当振动系统不受外力作用时，此时的振动是什么振动？其频率我们称之为什么？ 问题2：当振动系统在驱动力作用下，此时的振动是什么振动？频率与什么有关？ 问题3：既然上节课学习了振动的频率的相关知识，接下来自然要研究振动的什么？ 在回顾知识的基础上，提出疑问：受迫振动的振幅又与什么因素有关？	以问答方式引导学生回顾固有频率和受迫振动频率的知识。 通过提问，从"频率"过渡到"振幅"，进而过渡至实验探究环节	顺着教师问题的思路进行复习回顾。 回答1： 自由振动，固有频率。 回答2： 受迫振动，驱动力频率。 回答3：振幅。 （思考、回答）	引导学生回顾已学的与本节课相关的知识，为新课学习做好铺垫

续上表

教学环节和教学内容	教师行为	学生活动	设计意图
【实验探究，现象分析】 1. 定性分析。演示"让子弹飞"现象，转动木条使不同的子弹振幅变大，而其他两个子弹静止不动。学生发现要使不同摆长的子弹振幅变大，可通过改变转动木条的快慢即改变驱动力的频率。学生因此认识到驱动力频率对受迫振动振幅的影响。 	以电影《让子弹飞》的描述引起学生兴趣。使用不同的驱动力频率转动木条，使不同子弹振幅变大，引导学生观察后揭示规律：受迫振动的振幅与驱动力频率有关。	（观察、分析、思考）	教师仅通过转动木条使不同子弹振幅变大，激起学生求知欲望，使学生感受到：受迫振动跟驱动力的频率有关。
此时进一步提出疑问：驱动力频率满足何条件时，受迫振动振幅最大？	进一步提问：驱动力频率满足何条件时受迫振动会有最大振幅？	（思考）	提问，过渡到接下来的实验探究环节。
2. 找出规律。演示自制共振实验装置（由木板、铁片、发光二极管、并联电路组成），引导学生进行观察：与驱动铁片固有频率相同的铁片受迫振动的振幅最大，引导学生进行归纳分析，得出"受迫振动振幅最大时驱动力频率会等于物体固有频率"这一结论。 步骤一：拨动铁片①； 步骤二：拨动铁片②； 步骤三：拨动铁片③。	演示自制共振实验装置，引导学生得出本节课最重要的结论：驱动力频率等于物体固有频率时，受迫振动的振幅达到最大	（观察、分析、思考）	改变教材传统共振摆实验，将共振与电学知识联系，以"灯亮"来得出振幅最大的铁片，一方面实验现象明显且给学生带来新鲜感；另一方面扩展学生思维，培养综合运用物理知识的能力

续上表

教学环节和教学内容	教师行为	学生活动	设计意图
拨动的铁片　①　②　③ 二极管发光情况　④　⑤　⑥ 振幅最大的铁片　④　⑤　⑥			
【联系生活，学以致用】 1. 共振应用。利用共振知识，揭开课堂引入时"漫天水舞"的现象，引导学生们分析其原理：摩擦鱼洗时产生的摩擦力提供鱼洗作受迫振动的驱动力，当驱动力频率越接近鱼洗固有频率时，振幅越大，鱼洗中的水跳得越高。	回顾引入的表演，结合共振知识对"漫天水舞"现象进行解释。	分析以不同的频率摩擦铜盆把手时水跳动的剧烈程度不同的现象的原理。	对共振条件进行应用。

续上表

教学环节和教学内容	教师行为	学生活动	设计意图
2. 共振危害。通过介绍骑兵过桥的故事以及播放美国塔柯姆大桥共振事故的视频，介绍共振带来的危害，并提出问题：如何减少共振带来的危害？	演示图片、播放视频。问：如何减小共振给人类带来的危害	观看图片及视频。进行思考与分析	将物理规律与生活联系起来
【联系生活，学以致用】介绍中国张家界"云渡天"玻璃桥曲线形设计以及桥面弹簧玻璃球设计中的减振原理	阐述护栏曲线设计的减振原理，引导学生结合共振产生的条件，课后得出减少共振的方法	课后查阅相关资料，进行思考与分析	将物理规律与生活联系起来

九、创新之处

本设计首先通过极富观赏性的表演引入课堂，以生活实例为出发点，通过层层递进的提问与讲解让学生理论联系实际，深刻地理解新概念；紧接着从受迫振动的振幅出发，通过探究的方式，让学生感受到驱动力频率与受迫振动振幅的相关性；继而顺势探究受迫振动振幅最大时，驱动力频率满足的条件，通过实验得出结论，并总结出共振的条件及概念；最后从利弊两个方面出发，讲授了共振在生活中的应用、危害与防止。整个思路时刻体现了新旧知识的联系，注重知识的构建过程，突出以"教师为主导，学生为主体"的教学原则，让学生通过体验、观察、自主分析、联系新旧知识，构建起新知识的理念。

1. 演示实验——富有观赏性，吸引力强

（1）由鱼洗展示共振现象作为引入，展示了共振在生活中的奇妙现象，也彰显了物理与生活的交融。本实验的现象极具观赏性，能充分激起学生的学习兴趣，引起了学生一探究竟的求知欲。

（2）探究游戏采用了学生感兴趣的"让子弹飞"的主题，赋予了课堂一定的趣味性，同时能让学生在参与的过程感受到驱动力频率对受迫振动振幅的影响，寓教于乐，令人回味无穷。

（3）为探究受迫振动频率、振幅的相关特点，验证共振的产生条件，教学中展现了自制的共振演示装置，实验现象明显，饶有趣味。值得一提的是，探究共振产生的条件时，摒弃了教材原有的传统共振摆实验，改用自制的共振演示装置，将共振与电学知识联系，以"灯亮"来得出振幅最大的铁片，一方面实验现象明显且给学生带来新鲜感；另一方面扩展学生思维，培养综合运用物理知识的能力。

2. 从生活到物理，从物理到社会

受迫振动和共振是生活中常见的现象。本课从生活中的例子出发，在得出共振的概念及条件后，回归到生活应用当中。此设计遵循了"从生活到物理，从物理到社会"的教学思路，让学生将课堂的物理知识与生活紧密地联系。

"光的偏振" 教学设计

陈丹雯

【课　　题】光的偏振
【教学时间】45 分钟
【教学对象】高中二年级理科生
【教　　材】人教版高中《物理（选修 3–4）》第十三章第六节

一、教学内容分析

1. 教材的地位和作用

本节课选自人教版《物理（选修 3–4）》第十三章第六节，是学生通过光的干涉现象、衍射现象认识了光具有波动性后，对光的本性做进一步的探究。不仅如此，光的偏振在生产生活中有着广泛的应用，为我们的生活添加了不少的便利。因此，本节课具有开发思维、学以致用的重要作用。

2. 教材的特点

理论与实际相结合。

3. 对教材的处理

重新调整教学顺序，首先带领学生回顾横纵波的相关知识，引发学生思考"利用什么可以代替狭缝的作用"，并顺势向学生介绍偏振片的作用与特点，同时用偏振片的简易模型与狭缝进行类比；此后，利用灯泡配合偏振片的实验，为学生提供感性材料，通过实验来总结得到"光是横波"的结论并总结出偏振现象的特点；最后是介绍偏振现象在生产生活中的应用，从现象到本质，符合学生的认知规律。

4. 新课程标准对本节的要求

通过实验认识偏振现象及其在生产生活中的应用。

二、学情分析

1. 心理特点

高二的理科生处于思维活跃的阶段，因果认识兴趣浓厚，对相机、3D 眼镜等这类存在偏振现象，他们知其然却不知其所以然的物体有着强烈的求知欲望，热切希望究其本质。

2. 知识基础

学习本节课之前,学生已经学习过了横纵波的相关知识以及机械波的判断方法,为学习本节课做好了知识铺垫。

3. 认知困难

光的偏振现象较为抽象,学生对其缺乏感性认知,因此对偏振现象的理解与探究有一定的难度。

三、教学目标

1. 物理观念

(1) 通过偏振现象理解"光是一种横波",从而形成正确的物质观。

(2) 了解偏振现象在生产生活中的应用。

2. 科学思维

(1) 通过建构模型,知道偏振现象中光波的特点。

(2) 通过科学推理,得出"光是横波"的结论。

3. 科学探究

运用类比研究的思想,将机械波的判断方法与探究"光是横波"相联系。

4. 科学态度与责任

通过"偏振现象的实验探究"及应用的学习,让学生体会科学知识的重要性、实用性,感受到物理与现实之间的紧密联系。

四、教学重点

偏振现象及其应用。

五、教学难点

通过偏振现象理解"光是一种横波"。

六、教学方法

1. 教法

(1) 演示法。

通过演示魔术激发学生的学习兴趣,自然地进入"光的偏振"的学习;通过偏振片的简易模型向学生生动形象地解释偏振片对光波的处理及与狭缝进行类比,通过类比实现狭缝到偏振片的过渡。

(2) 讲授法。

运用偏振片的简易模型形象生动地介绍偏振片的作用与特点,建立起偏振片和狭缝之间的桥梁,实现狭缝到偏振片的过渡。

（3）讨论法。

通过引导学生进行讨论分析，突出学生主体地位，也使学生在分析过程中加深对所学知识的理解。

2. 学法

在教师的指导下，学生锻炼观察实验、讨论分析、归纳总结以及解决问题的能力，从直观现象中体会学习的乐趣；经历讨论分析过程，揭秘实验现象背后的本质，体会知识的形成过程，而不仅仅把知识看作是物理科学的现成结论。

七、教学用具

塑料管、泡沫球、LED 电灯泡、木架台、3D 眼镜、自制"五彩小黄人"教具、偏振片。

八、教学流程

教学流程如图 1 所示。

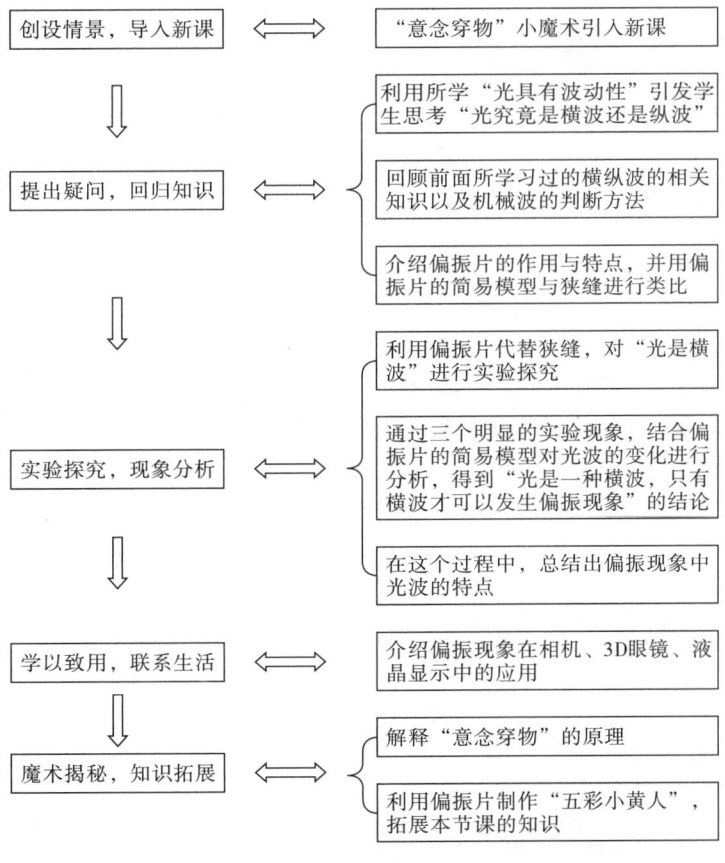

图 1　教学流程

九、教学过程设计

教学过程设计如表 1 所示。

表 1　教学过程设计

教学环节和教学内容	教师活动	学生活动	设计意图
【创设情景，导入新课】 利用一个神奇的小魔术"意念穿物"导入新课	小实验：演示"意念穿物"这个小魔术，并向学生提问——为什么泡沫球可以轻松地通过中间的障碍物？	思考、讨论、分析	利用本节课中运用到的两块透振方向相互垂直的偏振片，形成中间虚拟障碍物的视觉，以神奇的实验现象激发学生的学习兴趣，同时将学生的无意注意转换为有意注意
【提出疑问，回顾知识】 1. 提出疑问：利用所学知识"光具有波动性"，启发学生思考"光究竟是横波还是纵波呢？" 2. 回顾所学知识：横纵波的相关知识以及机械波的判断方法 3. 引入偏振片：通过复习，使学生思考"什么可以替代狭缝的作用呢？"顺势向学生介绍偏振片的作用与特点，并用偏振片的简易模型与狭缝进行类比，通过类比轻松地实现偏振片到狭缝的过渡	启发思考 回顾知识 偏振片：偏振片是由特定的材料制成的，每个偏振片都有一个特定的方向。只有沿着这个方向振动的光波，才能顺利地通过偏振片	思考 回忆 类比、思考、记忆	通过问题启发学生思考"光是横波还是纵波"。 为下面的学习做铺垫 在学生思考"什么可以替代狭缝的作用"时，顺势介绍偏振片的作用与特点，为接下来的实验探究做铺垫

续上表

教学环节和教学内容	教师活动	学生活动	设计意图
【实验探究，现象分析】 1. 利用偏振片代替狭缝对"光是一种横波"进行实验探究。 ①加入一块透振方向为水平的偏振片； ②再加入一块透振方向同样为水平的偏振片；	接通电源，在灯泡前加入一块透振方向为水平的偏振片，并让学生观察与描述灯光的变化。 再在灯泡前加入一块透振方向同样为水平的偏振片，并让学生观察与描述灯光的变化。	期望回答：灯光明显地减弱了。 期望回答：灯光强度几乎没有改变。	利用偏振片的作用与特点，设计实验探究"光是横波" 通过明显的实验现象，让学生留下印象，为接下来的自然光、偏振光、起偏振器的学习埋伏笔，为下一个实验现象做铺垫

续上表

教学环节和教学内容	教师活动	学生活动	设计意图
③旋转第二块偏振片，使得两块偏振片的透振方向相互垂直。	逆时针旋转第二块偏振片九十度，并让学生观察与描述灯光的变化。	期望回答：灯光消失了。	通过灯光消失了这一实验现象，再次引发学生好奇，牢牢抓住学生的注意力
2. 现象分析。 再次运用所学"机械波"的相关知识对实验现象进行分析，偏振片的简易模型就类比狭缝，形象生动地解释光波的变化。 ①实验一： 通过光强减弱的现象向学生介绍太阳、电灯等普通光源发出的光，包含着垂直于传播方向上沿一切方向振动的光，而且沿着各个方向振动的光波的强度都相同。 此时见到的光波的特点是振动方向与偏振片的透振方向一致，从而介绍偏振光：自然光通过起偏振器后的光波，在垂直于传播方向的平面上，沿着某个特定的方向振动，这种光波就称为"偏振光"。 此时，把波沿着特定方向振动而传播的现象称为"偏振现象"。	讲解实验现象一。	认真听讲，并与本节课所学的知识相结合。	在讲解的过程中，同时将实验中的光波的特点进行总结，使得学生对偏振现象形成清晰的认识，从而突破本节课的重点：理解偏振现象

续上表

教学环节和教学内容	教师活动	学生活动	设计意图
②实验二、实验三： 当两块偏振片的透振方向都设置为水平时，可以看到光可以透过； 当两块偏振片的透振方向设置为相互垂直时，可以看到光无法透过。 通过类比机械波的判断方法，得出"光是一种横波，只有横波才能发生偏振现象"的结论。	利用简易模型，形象生动地解释。	配合老师的演示回答并思考。 认真听讲，与本节课所学的知识相结合，并讨论、分析、总结归纳得出"光是一种横波"的结论。	通过模型的演示，将抽象的光波具体化，帮助学生将现象与机械波的判断方法相联系，得出"光是一种横波"的结论，从而突破本节课的难点：通过偏振现象理解"光是横波" 检验学生的学习效果，让学生利用本节课学习的偏振现象解释实验现象，从而内化本节课的物理知识

续上表

教学环节和教学内容	教师活动	学生活动	设计意图
【学以致用，联系生活】 （1）介绍偏振现象在相机中的应用。 ①没有在镜头前做任何处理时，拍摄出来的照片反光很强且不清晰； ②在镜头前加上偏光镜后，反光减弱了，且拍摄出来的照片变得清晰了。 （2）介绍3D眼镜以及3D电影中运用到的偏振现象。	讲解。 演示，讲解3D电影的制作与放映过程	观察实验并思考其中的原理。 观察现象并联系偏振现象	把生活中我们常接触的事物与本节课相联系，使得学生对生产生活中的偏振现象有一定的认识，从而突出本节课的重点：偏振现象的应用。 让学生体会到"生活处处有物理，留心观察皆学问"的深刻道理

续上表

教学环节和教学内容	教师活动	学生活动	设计意图
【开拓】 1. 魔术揭秘 得到结论后，再回到课堂开始时的魔术，解释"意念穿物"的原理： 由两张透振方向相互垂直的偏振片制成的，当我们俯视或者仰视塑料管的时候，视线经过了两张偏振片，因此会有一个黑色的阴影区出现，由此又一次地说明了"光是一种横波"。 2. 知识拓展。 向学生展示自制教具"五彩小黄人"，并向学生提问：老师是运用了两块偏振片以及透明胶带制作出的"五彩小黄人"，这其中蕴含着什么物理知识？是偏振现象吗？	揭秘。 演示教具，提问："五彩小黄人"蕴含着什么物理知识？是偏振现象吗？	认真听讲，并与本节课所学的知识相结合。 认真观察，课后思考	在本节课的新知识讲解完毕后，重新回到课堂开始时的魔术，与本节课的知识紧密联系，并解答学生心中的疑惑。 利用本节课中的重要器件——偏振片制作教具，并让学生课后思考原理，是对本节课知识的拓展

十、板书设计

板书设计如图 2 所示。

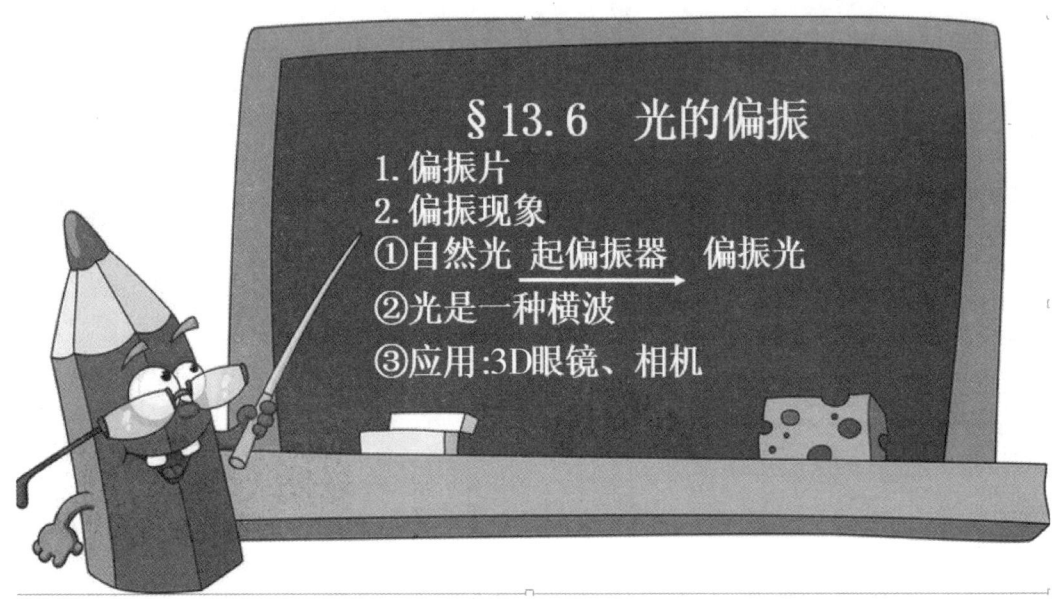

图 2　板书设计

十一、创新之处

1. 用"意念穿物"以魔术方式引入新课，增加课堂的趣味性

通过一个生动有趣的实验引入新课，在与学生互动的过程中活跃课堂的气氛，进而将学生的无意注意转换为有意注意，并增加课堂的趣味性。

2. 教具简易、有针对性，方便操作（见图 3）

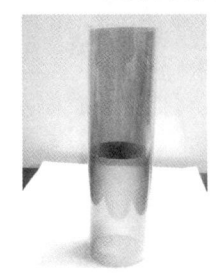  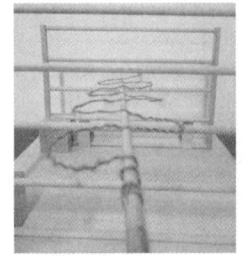 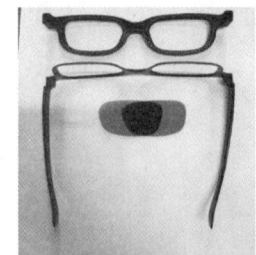

图 3　教具设计

3. 教学编排创新

首先利用所学"光是具有波动性"引发学生思考"光是横波还是纵波",再利用复习旧知识的方法引导学生思考"什么可以来探究光波的本性";利用自制教具将本节课所学的偏振片与狭缝进行类比,减少思维跨越,将抽象的光波具体化、形象化;结合自制教具与实验演示,逐步诱导学生得出"光是横波"的结论,同时配合自制模型让学生总结偏振现象中光波的特点。推导分析的过程合理,符合高二学生的思维特点,培养了学生的思考分析能力。

"共振" 教学设计

李文镔

【课　　题】共振
【教学时间】45 分钟
【教学对象】高中二年级学生
【教　　材】节选粤教版高中《物理（选修 3-4）》第一章第六节

一、教材分析

1. 教材的地位和作用

"受迫振动 共振"是第一章机械振动的基本内容。按照教材的编排思路，学生在学习此部分内容之前，先学习了较为简单的简谐运动，然而简谐运动仅是实际振动的理想化物理模型，相比之下受迫振动才是更常见的机械振动。而共振作为特殊情况下的受迫振动，是一种十分普遍的自然现象，在生产生活中也有着广泛的应用。在本节课的学习中，能够让学生对共振现象建立基本的认识，同时对培养学生善于观察与思考的学习习惯也有着重要作用。

2. 课程标准对本节课的要求

了解共振产生的条件及其在技术上的运用。

3. 教材内容安排

教材首先是通过问题的提出，引导学生进行猜想；紧接着通过实验及图像，引导学生归纳分析受迫振动振幅最大时驱动力频率所满足的条件，并由此建立共振的概念；最后通过举例分析，介绍共振在日常生活中的应用及危害。

4. 教材的特点

（1）重视知识获得的过程；
（2）注重知识在生活中的应用。

5. 对教材的处理

教材在引入时提出的问题是："受迫振动的振幅是否与物体的固有频率无关？"它直接将"振幅"与"固有频率"这两个物理量联系在一起，在思维上具有较大的跳跃性，学生可能会从一开始就产生疑惑。在此我增加了自制教具，让学生认识到受迫振动的振幅与驱动力的频率有关，并引导学生猜想振幅是否与固有频率有关，再通过实验使学生认识到受迫振动的振幅也与固有频率有关，通过两个实验提供给学生感性的认识材料，降低了学生的学习难度，增强了知识之间的联系。除此之外，我还在课堂引入及应用介绍部分都相应地增设了演示实验，为学生提供了丰富的感性认识材料，既帮助学生构建新的知识，也有利于其观察能力的培养。

二、教学对象分析

1. 学生的认知基础

学生通过前面的学习，对机械振动有了一定的了解，能理解简谐运动的特征，知道研究机械振动的相关方法，能从能量、动力学、运动学的角度对各种振动进行阐述与分析。

2. 学生的兴趣特点

（1）高二学生对生活中的现象的求知欲强烈，对物理知识在生活中的应用也十分感兴趣。所以在教学中，应充分发挥演示实验的作用，通过教师的引导，激发学生的认知兴趣，充分调动学生学习的积极性和自主性。

（2）学生对小魔术较感兴趣，有很强的参与心。

3. 学生的认知困难

尽管学生对机械振动已经有了一定的了解，但是对固有频率的概念依然比较陌生，再加上书上并没有给出明确的定义，故学生在理解共振产生的条件（驱动频率接近于固有频率）时会遇到一定的困难。

三、教学目标

1. 物理概念
（1）知道共振的概念和产生条件。
（2）了解共振现象在生活中的利弊。
2. 科学思维
实验的设计从定性到定量符合学生的认知发展规律。
3. 实验探究
（1）通过实验，养成善于思考与观察的学习习惯。
（2）运用启发式的问题，培养学生的科学推理能力。
4. 科学态度与责任
运用生活实例，了解科学的本质，激发学习兴趣。

四、教学重难点

1. 教学重点
了解共振现象，理解共振产生的条件。
2. 教学难点
理解共振产生的条件。

五、教学策略

1. 教学组织形式
本节课采用教师引导，学生自主体验、分析的组织形式。一方面，教师创设问题情境和有效的设问引导，让学生亲历物理知识的构建过程；另一方面，通过教师的演示实验，让学生参与其中，自主分析现象，总结规律。学生在学习知识的同时体验过程与方法，进而收获情感态度与价值观。

2. 教学方法
通过实验法与讲授法的综合应用，既突出了重点，又突破了难点。
（1）实验法。
本节课首先通过尤克里里演奏音乐和小魔术引入，为学生提供丰富的感性认识材料，调动学生的学习兴趣，也为下面的教学做好铺垫。在探究共振产生的条件时，利用"模拟地震"实验以及"发声的管子"实验装置，再通过问题的引导，最后通过音叉的共振实验定量得出共振产生的条件。
（2）讲授法。
通过老师形象生动、富于引导式的讲解，辅以演示实验、各种直观教具和现代教学技术，启发学生思维，把学生的感性认识提升到理性认识，在讲授知识的同时渗透探究的思想，在探究的过程中讲授必要的物理知识。

3. 学法指导
鼓励学生通过对现象的观察、分析，联系新旧知识，构建新知识，并尝试用所学的物理知识解释生活现象。

4. 课程教学资源
本节课综合应用尤克里里、音叉、自制教具、视频、图片等媒体为学生提供丰富的感性认识材料；利用自制的共振演示仪帮助学生进行实验探究；利用视频并借助动画技术把书本中对具体应用的文字技术分析直观地展现在学生面前，化抽象为具体，便于学生理解。

六、教学用具

1. 多媒体课件
2. 实验器材

尤克里里、"模拟地震"装置、"发声的管子"实验装置、音叉、铁架台等。

七、教学流程

教学流程如图 1 所示。

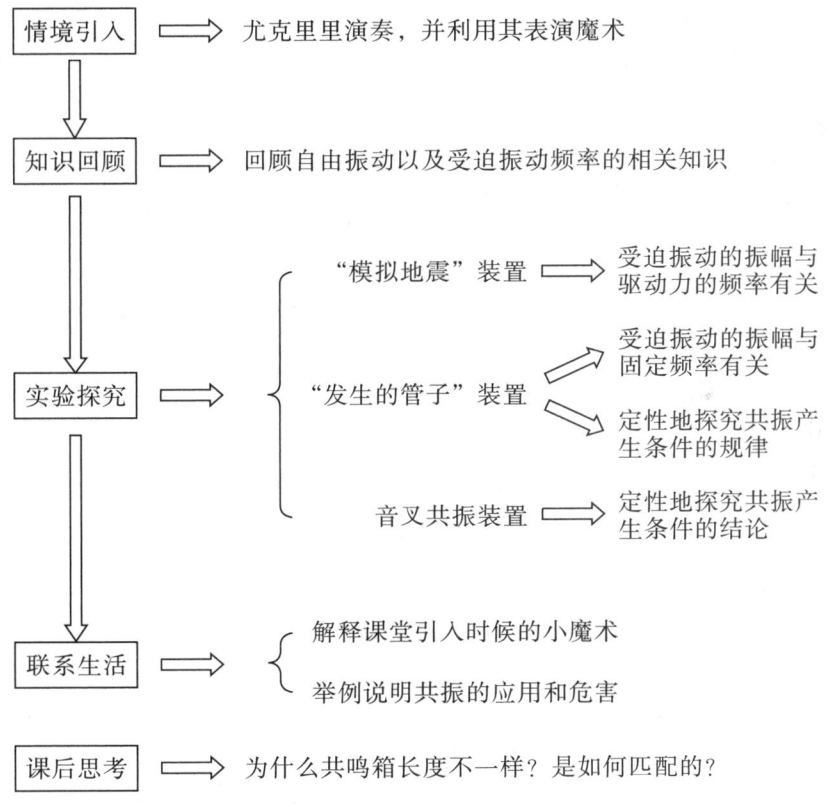

图 1 教学流程

八、教学过程设计

教学过程设计如表 1 所示。

表1 教学过程设计

教学环节和教学内容	教师行为	学生活动	设计意图
【创设情景，引入新课】 利用尤克里里演奏音乐，并用其表演魔术"隔空击物"，提问学生"为什么能隔空使弦上的纸片弹开呢"，让学生带着问题来进入课堂	利用尤克里里进行音乐演奏并表演小魔术。提出问题：为什么老师可以隔空控制纸片呢？	聆听、观看、感受、思考	通过演奏音乐吸引学生的注意。利用其表演魔术增强学生的感性认识，激起学生的学习兴趣。 提问能让学生带着问题走进课堂
【回顾知识 提出疑问】 通过两幅荡秋千的图片回顾自由振动以及受迫振动的相关知识 顺势提问：受迫振动的振幅又与什么因素有关呢？	通过图片引导问答的方式，让学生进行知识回顾。 并提出问题：受迫振动的振幅又会与什么因素有关呢？	回顾。 思考、回答	回顾固有频率和受迫振动的知识，为下面的学习做好铺垫。 通过提问，将学生的关注点从"频率"转移到"振幅"，从而过渡至实验探究环节
【实验探究，归纳分析】 1. 演示"模拟地震"。通过改变振动频率使得三个不同建筑物晃动得最厉害的情况，得出：受迫振动的振幅与驱动力的频率有关。并进一步引导学生猜想受迫振动的另一个影响因素：固有频率	展示"模拟地震实验"，从而使学生认识到驱动力频率对受迫振动振幅的影响。 提出问题，引导学生猜想受迫振动振幅的影响因素	猜测、观察。 思考	通过演示贴近生活的地震模型装置，打破学生的前概念。 让学生仔细观察得到：受迫振动的振幅与驱动力的频率有关。 引导学生猜想影响振幅的另一个因素：固有频率

续上表

教学环节和教学内容	教师行为	学生活动	设计意图
2. 演示"发声的管子"实验装置,将音叉作为驱动力的频率,改变空气柱的高度使其呈现出不同的固有频率,观察振幅的变化,得出:受迫振动的振幅与固有频率有关。 	演示"发声的管子"实验,引导学生观察实验现象,得出结论。	观察、分析、思考。	通过控制驱动力的频率不变,改变系统固有频率进行实验,观察得出:受迫振动的振幅与固有频率有关。
3. 用三个不同频率的音叉继续进行实验探究,定性地让学生认识到共振的产生条件,提问学生:当驱动力的频率和固有频率满足什么条件时受迫振动的振幅会达到最大。 	引导学生猜想受迫振动振幅达到最大值的条件。	分析、思考、猜想。	通过层层引导,让学生能够猜想到:当满足驱动力的频率接近于固有频率时振幅达到最大。再通过一个定性的实验验证学生的猜想。
4. 演示音叉共振实验:当选用驱动力频率接近固有频率的音叉时,受迫振动的音叉振幅达到了较大值,把小球弹开,从而得出共振的概念,归纳出共振的产生条件 	通过演示实验得出共振的概念及产生条件	观察、分析、思考	一步一步从影响因素,到定性到定量的实验探究,最终得出共振概念及产生条件,降低了学生的学习难度,增强了知识之间的联系

续上表

教学环节和教学内容	教师行为	学生活动	设计意图
【联系生活，解释现象】 1. 利用共振知识，揭开引入时老师利用尤克里里表演的"隔空击物"魔术的手法。	回顾引入时的表演，结合共振的知识对"隔空击物"的现象进行分析解释。	一同分析"隔空击物"原理。	是对共振产生条件的知识运用。通过尤克里里乐器的引入，增加了学生的审美情趣，也科普了一些音乐小常识。
2. 通过生活中的例子，如对比用手拿着音叉敲击和把音叉插到共鸣箱上进行敲击时声音的大小。认识到共振在日常生活中的应用。	用手拿着音叉敲击和把音叉插到共鸣箱上进行敲击，听声音的变化。 利用共振的时候要使驱动力的频率接近物体的固有频率。	观察、思考。	将物理规律与生活联系起来，体现"从生活走向物理，从物理走向社会"的新课程理念。
3. 通过介绍狮子峰景区的吊桥侧倾事故等例子，向学生介绍共振的危害，并引导学生结合共振产生的条件，避免共振给我们带来的危害	如何减小共振给人类带来的危害。 引导学生结合共振产生的条件，得出避免此危害的方法：使驱动力的频率远离固有频率	思考、分析	让学生认识到凡事都有利有弊，我们应该去利用共振和防止共振给我们带来的危害

续上表

教学环节和教学内容	教师行为	学生活动	设计意图
【课后实践，学以致用】 布置给学生一个作业，提问学生：为什么不同频率的音叉对应的共鸣箱的长度不一样？ 	给学生提出一个问题进行课后思考	课后动手实践	留下课后思考，鼓励学生课后实践，自主分析、解决问题

九、创新之处

本设计首先通过尤克里里的表演引入课堂，吸引学生的注意并利用其进行"隔空击物"的小魔术引起学生的思考，以受迫振动的振幅为出发点，通过"模拟地震"贴近生活的演示实验，让学生感受到受迫振动的振幅与驱动力的频率有关；再通过"发声的管子"实验让学生认识到受迫振动的振幅与固有频率有关，并在认识到受迫振动的影响因素之后，探究当驱动力的频率和固有频率满足什么条件时振幅最大，通过定性的探究规律到定量的得出结论，总结出共振的条件及概念；最后，从利弊两个方面出发，讲解了共振在生活中的应用与防护。整个思路时刻体现了新旧知识的联系，注重知识的构建过程，融汇了"建构主义"中"以教师为主导，学生为主体"，让学生通过体验、观察、自主分析、联系新旧知识，构建起新知识的理念。

1. 演示实验——富有观赏性，吸引力强

（1）由尤克里里演奏和小魔术"隔空击物"引入，展示了共振现象的奇妙与美丽，也彰显了物理与艺术的交融。本实验的现象极具观赏性，能充分激起学生的学习兴趣，引起了学生一探究竟的求知欲。

（2）探究实验上采用了学生感兴趣的生活实例"模拟地震"，让学生进行猜想后，利用实验打破学生的前概念影响，让学生在参与的过程中感受到驱动力频率对受迫振动振幅的影响，寓教于乐，令人回味无穷。

（3）首先通过两个实验向学生提供共振产生条件的感性认识，在实验研究上摒弃了传统的共振摆实验，通过两个现象明显的实验，用声音大小来代替振幅的大小，充分吸引学生的无意注意,调动学生的多感官作用,从定性到定量,从感性到理性,逐步深入探究规律,最终得出共振的产生条件,从而突出重点,突破难点。

2. 从生活到物理,从物理到生活

受迫振动和共振是生活中常见的现象。在学习共振的相关知识时,本课是从尤克里里的例子出发,在得出共振的概念及条件后,回归到生活应用当中。此设计遵循了"从生活到物理,从物理到生活"的教学思路,让学生将课堂的物理知识与生活紧密联系。

"静电屏蔽"教学设计

潘文静

【课　　题】静电屏蔽
【教学时间】15分钟
【教学对象】高中二年级理科生
【教　　材】人教版高中《物理（选修3-1）》第一章第七节

一、教学内容分析

1. 教材的地位和作用

随着科技的发展，在许多高压环境中和在保护仪器方面，静电屏蔽都起着至关重要的作用。本节内容选自人教版高中《物理（选修3-1）》第一章第七节，是前面所学的电荷、电场、电势等知识的延伸和飞跃，同时它在生活中的应用十分广泛，对培养学生善于观察、乐于思考的学习习惯有着重要作用。

2. 教材特点

注重理论分析，联系生活实际。

3. 教学思路

首先通过图片和文字描述静电平衡过程和分析其特点，紧接着分析静电屏蔽中静电平衡的原理，最后分析静电屏蔽生活中的应用。

4. 对教材的处理

增加感性认知环节，用自行设计的实验，让学生从初步了解到深入理解静电屏蔽，同时采用动画的形式将静电屏蔽的原理形象生动呈现，降低学习难度；最后从理论回归生活，分析静电屏蔽在生活中的应用，进行知识的迁移。整个教学过程遵循"从现象到本质，从感性到理性"的符合学生认知发展的规律。

5. 新课程标准对本节课的要求

知道静电屏蔽的现象，掌握其原理，知道其在生活中的应用。

二、学生学情分析

1. 心理特点

高二的学生正处在青春期，活泼好动，因果认识兴趣浓厚，对于生活中一些常见的静电屏蔽现象，例如汽车为何是金属外壳，为何高压工作人员的衣服是金属材料等问题有着较强的求知欲，热切希望究其本质。

2. 知识基础

在学习本节课之前，学生已经学习了电场、电势等的相关知识，为本节课学习静电平衡等知识做好了知识铺垫。

3. 认知困难

电荷、电场看不见、摸不着，较为抽象。由于前概念的影响，学生会认为导体外壳是密闭的，难以理解稀疏的导体外壳也能静电屏蔽。

三、教学目标

科学核心素养是科学育人价值的集中体现，将培养学生科学核心素养作为教学目标。

1. 物理观念

课堂学习让学生理解静电屏蔽现象，掌握其原理，知道其在生活中的应用，并在这一过程中形成正确的物质观与运动和相互作用观。

2. 科学探究

通过演示实验，提高推理论证和交流合作的科学探究能力。

3. 科学思维

在课堂小组讨论中培养学生发散和开放创新的思维。

4. 科学态度与责任

在生活应用、知识迁移中让学生学会运用所学物理知识解决问题和运用科学的态度看待生活现象。

四、教学重点

理解静电屏蔽的现象以及在生活中的应用。

五、教学难点

理解稀疏导体外壳也能进行静电屏蔽。

六、教学方法

1. 教法

（1）实验法。

①通过演示静电屏蔽袋屏蔽收音机魔术，提高学生的学习兴趣，让学生带着问题进入课堂。

②通过演示密封和稀疏的导体外壳对应的静电屏蔽现象，从而突出重点、突破难点。

（2）讲授法。

运用动态 PPT 演示，循序渐进、形象生动地讲解静电屏蔽的原理，有效减小思维跨度，讲解静电屏蔽在生活中的应用，进行知识迁移。

（3）讨论法。

通过引导学生进行讨论分析，突出学生主体地位，也使学生在分析过程中加深对所学知识的理解。

2. 学法

在教师的指导下，学生观察实验、讨论分析、归纳总结，从直观现象中体会学习的乐趣。学生在讨论分析过程中，提高交流合作能力，揭秘实验现象背后的本质，并从中形成良好的探究精神和科学素养。

七、教学用具

离子球、LED 灯泡、铜盒、铁盒、塑料盒、铁网罩、手机收音机、静电屏蔽袋。

八、教学流程

教学流程如图 1 所示。

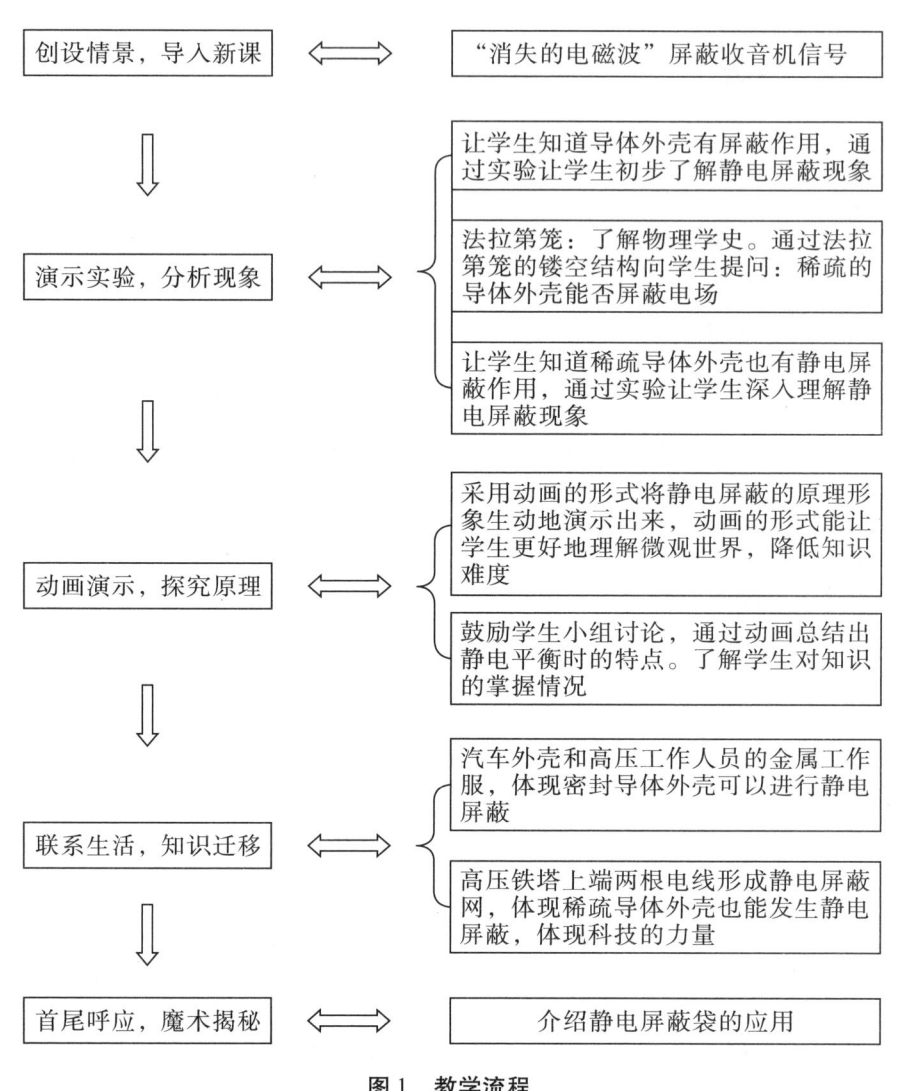

图 1 教学流程

九、教学过程设计

教学过程设计如表 1 所示。

表 1　教学过程设计

教学环节和教学内容	教师活动	学生活动	设计意图
【创设情境，导入新课】 魔术："消失的电磁波"。 利用静电屏蔽袋和手机收音机演示魔术，让手机收音机清晰的声音变得模糊不清，引发学生学习兴趣，让学生带着问题进入课堂	让学生听到收音机声音由清晰变沙哑，激发学生的好奇心	观察、思考、感受	通过魔术引发学生的思考，激发学生对探究新知识的欲望，让学生得以快速融入课堂
【演示实验，分析现象】 1. 实验仪器和原理介绍。 用离子球提供电场和用 LED 灯泡受电场作用会发光设计实验。 2. 探究导体外壳能屏蔽电场。 实验 1：分别用塑料、铝盒、铜盒屏蔽受到电场作用的灯泡，引导学生猜想哪一个盒子会屏蔽电场。实验现象为用铝盒和铜盒盖住灯泡，灯泡会灭。	1. 引发学生猜想并根据猜想进行实验。观察铝和铜盒的相同之处。 2. 总结实验现象。	猜想、疑惑、观察、讨论	让学生通过实验 1 现象观察总结，从而初步了解静电屏蔽现象

续上表

教学环节和教学内容	教师活动	学生活动	设计意图
3. 根据学生总结的表格分析出静电屏蔽现象。导体壳对其内部起保护作用，使其内部不受外部电场影响。 4. 探究稀疏的导体外壳也能进行静电屏蔽。 根据法拉第笼的稀疏结构，向学生提出疑问：稀疏的导体外壳能否屏蔽电场？ 实验2：分别用较为密集、稀疏的铁网和极其稀疏的导体外壳屏蔽受到电场作用的灯泡。实验现象为用稀疏的导体外壳盖住灯泡，灯泡也熄灭	3. 引发学生思考并用实验探究稀疏外壳能否屏蔽电场	归纳、记忆、回答	通过实验2现象克服认知困难、突出重点，突破难点。小组讨论，突出学生主体地位
【动画演示，得出理论】 1. 采用动画形式描述静电屏蔽的原理——静电平衡。自由电子受到电场力的作用做定向移动，移动到导体的一侧，同时在导体的另一侧会感应出等量正电荷，重新分布的电荷会产生一个与原电场方向相反的新电场，直到新电场与原电场相互抵消，导体达到静电平衡状态。 2. 讲解静电平衡的特点。导体内部电场为零，导体是一个等势体	结合动画进行讲解，讲解过程提问学生问题：电子移动的过程会持续下去吗？ 让学生小组讨论静电平衡的特点	理解、分析、记忆、回答、讨论	采用动画的形式，将看不见、摸不着的电场和电荷形象生动地展示出来，降低学习难度。 了解学生对知识的理解情况

续上表

教学环节和教学内容	教师活动	学生活动	设计意图
【联系生活，知识迁移】 讲解生活中静电屏蔽的应用。 1. 高压工作人员的金属工作服。金属服装在高压的环境中可以保护工作人员。 2. 汽车的金属外壳。在打雷闪电中可以保护车内的人。 3. 高压铁塔上端电线与地相接，形成屏蔽网，在实现远距离输电中起重要作用 	引导、讲解。 提问：如何为远距离输电设置一个安全的输电环境	思考、理解、回答	从现象到本质，让学生感受科技的力量，学会运用物理知识解释生活现象，运用科学态度看待生活现象
【首尾呼应，魔术揭秘】 1. 魔术揭秘 其实"魔法袋"是静电屏蔽袋，收音机接收的是电磁波，在袋子中信号被屏蔽了。 2. 介绍静电屏蔽袋在生活中的应用，比如用来保护精密的仪器不受到外电场影响。	提问 讲解	回答 恍然大悟	解答学生心中疑惑，联系生活应用

十、板书设计

板书设计如图 2 所示。

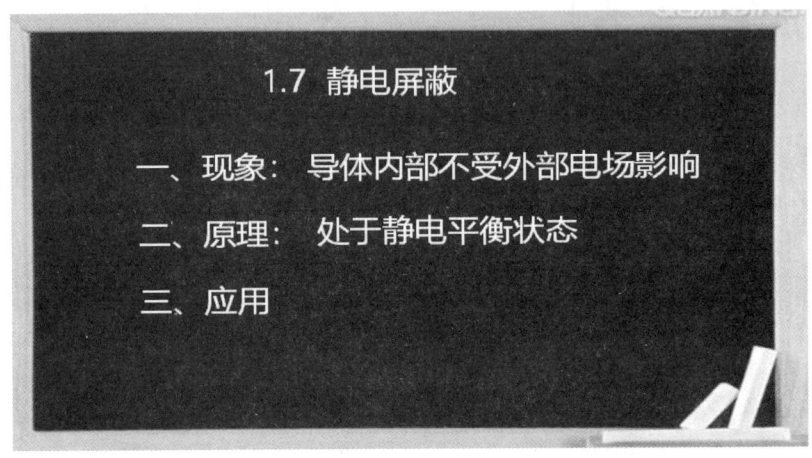

图 2 板书设计

十一、创新之处

1. 教材编排从现象到本质，从感性到理性，符合学生的认知发展规律

我重新调整教学内容，从现象入手，增加了感性认知环节，用直观的实验现象帮助学生更好的理解静电屏蔽，同时也为课堂添加了许多乐趣。在学生充分了解了静电屏蔽现象后，我把课堂引入理论分析环节。但由于电场和电荷等都是看不见摸不着的，所以我采用动画配上讲解的形式来描述，降低学习难度，减少思维跨度。最后我再从理论回归生活，用生活中科技的力量打动学生的心，符合学生的认知发展规律的同时，让学生感受到物理的力量。

2. 教具创新，减少实验的不确定性，确保成功且现象明显

起电机操作不当时存在危险，而且体积大，难以携带，容易受环境影响。所以我对教具进行了创新，用离子球来代替起电机提供电场，减少危险性。同时利用离子球的现象吸引学生注意。我用灯泡来代替验电计，是因为灯泡受到电场作用会发亮，现象明显；体积小，容易携带。此外，我自制了用不同材料做成的盒子来代替金属笼，学生可通过对比，轻松完成思维过渡。

3. 借助生动、具体、形象的动画，降低学习难度，有助于学生更好地理解静电平衡过程

采用动画的形式减低学习难度，帮助学生更好地理解微观世界。

"驻波" 教学设计

许金铃

一、教学内容分析

1. 教材的地位和作用

机械波是机械运动中比较复杂的运动形式，广泛地涉及物理学的各个领域。前面五节内容学习了机械波的基本概念和波的基本性质，学生对波的反射、衍射和干涉都有了初步的认识。本节课是在学习了波的基本性质之后引入的，是波动知识体系的一部分，也是对波的干涉的进一步拓展。

虽然本节内容比较抽象，但与生活科学联系密切，因此很容易激发学生的学习兴趣，有利于培养学生的物理核心素养。

2. 课程标准对本节课的要求

了解驻波现象，理解驻波的形成与特点。

3. 教材内容安排

教材内容分两部分：首先，通过弦振动的实验得出驻波的定义，利用驻波的形成简图分析驻波的形成；其次，通过探究空气柱内驻波实验，得出 $v=f\lambda$ 的声波速度测量公式。

4. 教材的特点

（1）重视知识获得的过程。

（2）与实际生活联系密切。

5. 对教材的处理

教材中直接通过传统的弦振动实验引出驻波的定义，利用静态简图分析驻波的形成。该过程知识跨度较大，不利于学生的学习。因此，我调整了教学内容，对教材进行了重新编排。首先，通过肥皂膜的驻波实验引出驻波，引导学生总结驻波的特点，激发学生的学习兴趣。其次，利用动态模拟和学生共同探究驻波的形成，在学生掌握驻波的定义之后，总结驻波的特点，接着引入演示实验，增加学生的感性认识环节，帮助学生区分行波和驻波。这样化抽象为具体，从现象到本质，符合学生的认知发展规律。在课堂引入及应用介绍部分都相应地增设了演示实验，为学生提供了丰富的感性认识材料，既能帮助学生构建新的知识，也有利于培养其观察能力。

二、教学对象分析

1. 学生的认知基础

学生在此之前已经学习了波的传播的基本知识，对波的衍射和干涉有了初步的认识，并且具备一定的实验探究能力。

2. 学生的因果认识兴趣浓厚，对波现象有直接兴趣，但对现象的成因却不甚了解

高二学生对生活中的现象的求知欲强烈，对物理知识在生活中的应用也十分感兴趣。所以在教学中，应充分发挥演示实验的作用，通过教师的引导，激发学生的认知兴趣，充分调动学生学习的积极性和自主性。

学生对课堂中利用动态模拟的分析过程有很强的参与心。

3. 学生的认知困难

学生尽管对机械波的图像以及基本概念已经有了一定的了解，但是对驻波是如何形成的依然比较陌生。再加上他们的分析归纳能力较弱，本节课的内容较为抽象，不利于学生的认识。故学生在理解驻波的形成条件（频率相同，振幅相同，传播方向相反）时会遇到一定的困难。

三、教学目标

1. 物理观念

通过驻波的学习，形成正确的运动与相互作用观。

（1）知道波腹与波节的概念，了解驻波的定义。

（2）理解驻波的形成与特点。

（3）学会区分行波与驻波以及驻波在弦乐器发声原理中的应用。

2. 科学思维

（1）实验的设计从简单的形象直观到深入的对比分析，符合学生的认知发展规律。

（2）通过对行波与驻波的对比分析，培养学生对比分析的物理思维方法。

3. 实验探究

（1）通过观察实验，培养学生善于思考与观察的学习习惯。

（2）运用启发式的问题，培养学生的科学推理能力。

4. 科学态度与责任

在观察固体的二维驻波实验现象和吉他发声现象的过程中，让学生体验自然科学的美感，并能够用辩证唯物主义的观点看待问题。

四、教学重难点

1. 教学重点

驻波的形成以及驻波的特点。

2. 教学难点

驻波的形成。

五、教学策略

1. 教学组织形式

本节课采用教师引导，学生自主体验、分析的组织形式。一方面，教师创设问题情境和有效的设问引导，让学生亲历物理知识的构建过程；另一方面，教师通过演示实验，让学生参与其中，自主分析现象，总结规律。学生通过了解驻波现象，认识波腹和波节的概念，从而理解驻波的形成与特点，形成正确的运动与相互作用观；通过对行波与驻波的对比分析，进而培养对比分析的物理思维方法，由感性认识过渡到理性分析；在观察固体的二维驻波实验现象和吉他发声现象的过程中，体验自然科学的美感，并能够用辩证唯物主义的观点看待问题。

2. 教学方法

实验演示法与讲授法的有机结合，既突出了重点，又突破了难点。

本节课首先通过沙子的二维驻波实验引入，为学生提供丰富的感性认识材料，调动学生的学习兴趣，也为接下来的教学做好铺垫。在探究驻波形成条件时，利用肥皂膜驻波实验，通过问题引导学生总结驻波的特点；通过对计算机动态模拟演示的详细分析，引导学生理解驻波的形成和驻波的形成条件。

老师形象生动、富于引导式的讲解，辅以演示实验、各种直观教具和现代教学技术，启发学生思维，把学生的感性认识提升到理性认识，在讲授知识的同时渗透探究的思想，在探究的过程中讲授必要的物理知识。

3. 学法指导

鼓励学生通过对现象的观察、分析，联系新旧知识，构建新知识，并尝试用所学的物理知识解释生活现象。

4. 媒体设计

本节课综合应用计算机模拟、肥皂膜演示器具、吉他、自制教具、视频、图片等为学生提供丰富的感性认识材料；利用自制的固体二维驻波演示仪引发学生思考，从而创设情境导入新课；利用视频并借助计算机动态模拟演示，把书本分析驻波形成的静态图示更加直观形象地展现在学生面前，化抽象为具体，便于学生理解。

六、教学用具

吉他、固体二维驻波演示仪、"肥皂膜驻波"实验装置、自制教具"毛毛虫"等。

七、教学流程

教学流程如图1所示。

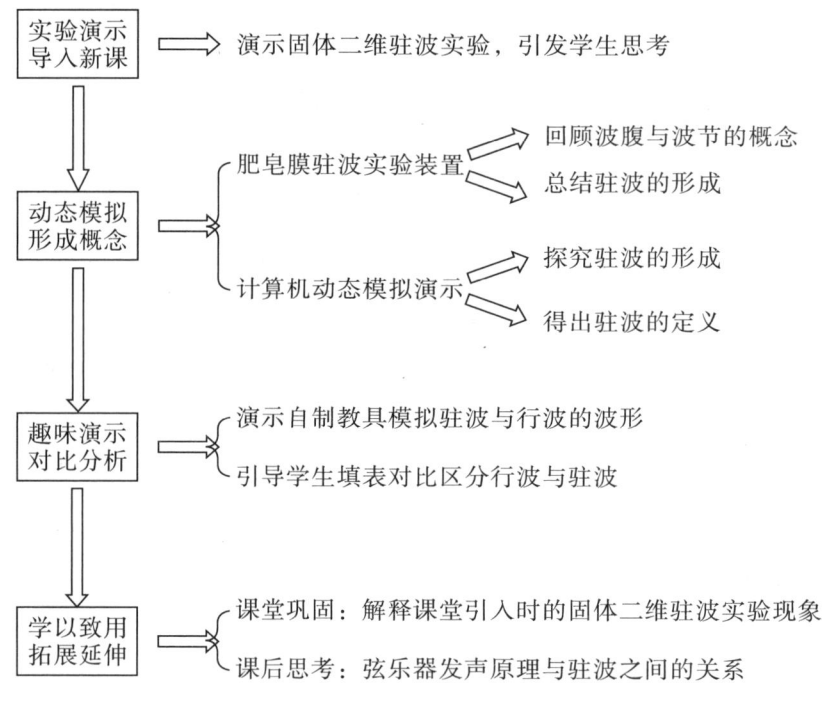

图1 教学流程

八、教学过程设计

教学过程设计如表1所示。

表1 教学过程设计

教学环节和教学内容	教师行为	学生活动	设计意图
【实验演示、导入新课】 演示"固体二维驻波"实验	教师演示固体二维驻波实验，提出问题： 1. 为什么沙子们会结伴扎堆？ 2. 为什么它们能够排列成如此奇妙而有规则的图案？ 引发学生思考，激发学生学习的兴趣，让学生带着思考走进新课学习	聆听、观看、感受、思考	通过固体的二维驻波实验现象创设物理情景。通过设置问题激发学生的学习兴趣，让学生在轻松愉悦的氛围下，带着悬念和思考走进新课堂的学习
【动态模拟、形成概念】 1. 通过课前复习，引导学生回顾波腹与波节的概念。 2. 演示肥皂膜实验	通过图片引导学生回答，让学生进行知识回顾。 波节：端振幅为零的点。 波腹：波节与波节之间振幅最大的点。 学生观察金属框上的波形数目变化，教师顺势提问：要使金属框上波数增加，应该改变什么条件？引导学生总结规律：频率加快，金属框上波腹数量增加	回顾、思考、回答	温故而知新，回顾波腹和波节的概念，为下面的学习做铺垫。 通过提问，引导学生总结规律：频率加快，金属框上波数增加

续上表

教学环节和教学内容	教师行为	学生活动	设计意图
3. 通过模拟线条图示分析，引导学生总结驻波的特点。 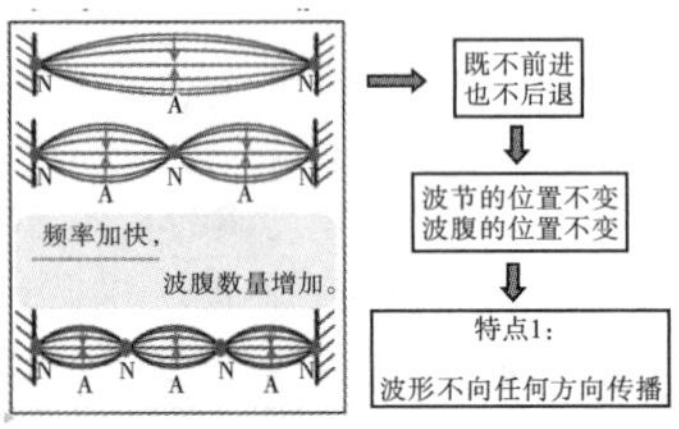 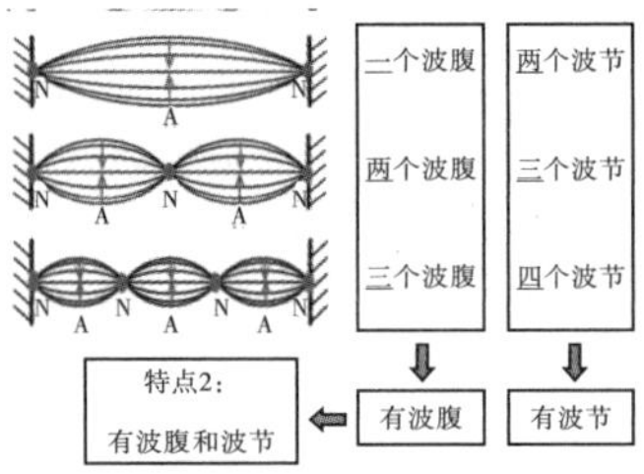	通过分析模拟线条表示的金属框上的波形的特点，引导学生总结驻波的特点： 1. 波形不向任何方向传播。 2. 有波腹波节。 为探究驻波的形成做准备。	思考、分析	引发学生思考，为下面探究驻波的形成条件做准备。
4. 回顾波的干涉条件，引出猜想：产生驻波的两列波需要满足什么条件。	回顾波的干涉现象条件：两列频率相同、有固定的相位差的波相互叠加。 顺势提问：两列频率相同、有固定的相位差、振幅相同，传播方向相反的相干波相互叠加会发生什么现象？	思考、回顾、猜测	
5. 运用动态模拟和学生共同探究驻波的形成 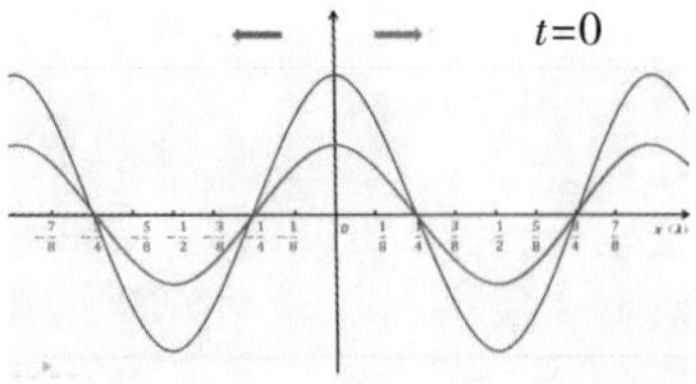 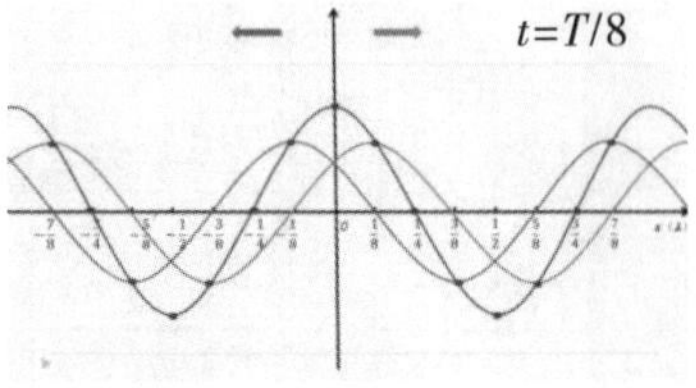	通过计算机媒体动态演示出射波与反射波的叠加过程，并详细分析每隔1/8个周期合成波的形成与特点，和学生共同探究驻波的形成。教师引导学生观察并分析：每隔1/8个周期，两列频率相同、振幅相同、传播方向相反且有固定相位差的相干波，它们的合成波有什么样的特点。通过驻波形成的动态图，和学生共同归纳驻波的特点，得出驻波的定义	观察、思考、分析、归纳	通过层层引导，与学生共同总结驻波的特点，从而得出驻波的定义。通过动画演示，增强学生的感性认识。

续上表

教学环节和教学内容	教师行为	学生活动	设计意图
(示意图：t=3T/8 和 t=T/2 的波形图)			
6. 分析示意图，归纳总结驻波的特点。 (示意图：标注 A、B、C 三点的波形) 特点3：相邻的两个波节(或波腹)之间的距离等于半个波长，即 $\lambda/2$	分析示意图，和学生一起总结驻波的特点：相邻波腹（波节）间距离为 $\dfrac{\lambda}{2}$。从而归纳驻波的形成条件，进而得出驻波的定义：两列频率相同、振幅相同、传播方向相反的波叠加后形成的波		
【趣味实验、对比分析】 演示实验、讲解实验，引导学生完成表格对比区分行波与驻波。 (毛毛虫实验图片) | | 物理意义 | 波形 | | --- | --- | --- | | 行波 | 一列波在介质中的传播 | 波形向前传播 | | 驻波 | 特殊的干涉现象 | 波形不向任何方向传播 |	教师演示"毛毛虫实验"，通过"轻轻拨动"和"持续摇晃"两种不同的方式使毛毛虫模拟出行波与驻波两种不同的波形，进而让学生直观形象地区分、对比、分析行波和驻波 回顾引入时的实验，倾听学生的回答并加以详细补充解释。引导学生利用驻波的特点：振幅为零的位置为波节。引导学生解释课前的物体二维驻波实验现象：沙子所处的位置为波节，因为波节的位置振幅为零，不易被弹出去。	观察、思考、对比、归纳 思考回答	通过问答的形式引发学生思考，用毛毛虫舞动的实验让学生直观形象地了解驻波，培养学生发现问题、思考问题的能力

续上表

教学环节和教学内容	教师行为	学生活动	设计意图
【学以致用、拓展延伸】 1. 利用驻波的知识，引导学生解释课前的固体二维驻波实验现象。 2. 布置课后作业，现场演奏吉他并提问学生：吉他发声原理与驻波两者之间有何关系？	弹奏吉他并布置课后思考题	课后思考	通过吉他弦乐器的引入，增加了学生的审美情趣，将物理规律与生活联系起来，体现"从生活走向物理，从物理走向社会"的新课程理念。留下课后思考题，鼓励学生课后思考，自主分析、解决问题

九、创新之处

本设计首先通过固体二维驻波实验引入课堂，吸引学生的注意，并通过其美妙而有规律的图案引起学生的思考，运用直观有趣的肥皂膜这样更加贴近生活的实验引出驻波，激发学生的学习兴趣，并通过对模拟线条波形的分析共同归纳驻波的特点。再运用计算机动态模拟代替原先教材中的静态图示，更加生动形象地展示出驻波的形成过程，由此和学生共同探究驻波的形成，帮助学生由感性认识过渡到理性分析。在了解驻波的形成条件之后，引导学生分析归纳出驻波的定义，并通过自制教具"毛毛虫"帮助学生区分行波与驻波，通过对行波与驻波的对比分析，进而培养学生对比分析的物理思维方法。最后，通过对弦乐器的发声原理的思考，让学生形成正确的运动与相互作用观。学生通过了解驻波现象，认识波腹和波节的概念，从而理解驻波的形成与特点；在观察固体的二维驻波实验现象和吉他发声现象的过程中，体验自然科学的美感，并能够用辩证唯物主义的观点看待问题。整个思路时刻体现新旧知识的联系，注重知识的构建过程，融汇了"建构主义"中"以教师为主导，学生为主体"的理念,让学生通过体验、观察、自主分析、联系新旧知识,构建起新知识。

1. 演示实验——富有观赏性,吸引力强

(1) 导入由固体的二维驻波实验现象,展示了驻波现象的奇妙与美丽,也彰显了物理与艺术的交融。本实验的现象极具观赏性,能充分激起学生的学习兴趣,引起学生一探究竟的求知欲。

(2) 探究实验上采用了贴近生活的"肥皂泡泡",让学生在参与的过程中思考并归纳出驻波的特点,寓教于乐,令人回味无穷。

(3) 首先通过两个实验向学生提供共振产生条件的感性认识。在驻波形成的探究上,一是摒弃了教材中的静态图示,利用计算机的动态模拟演示,清晰直观地展现出驻波的形成过程,充分吸引学生的无意注意,调动学生的学习积极性与主动性。二是通过对示意图的详细分析,化抽象为具体,从现象到本质,从而突出重点、突破难点。该过程符合学生的认知发展规律。

2. 从生活到物理,从物理到生活

驻波与生活联系密切,在学习驻波的相关知识时,本课在课堂的最后,利用吉他的例子为结尾,在学生掌握了驻波的定义与特点后,回归到生活应用当中。此设计遵循了"从生活到物理,从物理到生活"的教学思路,让学生将课堂的物理知识与生活紧密地联系。

"离心现象及其应用"教学设计

陈家晓

【课　　题】离心现象及其应用
【教学时间】15 分钟
【教学对象】高中一年级学生
【教　　材】粤教版高中《物理（必修二）》第二章第三节

一、教学内容分析

1．教材的地位和作用

本节是利用圆周运动的知识，分析生活和生产实践中的一类重要现象——离心现象，是在学习了匀速圆周运动和向心力之后编排的，既是对圆周运动这一章的应用，又为下一章的学习做好知识铺垫，具有承上启下、学以致用的重要作用。

2．教材的特点

突出观察和实验，重视离心现象与日常生活的联系。

3．课程标准要求

分析生活和生产中的离心现象。

4．教材的编排与处理

（1）教材的编排。

教材首先提出问题：做圆周运动的物体的向心力突然消失或者不足时，物体将出现什么情况？接着通过两个演示实验归纳离心现象的产生条件及定义，然后大篇幅地介绍离心现象的应用，最后在交流与讨论中涉及了离心现象的危害及防止。

（2）教材的处理。

教材首先通过问题和两个演示实验直接得出离心现象的产生条件，这样编排造成知识的跨度较大，学生对离心现象及其轨迹感性认识不够，对离心现象产生条件理解也不够深刻。因此，在一开始增设生活实例，帮助学生认识离心现象，接着通过实验探究得出离心现象的产生条件及定义，最后介绍离心现象的应用、危害及防止的方法。从现象到本质再到应用，循序渐进，降低学习难度，符合学生的认知发展规律。

二、学生情况分析

1. 心理特点

本节课的授课对象是高一的理科生,他们对生活中常见的欢乐转盘以及脱水机等现象熟悉,却不知原理,好奇心强。

2. 知识基础

已经学习圆周运动以及向心力的相关知识。

3. 认知困难

课本对离心现象产生条件的阐述过于简单,而且学生的空间想象力不强,难以进行知识的迁移,对离心现象运动轨迹缺乏感性的认识。

三、教学核心素养目标

1. 物理观念

理解离心现象及其产生条件,了解离心现象在生产生活中的应用及危害,形成正确的运动与相互作用观念。

2. 物理思维

能对实验现象进行分析推理,归纳总结出离心现象的产生条件,培养学生观察分析、归纳总结的科学思维能力。

3. 科学探究

能根据现象提出恰当问题,进行合理猜想,并通过实验来验证、分析原因。

4. 科学态度与责任

感受到物理知识与生活生产的紧密联系,培养用一分为二的观点辩证看待问题的科学态度。

四、教学重点

探究离心现象的产生条件。

五、教学难点

探究离心现象中物体的运动轨迹。

六、教学策略设计

1. 教学组织形式

新课改提倡以自主、合作、探究的教学组织形式来进行课堂教学。本节采用教师引导、学生自主观察、师生共同探究分析的教学组织形式，让学生经历部分的科学探究过程，从而获取物理知识，培养学生善于观察思考的良好习惯，提高学生的科学素养。

2. 教学方法

（1）实验法。

物理是一门以实验为基础的科学。将理论与实验融为一体，突出实验在教学中的基础地位是新课程的一大特点。在本节课中，通过脱离轨道后的小车、离心飞车等实验探究离心现象的产生条件，并且将轨迹呈现在学生面前，强化学生对离心现象的感性认识，激发学生内在的学习动机，锻炼他们观察与思考的能力。

（2）演示法。

通过图片、动画以及现象明显的演示实验，为学生演示离心现象的特点及运动轨迹的形成，化抽象为具体，为学生提供丰富的感性材料，有利于学生思维的加工和发展。

（3）讲授法。

教师通过形象生动、富于引导式的讲解，辅以形象的演示实验和直观的多媒体课件，引导学生从形象到抽象、感性到理性、从现象到本质再到应用，循序渐进，促进学生思维的发展，从而达到教学目标。

3. 学法指导

教学与生活的结合，可以使得学生将学到的简单模型的知识应用到生活中复杂的情形中；提升学生应用所学知识、方法解决现实问题的意识和能力；提高学生知识迁移、自主分析归纳总结的能力，让学生经历"是什么，为什么，怎么用"的过程，促使学生实现从学会到会学的转变，真正成为课堂的主人。

七、教学用具

自行车车轮、彩珠、带轨道的小车、白纸、墨水、离心飞车、手摇转台等。

八、教学流程

教学流程如图 1 所示。

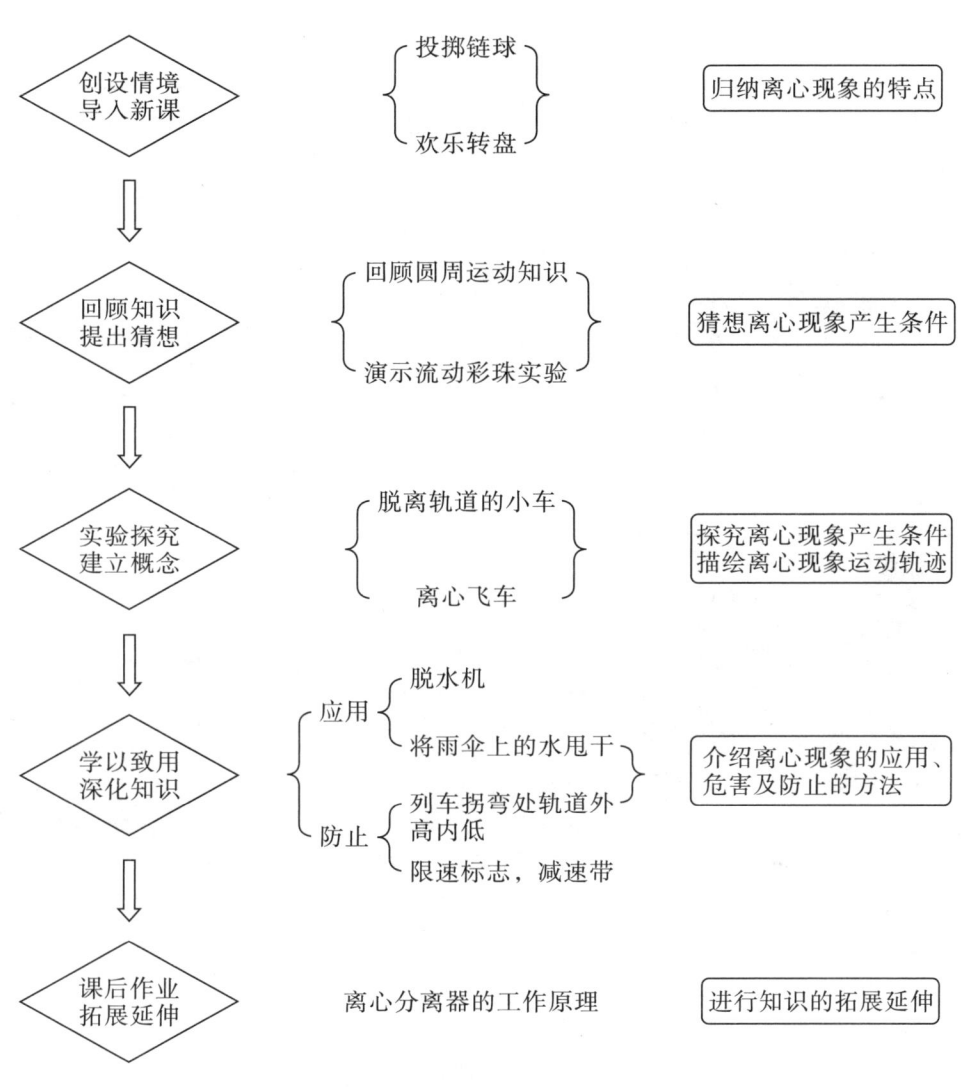

图1 教学流程

九、教学过程设计

教学过程设计如表1所示。

表1 教学过程设计

教学环节和教学内容	教师活动	学生活动	设计意图
【创设情境,导入新课】 1. 观看动图。 (1) 运动员投掷链球。 观看动图,引导学生注意观察链球在运动员手中的运动状态。 (2) 欢乐转盘。 让学生有目的地观察欢乐转盘上的小孩的运动情况。 2. 归纳以上两种运动的共同特征。 教师与学生共同归纳投掷链球以及欢乐转盘的共同特点,引出离心现象,导入新课	提问:链球一开始在做什么运动,接着松开手,链球会怎么运动? 提问:欢乐转盘加快转速前后小孩运动状况发生了什么改变? 提问:这两个运动有什么共同的特点? 归纳:物体都是先做圆周运动,在一定的条件下就不能再做圆周运动,而是做远离圆心的运动	观察。 期望回答:链球一开始在做圆周运动,接着被甩出去了。 观察。 期望回答:小孩一开始做匀速圆周运动,接着被甩出去了。 思考、回答	通过动图为学生提供感性的认识,吸引学生的注意,激发学生的好奇心。借助问题,让学生充分参与到课堂中,调动学生对现象的观察、描述和思考。 选择这两个动图的原因是这两个动图中物体的运动分别代表离心现象的两种不同情况,为后面的实验探究做好知识铺垫
【回顾知识,提出猜想】 1. 回顾知识。 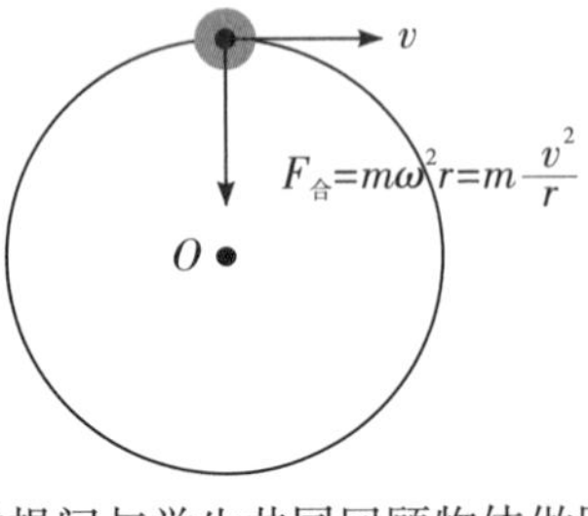 $F_合 = m\omega^2 r = m\dfrac{v^2}{r}$ 通过提问与学生共同回顾物体做圆周运动的知识。	提问:物体做圆周运动需要满足什么条件?匀速圆周运动的速度方向是怎么样的?	期望回答:合外力等于所需的向心力,速度方向是沿着圆周的切线方向。	通过复习圆周运动的知识,帮助学生进行知识的迁移。激发学生思考如何使物体做离心运动,增强学生对离心现象轨迹的好奇心。

续上表

教学环节和教学内容	教师活动	学生活动	设计意图
2. 提出猜想。 （1）缓慢转动车轮。 （2）加快转速转动车轮。 让学生对比珠子的运动情况，并且交流讨论绿色珠子发生离心现象，而橙色珠子没有发生离心现象的原因。 3. 分析猜想。 从圆周运动的知识出发，引导学生猜想离心现象的产生条件为合外力小于所需的向心力	提问：车轮上的珠子在做什么运动？ 提问：此时车轮上的珠子又在做什么运动？ 分析：物体做圆周运动，满足合外力等于所需的向心力，此时向心力公式用 $F_{合}=F_{需}=m\omega^2 r$ 表示，可知绿色珠子半径大，需要的向心力更大，此时合外力保持不变。 再一次提问：绿色珠子发生离心现象是因为什么？	期望回答：珠子做匀速圆周运动。 期望回答：绿色的珠子发生了离心运动，而橙色的珠子还在做圆周运动。 认真听讲。 期望回答：合外力小于所需的向心力	通过两次转动车轮的过程中彩珠运动的不同情况，让学生形成鲜明的对比，激发学生的思考。 帮助学生将圆周运动的知识应用到离心现象中，让学生更深一步分析离心现象产生的原因，同时为实验探究做好充分的理论引导
【实验探究，建立概念】 1. 轨道小车。 （1）小车在圆形轨道上做匀速圆周运动。 展示小车在轨道内做匀速圆周运动，分析小车做匀速圆周运动的合外力。	分析：此时小车在轨道上做匀速圆周运动所需的向心力是由小车与轨道之间的相互作用力来提供。	观察。	教师做演示实验，引导学生观察分析实验现象，培养学生观察以及分析问题的能力，形成归纳总结的思维习惯。

续上表

教学环节和教学内容	教师活动	学生活动	设计意图
（2）小车脱离轨道后在白纸上留下墨水的痕迹。 分析小车脱离轨道后的运动情况及其受力情况。	提问：当小车的圆形轨道换成只剩下四分之三轨道时，小车运动脱离轨道后做什么运动？ 分析：小车脱离轨道留下了墨水的痕迹，发生离心现象。此时小车没有受到轨道给的作用力，向心力为0，并且轨迹沿着圆周切线。	观察、思考。	利用小车脱离轨道后在白纸上留下墨水的痕迹，通过离心飞车将瞬间的轨迹清晰、直观地呈现在学生面前，化抽象为具体，激发学生学习兴趣，加深学生对知识的印象和理解。
2. 离心飞车。 （1）做匀速圆周运动。 教师边演示小汽车在木板上做匀速圆周运动，边向学生提出问题。	展示小车在木板上做匀速圆周运动。分析：提供小车做匀速圆周运动所需的向心力是由摩擦力与绳子的拉力的合力提供的。	观察、思考、回答。	

续上表

教学环节和教学内容	教师活动	学生活动	设计意图
（2）产生离心现象。 与学生配合共同演示逐渐减少彩球的个数时小车的运动情况，引导学生观察实验现象并且解释现象产生的原因。 3. 归纳离心现象的完整定义 与学生共同归纳离心现象的完整定义，利用动态 PPT 为学生呈现在不同条件下物体发生离心运动的现象，总结圆周运动中合外力和向心力的供求关系	分析： 利用 $F = m\dfrac{v^2}{r}$，分析，当提供的合外力变小时，物体的半径会变大，这就是离心现象产生的条件。 共同归纳：做圆周运动的物体，在所受合外力突然消失或不足以提供圆周运动所需的向心力的情况下，就会做逐渐远离圆心的运动，这种现象称为离心现象。	思考，认真听讲，回答 记录笔记	利用供求关系，简明扼要地将整节课的内容总结起来，再次突出教学重点，也有助于加深学生对知识的理解与记忆。 引导学生学会分析生活中的离心现象，感受物理与生活的密切联系，将所学习的知识运用到日常生活中；培养学生将物理知识服务于社会的意识，体现"从物理走向社会"的新课程理念；使学生形成用一分为二的观点辩证看待问题的科学态度

续上表

教学环节和教学内容	教师活动	学生活动	设计意图
【学以致用,深化知识】 1. 离心现象的应用:脱水机。 从离心现象的产生条件出发,介绍离心现象的应用,突出增大转动速度是离心现象在生产生活中的一种普遍应用。 2. 离心现象的危害及防止。 (1) 增大合外力。 列车拐弯处的轨道外高内低。 (2) 减小速度。	脱水机的工作原理:加快转速时衣服对水的吸附力不足以提供水做圆周运动所需的向心力,发生了离心现象。 分析:与平地轨道相比,列车拐弯处轨道外高内低有利于增大合外力,防止列车发生离心运动。	思考,认真听讲。	

续上表

教学环节和教学内容	教师活动	学生活动	设计意图
车道拐弯处设置限速标志或减速带。 从离心现象的产生条件出发，分析离心现象在生产生活中的危害及防止的方法	根据动图提问：为什么速度过快，汽车会发生打滑的现象？让进行学生交流讨论。 警醒学生骑车过弯道同样要注意减小速度	记录笔记。 思考，认真听讲，交流讨论	让学生相互间进行交流讨论，有助于增进学生的交流合作的能力，让学生充分参与到课堂中来，活跃课堂气氛
【课后作业，拓展延伸】 向学生介绍离心分离器。	离心现象在生物化学领域有一种广泛的应用：离心分离器。 布置作业：结合所学知识，查阅资料，了解离心分离器的工作原理	记录作业	布置课后作业，有助于学生课后对本节课知识的巩固提升。学生自主查阅资料，拓展自己的知识面，培养自主学习的能力

十、板书设计

板书设计如图 2 所示。

§2.3　离心现象及其应用

一、特点：远离圆心

二、定义：圆周运动 $\xrightarrow{F_合 < F_需}$ 离心运动

三、应用、危害及防止

图 2　板书设计

十一、创新之处

1. 自制教具，配合教学

本节课教师的自制教具都取材于生活，比如车轮、小彩珠、玩具小车，教具的操作简单，让学生感受到物理与生活的密切联系。物理实验不一定都要在实验室完成，在生活中我们通过自制教具也能完成物理实验，培养学生发现问题，分析、解决问题的意识。并且利用脱离了蘸上墨水的轨道的小车以及运动半径逐渐变大的离心飞车将瞬间的轨迹呈现在学生面前，让学生清晰直观看到轨迹，激发学生的学习兴趣，加深了对知识的印象和理解。（见图 3）

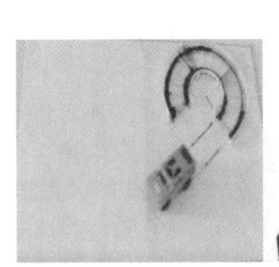

图 3　自制教具

2. 选材多来源于生活，体现物理与生活的联系

此实验中的投掷链球，有利于增加学生对国家体育项目的认识与了解，激发学生的爱国热情。利用生活娱乐活动中常见的欢乐转盘、脱水机，增加学生的感性认识，将物理与生活实际紧密相结合，揭开学生好奇却又不知原理的帷幕。并且为学生普及

日常生活中常见的离心现象,例如列车拐弯处轨道设置成外轨高内轨低的特点,以及汽车行驶过弯道时注意减速,防止发生离心现象。(见图4)

图4 离心现象

3. 利用动态和演示实验,增加学生对离心现象本质的理解

在整个过程中,采用动态 PPT 和现象明显的演示实验,帮助学生直观明显地了解离心现象的本质特点,进而突出重点,突破难点。(见图5)

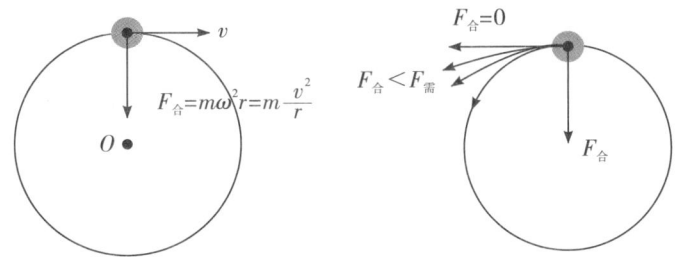

图5 演示

"传感器及其工作原理" 教学设计

陈幼丽

【课　　题】传感器及其工作原理
【教学时间】45 分钟
【教学对象】高中二年级学生
【教材章节】人教版高中《物理（选修 3-2）》第六章第一节

一、教材分析

1. 教材的地位和作用

本节课选自人教版高中《物理（选修 3-2）》第六章第一节传感器及其工作原理。前两章学生学习了电与磁的相关知识后，为本节课的学习打下了知识基础。本章体现了物理学的时代性、应用性、实践性，侧重定性研究传感器在生活、生产、社会中的应用。同时，传感器的知识与力、热、光、电、磁等知识密切相关，对学生综合运用之前所学知识解决实际问题的能力具有十分重要的作用。

2. 教材的特点

注重实验；注重传感器的类型和应用。

3. 课程标准要求

通过实验，了解常见传感器的工作原理，知道非电学量转换为电学量的技术意义。

4. 教材的编排与处理

（1）教材的编排。

教材一开始就介绍干簧管这一传感器元器件，接着通过日常生活中常见的传感器的应用给出传感器的定义，紧接着再介绍三类传感器的元器件，以及通过实验得出三类元器件的工作原理。

（2）教材的处理。

教材首先是通过实验引入干簧管，进而引出传感器定义，再介绍常见传感器及其工作原理。这样的编排感性材料不足。由此重新调整教材顺序，让学生先了解常见传感器的工作原理，对传感器有足够的感性认识，最后再总结出传感器的定义，让学生更深刻理解非电学量转换为电学量的技术意义，更完整、更全面地理解传感器的定义。

二、学生学情分析

1. 知识基础

本节课的授课对象是高二理科生。学生之前已经学习了力、热、光、电、磁等知识，为学习本节课打下了基础。

2. 心理特点

高二的理科生处于思维活跃的阶段，并且具有较强的求知欲和较高的学习热情。

3. 认知困难

对传感器的了解只停留在表面，对传感器的工作原理并不了解，知其然却不知其所以然。抽象思维能力处在发展阶段，综合应用力、热、光、电、磁等知识解决实际问题的能力较弱。

三、教学目标

1. 物理观念

（1）理解传感器的定义，知道常见传感器的工作原理。

（2）知道非电学量转换为电学量的技术意义。

2. 科学思维

通过常见各类传感器元器件的学习，能分析各元器件的工作原理，归纳总结出传感器的定义。

3. 科学探究

能根据现象提出恰当问题，进行合理猜想，并通过实验来验证，分析工作原理。

4. 科学态度与责任

在各种传感器的应用例子中，感受到物理知识的实用性、实践性，体会物理学对现代生活和科技社会发展的促进作用，增强将科学服务于人类的社会责任感和使命感。

四、教学重难点

1. 教学重点

（1）通过实验观察与分析常见传感器的工作原理。

（2）知道非电学量转换为电学量的技术意义。

2. 教学难点

了解光敏电阻、热敏电阻等元器件的工作原理。

五、教学策略

1. 教学组织形式

本节课采用学生体验、教师引导与组织、师生共同探究分析的组织形式,在获取物理知识的同时提高学生的科学素养。一方面,通过教师创设问题情境和有效的设问引导,让学生亲历物理知识的构建过程;另一方面,通过教师的演示实验,让学生参与其中,自主分析现象,总结规律。

2. 教学方法

为了突出重点、突破难点,采用以演示法、实验法为主,讲授法为辅的启发式综合教学方法。

(1) 演示法。

通过动画以及自制教具,为学生提供感性认识。通过观察,理解传感器的工作特性,将抽象的模型具体化。

(2) 实验法。

物理是一门以实验为基础的科学。本节课首先通过"仿生向日葵"导入新课,为学生提供丰富的感性认识材料,调动学生的学习兴趣,也为接下来的学习做好铺垫。在探究光敏电阻的工作特性时,利用计算机采集数据并绘制光敏电阻光照特性曲线,从而形象直观地展示出光敏电阻与光照强度的关系图。再利用感温器介绍热敏电阻以及干簧管这两种元器件。

(3) 讲授法。

通过教师形象生动、富于引导式的讲解,辅以演示实验、各种直观教具和现代教学技术,启发学生思维,引导归纳总结得出传感器的定义,使学生的感性认识上升到理性认识。在讲授知识的同时渗透探究的思想,在探究的过程中讲授必要的物理知识。

3. 学法指导

在学法指导上,引导学生观察实验,讨论思考,分析归纳,培养学生的观察能力和科学探究能力,并尝试用所学的物理知识解释生活中传感器的实际应用。这充分体现了"教师为主导、学生为主体"的教学原则。

六、教学用具

光敏电阻、热敏电阻、热水、冷水、干簧管、仿生向日葵、手电筒、磁铁、感温器、计算机等。

七、教学流程

教学流程如图 1 所示。

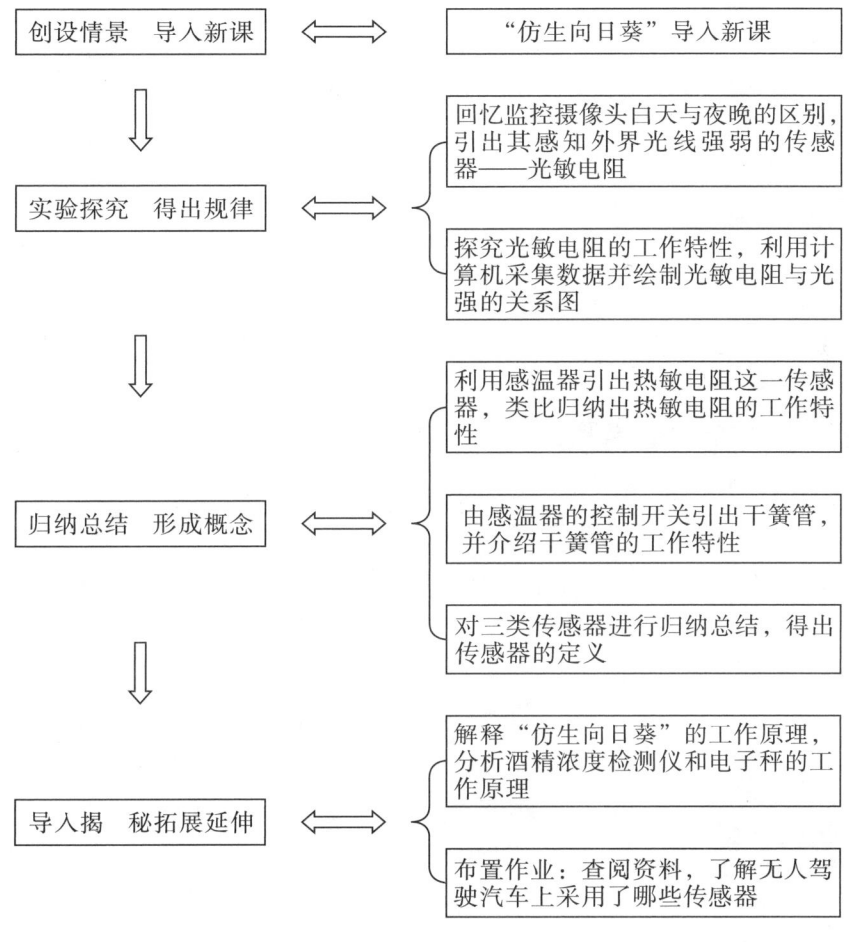

图 1　教学流程

八、教学过程设计

教学过程设计如表 1 所示。

表1 教学过程设计

教学环节和教学内容	教师活动	学生活动	设计意图
【创设情景，导入新课】 演示自制教具"仿生向日葵"。 利用手电筒模拟太阳光，分别从不同方向照射"仿生向日葵"，"仿生向日葵"会跟随手电筒的光而转动	演示自制教具"仿生向日葵"，并向学生提问：为什么向日葵能感知光照的位置？	思考、讨论、分析	利用本节课中要学习的传感器光敏电阻，以有趣的实验现象激发学生的学习兴趣，同时将学生的无意注意转换为有意注意
【实验探究，得出规律】 1. 展示图片。 白天 夜晚	提出问题：日常生活中常见的监控摄像头白天与夜晚状态的区别？	期望回答：监控摄像头白天红外发光管是不亮的，到了晚上红外发光管就亮了。	通过问题启发学生思考"监控摄像头为什么能感知光线的变化"，借助这个现象引出光敏电阻。

续上表

教学环节和教学内容	教师活动	学生活动	设计意图
2. 引出光敏电阻。 监控摄像头中具有能感知光线变化的传感器——光敏电阻。光敏电阻：对光线很敏感。当光敏电阻受到的光照强度发生变化的时候，其阻值就会随之发生变化。	提出问题：究竟是光照越强，光敏电阻阻值越大，还是越小？	思考。	通过提问"光敏电阻与光照的关系"，引发学生的认知冲突，为接下来的实验探究做铺垫。
3. 实验探究光敏电阻的工作特性。 实验电路图，电源、开关、灯泡、光敏电阻，定值电阻连接的简单串联电路。 将内外带有小灯的小盒子盖在光敏电阻上，避免外界光照的影响。 接通电路，利用计算机采集并绘制光敏电阻光照特性曲线。	介绍实验器材。 将小盒子盖在光敏电阻上，并将电路连接到计算机，接通电源，闭合开关。 向学生介绍，关系图中横轴表示光强的变化，纵轴表示电阻的变化。 让学生观察图像的变化趋势。	观察实验的操作过程，并且思考、讨论。 观察。	通过直观形象的光照特性图线，让学生更容易理解与接受光敏电阻与光照强度的关系。

续上表

教学环节和教学内容	教师活动	学生活动	设计意图
4. 现象分析。 通过计算机绘制的图像可以得出光强与电阻的关系。 **总结**：当光照由弱变强时，电阻由小变大。 **原因**：光敏电阻是由半导体材料硫化镉制成的。当光照射到这种半导体材料上时，光敏电阻内的载流子数目增多，电阻减小，导电性增强；光照减弱时，载流子数目减少，电阻就增大，导电性下降。 **归纳**：光敏电阻将光强信号转化为电阻信号的传感器。	提出问题：通过图像可以得出什么结论？ 解释光敏电阻在光照变化的时候电阻会变化的原因。 提出问题：光敏电阻可以将什么变化转换为什么变化？	期望回答：随着光照强度的增强，光敏电阻的阻值变小。 认真听讲，思考 期望回答：光照强度变化转换为电阻大小变化。	 通过实验总结，使学生理解光敏电阻的工作原理。
【归纳总结　形成概念】 1. 演示自制教具感温器。	将敏感元件放入温度不同的水中，放入冷水时小灯发白光，放入热水时小灯变成红色。	观察、思考	引导学生认真观察实验现象，观察感温器中小灯颜色的变化，并鼓励引导学生参与到课堂中。

310

续上表

教学环节和教学内容	教师活动	学生活动	设计意图
2. 引出热敏电阻。 介绍热敏电阻的特点：随着温度的增大，电阻减小。解释感温器的工作原理。接着通过类比分析得出热敏电阻的工作原理。 总结：热敏电阻是将温度信号转化为电阻信号的传感器。 通过感温器的控制开关引出干簧管这一传感器。 3. 引出干簧管。 磁铁靠近时，干簧管磁簧片端点位置被磁化产生相反的极性，从而相吸，因此电路导通。磁场远离时，干簧管磁簧片分离，电路断开。 总结：干簧管是将磁场信号转换为电路通断的一种传感器。 4. 归纳总结 引导学生对上述三类传感器进行归纳总结，得出传感器的定义。	通过感温器中的温度传感器，引出热敏电阻这一元器件，介绍热敏电阻的特点。 提出问题：冷水与热水的区别是什么？ 解释感温器的工作原理并提出问题：热敏电阻是将什么变化转化为什么变化？ 提出问题：怎么打开感温器开关？ 通过对干簧管的内部结构的描述，并引导学生分析磁铁靠近和磁铁远离时对干簧管的影响，提出问题：干簧管是将磁场变化转换为什么？ 进行归纳总结，得出传感器的定义。	 期望回答：温度。 期望回答：温度变化转化为电阻变化。 期望回答：小磁铁。 期望回答：磁场信号转换为电路通断。认真听讲、思考。 思考、认真听讲	 通过对感温器工作原理的解释，使学生理解并归纳出热敏电阻的工作原理。 通过感温器的控制开关引出干簧管这一传感器，再引导学生类比分析出干簧管的工作原理。 总结上述三种传感器的工作原理，进而得出传感器的完整定义，从而突出重点、突破难点。

续上表

教学环节和教学内容	教师活动	学生活动	设计意图
【导入揭秘，拓展延伸】 1. 导入揭秘。 根据传感器的定义，揭秘导入时演示的自制教具"仿生向日葵"的工作原理："向日葵"上有四个光敏电阻分别放在十字挡板隔开的四个区域，当光从不同的方向照射到向日葵上时，隔板会挡住部分光。因此有的光敏电阻受到的光强比较强，有的受到的光强弱，所以电阻就各不相同。通过转换电路测量各个电阻的变化就能判断光源的方向。	回顾导入时的演示教具，结合传感器的知识对"仿生向日葵"的工作原理进行解释。		在本节课的新知识讲解完毕后，揭示课堂开始时的"仿生向日葵"的工作原理，与本节课的知识紧密联系，并解答学生心中的疑惑。
2. 拓展延伸。 （1）酒精浓度检测仪。 当酒精浓度检测仪探测到不同酒精浓度时，示数会发生变化。 总结：酒精浓度检测仪的工作原理是将化学信号转换为电信号。	介绍传感器在日常生活中的其他应用。 提出问题：酒精浓度检测仪是将什么信号转化为什么信号？	期望回答：将化学信号转换为电信号。	进一步巩固学生对本节课知识的学习，使学生学会将所学的知识应用于生活实践中，让学生进一步理解物理学对现代生活和科技社会发展的促进作用。
（2）电子秤。 把物品放在电子秤上，电子秤的示数就会发生变化。 总结：电子秤的工作原理是将压力信号转换为电信号。	提出问题：电子秤的工作原理是将什么信号转换为什么信号？	期望回答：压力信号转换为电信号。	
（3）布置课后作业。 查阅各种资料，了解无人驾驶汽车上采用了哪些传感器以及每种传感器的工作原理	布置作业		通过布置课后作业，提高学生的自主学习能力，将有趣的物理课堂延伸到课外

九、板书设计

板书设计如图 2 所示。

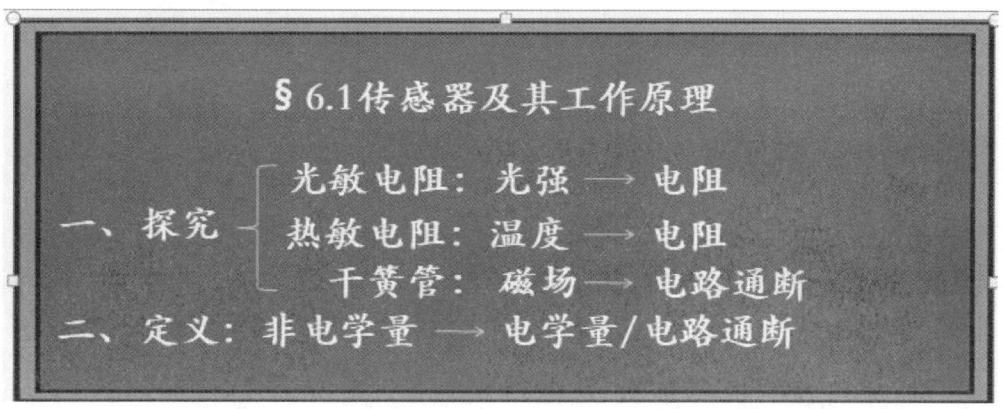

图 2　板书设计

十、创新之处

1. 以演示自制教具"仿生向日葵"导入新课，增加课堂的趣味性

通过一个生动有趣的演示实验导入新课，在与学生互动的过程中活跃课堂的气氛，增加课堂的趣味性，并让学生带着问题进入课堂。

2. 自制教具，配合教学，现象明显

本节课利用多样的教具，具有现象明显、吸引学生注意力等特点。不仅所制的教具可以活跃课堂气氛，增强趣味性，而且在实验探究环节，利用计算机软件采集数据并绘制图线，还能使学生更直观形象地理解知识点，有助于学生突破重点，理解知识，同时让学生感受物理与科技具有密切关系。

3. 教学编排创新

选修 3 系列 2 注重从技术应用的角度展现物理学，突出实验教学。因此本节课的设计思路是光敏电阻→实验探究"光敏电阻与光照强度的关系"→热敏电阻→干簧管→传感器的定义→传感器在生活中的其他应用，让学生先了解常见传感器的工作原理，对传感器有足够的感性认识，最后再总结出传感器的定义，注重实验、注重知识与技术的结合，充分体现物理学的严谨性和逻辑性。

"流体压强与流速的关系" 教学设计

詹清清

【课　　题】流体压强与流速的关系
【教学时间】15 分钟
【教学对象】初中三年级学生
【教　　材】人教版《物理（九年级全一册）》第十四章第四节

一、教学内容分析

1. 教材的地位和作用

本节课是在学习了大气压强、液体压强的基础上引入的。之前学习大气压强、液体压强都是在气体、液体不流动的情况下加以研究，而本节研究流体压强随流速的改变情况则是对之前所学知识的延伸与扩展，同时为接下来浮力的学习做好知识铺垫。虽然内容较为抽象，但在生活中应用十分广泛，对于培养学生观察、思考和理论联系实际的习惯和能力有重要的意义。

2. 课程标准对本节的要求

通过实验探究，初步了解流体的压强与流速的关系。

3. 教材的编写思路

教材用"硬币'跳高'比赛"作为导入，引导学生思考气体压强与流速是否有关系；再通过设计往两张自由下垂的纸的中间吹气的实验，让学生在实验探究中亲自感受和体验，通过观察、分析、讨论、总结，最后得出结论。这样，学生更容易接受。课后用"动手动脑学物理"栏目来提升学生总结的知识，进一步强化，使物理内容与日常生活联系起来。

4. 教材特点

教材在本节设计上有两个特点：第一，注重学生活动，突出实验探究；第二，重视物理知识的应用。

5. 教材处理

人教版教材通过"硬币'跳高'比赛"作为导入，引发猜想，并用往两张纸的中间吹气的实验验证猜想，得出结论，这两个实验都比较简单易行，但实验探究的成分不大，结论的得出过程较为简单。而初三学生学习了二力平衡以及力和压强等知识，可以适当地添加实验现象分析的成分。因此，本节课的实验探究环节将采用更直观、更贴近生活的实验，让学生更好地分析实验现象，得出结论，从而培养学生分析、归纳、总结的逻辑思维能力。

二、学情分析

1. 兴趣特点

初三学生的直接兴趣十分浓厚，有着强烈的操作兴趣，但因果认识兴趣有待加强。因此我从自然界中存在的物理情景入手，来引起学生的注意，以及采用更加直观生动的实验来激发学生的学习兴趣，同时培养其观察能力和分析思考的能力。

2. 知识基础

本节课之前，学生已经学习了大气压强、液体压强等相关知识，并且知道连通器、液压计等相关原理。

3. 认知困难

初中生倾向于从直观形象的事物来获取知识，他们的分析能力比较差，对于实验过程中的一些问题较难理解，因此在教学过程中采用层层引导、层层递进的教学方法引导学生分析现象、总结规律。

三、教学目标

1. 知识与技能

（1）了解流体压强与流速的关系。

（2）了解并能简单解释生活中跟流体的压强与流速相关的现象。

2. 过程与方法

（1）通过实例和演示，锻炼学生的观察能力、实验能力，提高学生的猜想与假设的能力。

（2）通过解释生活中跟流体的压强与流速相关的现象，培养学生理论联系实际、分析解决实际问题的能力。

3. 情感态度与价值观

（1）通过实验探究活动，培养学生科学探究精神，体验解决问题时的喜悦。

（2）通过解释生活中跟流体的压强与流速有关的现象，使学生产生强烈的求知欲，让学生真切地感受到物理的实用性，感受到科学和社会、生活的联系。

四、教学重点

通过实验探究，了解流体的压强与流速的关系。

五、教学难点

（1）通过实验探究，间接分析出流体压强与流速的关系。
（2）利用所学知识解释相关的生活现象。

六、教学策略设计

1. 教学组织形式

本节课以问题为主线，采用教师引导、学生探究的教学组织形式，让学生在体验科学探究的过程中，自主获取物理知识。

2. 教学方法

（1）实验探究法。

本节教学设计注重以问题为主线，把主要内容的教学过程变成一种解决问题和科学探究的过程，让学生按照"发现问题，提出猜想——实验探究，收集证据——分析与论证——得出结论"的过程进行探究。

（2）讲授法。

生动、富有诱导式的讲解，通过阶梯式的提问，与学生对话，激起学生思考，帮助学生建立知识架构，使学生从感性认识上升到理性认识，引导学生进行实验的分析论证和在生活中的应用，以便突出重点、突破难点。

3. 学法指导

在教学过程中，以观察、猜想、实验探究、分析论证、归纳总结的形式，锻炼学生的逻辑思维能力，注重培养学生自主获取知识的能力。首先，激发学生的求知欲，重视学生的猜想；然后引导学生去探索、分析和总结，使学生的学习过程本身构成一个解决问题的过程；最后让学生学会从现象分析问题得出结论的方法和步骤，培养其逻辑思维能力，为以后的物理课学习打下基础。

七、教学用具

多媒体课件、塑料板、吹风筒、乒乓球、支架、三通管、水龙头、塑料桶等。

八、教学流程

教学流程如图 1 所示。

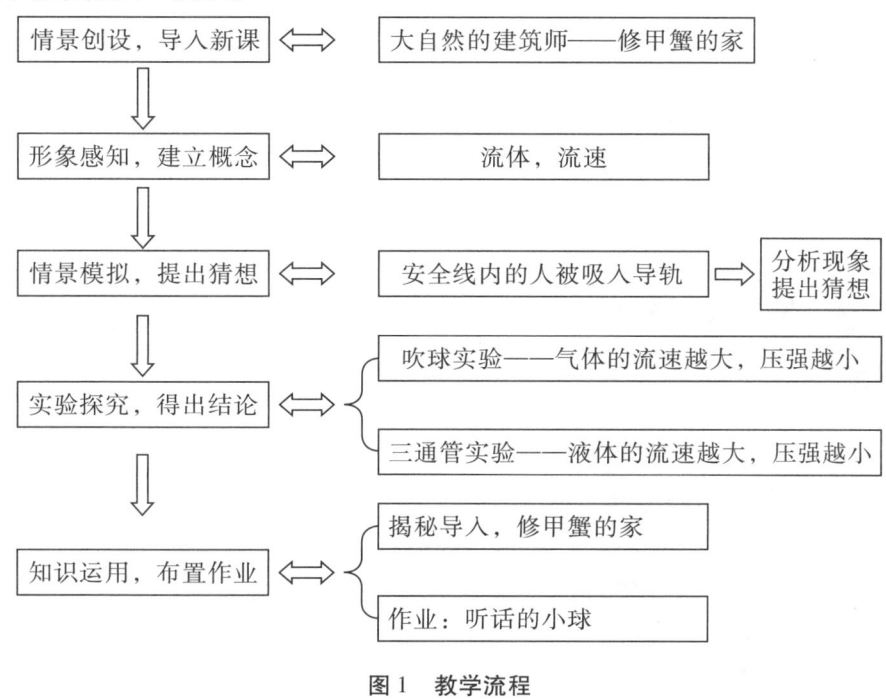

图 1　教学流程

九、教学过程设计

教学过程设计如表 1 所示。

表 1　教学过程设计

教学环节和教学内容	教师活动	学生活动	设计意图
【情景创设，引入新课】 视频——修甲蟹的家。	提问： 修甲蟹为什么要在它们的房子顶部开个小洞呢？	观察、思考、好奇	利用大自然中的建筑师修甲蟹的家，提出问题，设置悬念，激发学生的学习兴趣，引起注意与思考，从而引入新课

续上表

教学环节和教学内容	教师活动	学生活动	设计意图
【形象感知，建立概念】 通过图片展示与复习旧知识，引导学生得出气体和液体的共同点，进而得到流体、流速的定义。	提问： 气体和液体有什么共同点？	期望回答： 都有压强，都能够流动。	回顾知识（不流动时流体的压强），引出课题（流动时流体的压强与流速有何关系）。
1. 图片展示"火车安全线"。	提问1： 我们等车的时候是站在安全线的前面还是后面？ 提问2： 如果人站在安全线的前面，会发生什么情况？ 提问3： 当火车驶过时和火车静止时，安全线前面的空气流动有什么不同点？	期望回答： 站在安全线后面。 期望回答： 人可能会被吸过去。 期望回答： 火车驶过时，安全线前面的空气流速快；静止时，安全线前面的空气流速慢。	利用生活情景，引发学生思考，分析现象，提出猜想，体现"从生活走向物理，从物理走向社会"的教学理念。

续上表

教学环节和教学内容	教师活动	学生活动	设计意图
2. 情景模拟：通过吹风筒吹风模拟当火车驶过时安全线前面的空气流动，用塑料板模拟站在安全线前面或者是后面的人，让学生观察当火车驶过时，会产生什么现象。 结合二力平衡与前面学习的气体压强的有关知识分析火车驶过时，安全线前面的人向前倾倒的原因，引导学生提出猜想。 【实验探究，得出结论】 1. 探究气体的压强与流速的关系 实验一： 往两球中间吹气，观察两球的运动情况。	演示实验，引导学生观察实验现象。 提问4：气体的压强与流速可能存在怎样的关系？ 提问1：往两球的中间吹气，如果刚才同学们的猜想正确的话，两球会发生怎样的运动？ 归纳总结，引导学生得出结论。	观察、思考、疑惑。 期望回答：对于气体，流速越大的地方，压强越小。 期望回答：两球会向中间靠拢。 分析现象，得出结论：对于气体，流速越大的地方，压强越小。	通过对生活情景的实验模拟，验证学生之前的对安全线前面的人可能被吸进导轨的猜想，进而采用步步诱导，循序渐进的讲授法，引导学生提出新的猜想。 引导学生从以上两个气体的实验得出结论，培养学生归纳总结的能力。

续上表

教学环节和教学内容	教师活动	学生活动	设计意图
2. 探究液体的压强与流速的关系。 实验二： 通过水龙头改变通过三通管的水流速度大小，让学生观察当通过三通管的水流速度发生变化时，液柱的高低变化情况，从而探究压强与流速的关系。 现象1： 当通过三通管的水流速度慢慢增大时，液面慢慢地下降了。 现象2： 当通过三通管的水流速度越来越小时，液面慢慢地升高了。 分析：根据A点的压强与液面的高度有关，当液面的高度越高，A点的压强越大；液面的高度越低，A点的压强越小。通过观察液面的高度变化，间接分析出当通过A点的流速发生变化时，A点压强的变化。 结论： 对于流体，流速越大的地方，压强越小。	提问1： 由以上的实验现象，我们可以得到怎样的结论？ 提问2： 由这个实验现象，我们又可以得到怎样的结论？	期望回答： 液体的流速越大，压强越小。 期望回答： 液体的流速越小，压强越大。	采用简单生动的三通管实验，实验现象直观明显，有助于学生更好地理解知识，总结规律。

续上表

教学环节和教学内容	教师活动	学生活动	设计意图
【知识运用，布置作业】 1. 揭秘导入。 利用本节课学习的知识解释导入修甲蟹房子顶部为何开个小洞的问题。 2. 布置作业 播放视频，让学生课后思考乒乓球为什么会听从指挥，跟着水管左右摆动	结合视频进行讲解	观察、思考、理解。 观察、思考、好奇	用所学知识解释导入时设置的悬念，一方面揭开奥秘，起到首尾呼应的作用；另一方面巩固知识，培养学生学以致用的能力。 利用有趣的实验，激发学生课后自主学习的兴趣，使学生学有余味

十、板书设计

§14.4　流体压强与流速的关系

一、定义
　　流体
　　流速

二、结论
　　流体的流速越大，压强越小。

图 2　板书设计

十一、创新之处

1. 改进实验装置、形象生动，便于学生分析现象，理解知识

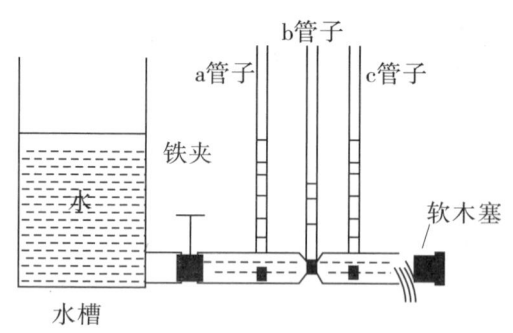

图 3　原实验装置

三通管实验是本教学设计的亮点。与原实验相比，此装置通过直接用学生日常生活非常熟悉的水龙头改变通过横管的流速，比原实验通过分析粗、细管的流速大小关系更简单直观，能使学生更容易理解。此外，当流速变化时，液面高低变化十分明显，

而且有动感，更能引起学生的注意、兴趣与思考。

2. 贴近生活，情景教学

本节课从导入到实验探究都紧密联系生活。导入中介绍修甲蟹即动物的房子构造，更符合初中生的趣味特点，更容易激发其学习兴趣。气体的探究实验中，学生通过实验探究了解安全线内的人会被吸进导轨的情景，有助于提高学生的安全意识。此设计遵循了"从生活走向物理，从物理走向社会"的新课标教学理念。

"光的色散" 教学设计

姚慰生

【课　　题】光的色散
【教学时间】45 分钟
【教学对象】初中二年级学生
【教　　材】人教版《物理（八年级上册）》第二章第五节

一、教学内容分析

1. 教材的地位和作用

"光的色散"是对前面光的反射、折射等知识的应用，同时也是对光传播规律的进一步升华。教材内容紧贴生活，有很强的趣味性和科学探究性，有利于培养学生的认知水平和实验探究能力，其对日后更高层次的学习乃至独立实验探究能力的养成均具有非常积极的意义。

2. 课程标准对本节的要求

通过实验探究，了解白光的组成和不同色光混合的现象。

3. 教材的编写思路及处理方式

教材设计上利用调酒魔术作为导入，引导学生思考酒杯变颜色与什么因素有关系，从而激发学生的好奇，引发学生的思考，为接下来引入本节课课题做好准备；

在新课讲解中，首先向学生介绍牛顿对光色散现象的发现，并同时通过课堂演示白光色散实验来进一步说明问题，重复牛顿的实验探究过程；然后利用自制色光混合演示仪进行当堂实验演示，得出红、绿、蓝三种色光为光的三原色的结论，接着利用揭秘导入部分的魔术和彩色透光卡纸巧妙配合投影仪的实验探究，来得出透明物体和不透明物体的成色原因，从而突破本节课的重难点；最后联系生活列举出生活中的一些常见例子来进行一一解说，使学生感受到物理来源于生活，生活中处处有物理，并于课堂结束前布置课后作业让学生课后思考讨论，从而达到延伸课堂、巩固新知的目的。

本节课通过观察、思考、动手、讨论等方式，最后总结归纳得出结论，这样使得学生在学习过程中更容易接受。此外，课堂结束时用"知识应用"的实例思考题来提升学生运用知识解决所学知识的能力，进一步强化其所学内容，使物理内容与日常生活紧密联系。

本节课的实验探究环节将采用更直观、更贴近生活的实验，让学生更好地分析实验现象，得出结论，从而培养学生分析、归纳、总结的逻辑思维能力。

4．教材特点

教材在本节设计上有两个特点：第一，注重学生活动，突出实验探究；第二，重视物理知识的应用。

二、学生情况分析

1．能力特点

初二学生的好奇心都比较强，对新事物都具有强烈的学习兴趣，并且具有一定的实验能力和思考分析能力。

2．知识基础

学生在此之前已经学习了光的传播、反射和折射等知识。

3．认知困难

由于初二的学生才刚刚接触物理，对光现象的认知还是相对比较肤浅的。

三、教学目标

1．知识与技能

（1）了解光的色散；

（2）知道光的三原色；

（3）并能运用所学知识解释生活中的相关现象。

2．过程与方法

在课堂的实验演示及自主实验探究的过程中：

（1）学会思考分析和观察现象；

（2）学会基本的实验探究方法。

3．情感态度与价值观

（1）激发学生的好奇心；

（2）培养学生的科学探究精神和对科学的求知欲；

（3）让学生感受物理的实用性并培养其对物理的学习兴趣。

四、教学重难点

对光的三原色及物体颜色成因的实验探究。

五、教学策略设计

1. 教学组织形式

采用探究与讲授相结合的启发式教学方法,目的是让学生通过观察、思考、动手探究和讨论的方法,使其真正成为课堂的主人。

2. 教学方法

(1)实验探究法。

本节教学设计注重以问题为主线,把主要内容的教学过程变成一种解决问题和科学探究的过程,让学生按照"发现问题,提出猜想——实验探究,收集证据——分析与论证——得出结论"的过程进行探究。

(2)讲授法。

生动、富有诱导式的讲解,通过阶梯式的提问,与学生对话,激起学生思考,帮助学生建立知识架构,使学生从感性认识上升到理性认识,引导学生进行实验的分析论证和在生活中的应用,以便突出重点、突破难点。

3. 学法指导

在教学过程中,以观察、思考、动手、讨论等形式,锻炼学生的逻辑思维能力。注重培养学生自主探究和讨论合作的方式来获取知识的能力。首先,激发学生的求知欲,重视学生的猜想,同时引导学生去探索、分析和总结,使学生的学习过程本身构成一个解决问题的过程,并且让学生学会从现象分析问题得出结论的方法和步骤,培养其逻辑思维能力,为以后的物理课学习打下基础。

六、教学用具

调酒魔术杯、自制色光混合演示仪、三棱镜、白色激光手电筒、透光彩色卡纸。

七、教学流程

教学流程如图 1 所示。

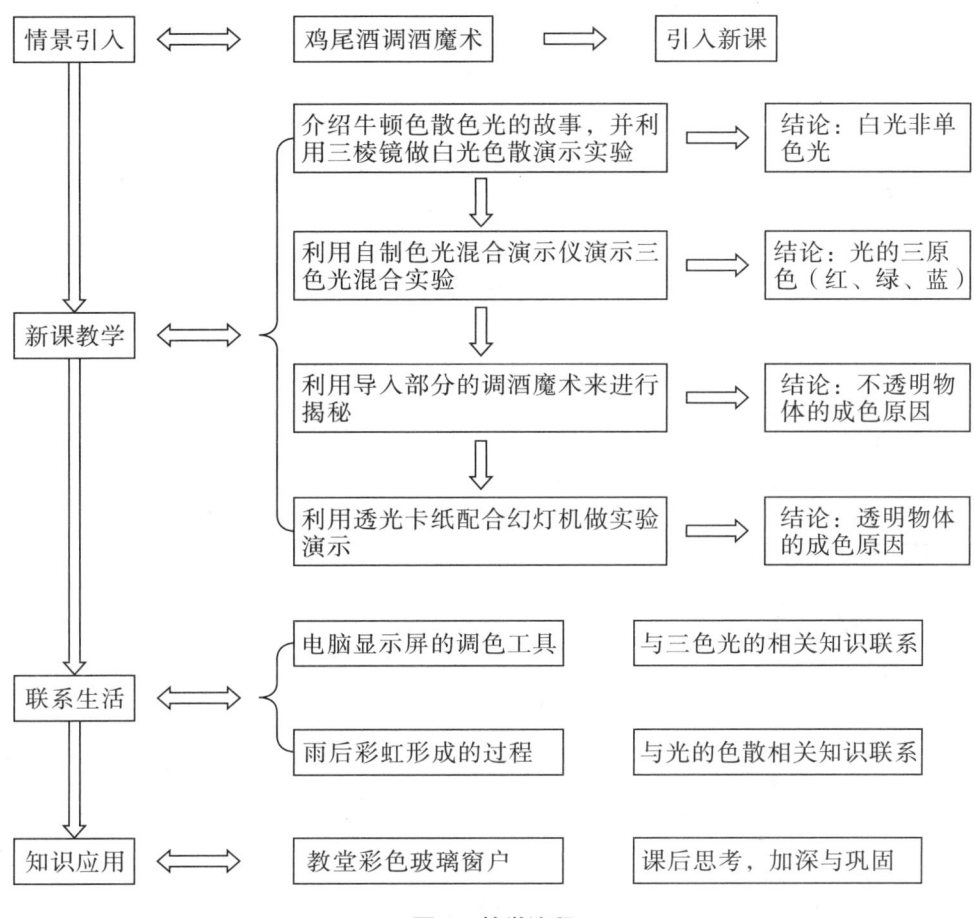

图1　教学流程

八、教学过程设计

教学过程设计如表1所示。

表1　教学过程设计

教学环节和教学内容	教师活动	学生活动	设计意图
【情景引入】 鸡尾酒调酒魔术。	提问： 老师靠的是什么方法和原理来调出这么多种颜色的酒呢？	惊讶，观察、思考、好奇	利用鸡尾酒调酒魔术来引出课题，提出问题，设置悬念，激发学生的学习兴趣和好奇心，从而为引入本节课的课题做好充分准备

续上表

教学环节和教学内容	教师活动	学生活动	设计意图
【新课教学】 1. 光的色散。 首先,向学生介绍牛顿对光色散现象的发现,让学生了解17世纪前人们对白光是一种单色光的理解,直至1666年牛顿利用三棱镜色散白光,从而打破了人们的一贯错误认识。 接着,利用三棱镜来色散太阳光,以此来利用实验向学生解释光的色散现象,也同时重复牛顿的实验过程。	通过详细讲解,让学生了解相关的物理学史,并同时配合学生做三棱镜色散白光的实验,得出相关结论。 提问1: 前面我们学习了光的折射。我们知道,光线在通过两种介质时会发生什么现象呢?	 期望回答: 会发生折射。	通过讲述与本节课知识点相关的物理学史,有助于学生了解伟人的相关历史发现历程,从而也为接下来做实验探究做好铺垫。 通过实验探究的方式,让学生直观易懂地观察实验,得出相关结论。
在实验中,教师选择利用一束高聚光手电筒发出的白光来模拟太阳光。当将一束白光射入三棱镜时,学生不难从白色纸屏上看到一道彩虹。	提问2: 当我们将白光射过三棱镜时,我们可以在显光屏幕上看到什么呢?	期望回答: 可以看到一道彩虹。	实验探究的目的在于提高学生的动手、观察、总结和归纳等相关能力,对提高其综合物理素养有很大帮助。

续上表

教学环节和教学内容	教师活动	学生活动	设计意图
这时，教师通过讲解，学生可以了解得知，由于各种色光在通过不同介质的时候其折射率有所差别，因此在通过三棱镜后的白光被分解成为红、橙、黄、绿、蓝、靛、紫等多种颜色的色光，从而得出实验结论："白光不是单色的光，而是由各种色光混合而成的。" 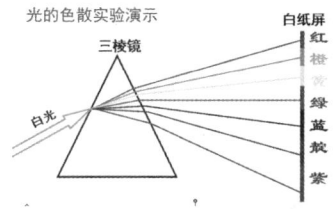 当课堂进行到这里，学生难免会提出疑问："既然光能发生色散，那光可以混合吗？"答案是肯定的！这样子的设问有利于为引入下一环节"色光的混合"做好顺畅的过渡。 2. 色光的混合。 在色光的混合这一部分，教师通过自制的色光混合演示仪来向学生展示色光混合的实验现象。这是三支分别能发出红、绿、蓝三种不同色光的高聚光手电筒。教师将三支手电筒通过可旋转夹子固定在同一水平面上，并用手电筒前面的白色显光屏来显示色光混合的实验现象。	提问3： 既然光能发生色散，那光可以混合吗？ 教师先向学生介绍教具的用法；接着调动手电筒，将各个色光的手电筒两两混合，得出实验现象；最好一次混合是三支手电筒的光一起混合。	观察、思考、讨论。 思考、疑惑。 学生通过教师的色光混合实验得出的相应颜色，配合教师回答出相关的颜色。	设计上使得整个结构过渡自然顺畅。 本环节采用富有创意和创新意识的实验器材，目的旨在方便配合教师在物理课堂教学中向学生演示三色光混合实验，其能让学生通过直观而形象的方式来解决平时课堂所难以展示的实验现象，并力求通过实验的演示，将对应的知识点化抽象为形象，化间接为直观。

续上表

教学环节和教学内容	教师活动	学生活动	设计意图
自制三色光混合演示仪实物图 色光混合实验表格 | 红绿蓝色光组合	新色彩 | | 红光＋绿光 | 黄色 | | 红光＋蓝光 | 品红 | | 绿光＋蓝光 | 靛青 | | 红光＋绿光＋蓝光 | 白色 | 教师告诉学生，通过人们探索发现，红、绿、蓝三种色光，按不同比例混合，可以产生各种颜色的光。 结论： 红光、绿光、蓝光三种色光叫色光的三原色（三基色）。 3. 物体的颜色。 教师将利用导入部分的趣味魔术揭秘来引出不透明物体的颜色成因。 魔术揭秘 引出新知	提问4： 通过这个实验，同学们还发现一个什么现象？ 提问5： 大家可以看到这是红、绿、黄三个不同颜色的反光板，当白光照射在反光板时就能反射出对应颜色的色光。比如说这是一块红颜色的反光板，当白光射入反光板时，反射出的是光红，所以大家的眼睛就能观察到什么色光呢？	观察、思考、动手、讨论。 期望回答： 老师，我发现你一直都在用红、绿、蓝三种色光来进行混合，这是巧合还是你有意为之的呢？ 期望回答： 老师，我们观察到红颜色。	力求通过实验演示的方式，让学生多观察、勤讨论，同时配合教师的引导来得出三色光的概念和结论。 利用导入部分的趣味魔术揭秘来引出不透明物体的颜色成因，使得整个教学设计前后呼应，结构紧密完整。

续上表

教学环节和教学内容	教师活动	学生活动	设计意图
教师让学生揭秘魔术，让其可以看到原来魔术是使用红、绿、黄三个不同颜色的反光板，当白光照射在反光板时就能反射出对应颜色的色光。所以大家的眼睛就能观察到对应放光卡纸的颜色。如果教师这时将这些反光板放入装有水的酒杯中，大家就可以看到杯里的水被变成各种颜色了。通过这样一个魔术的揭秘，我们可以得出结论，即： 不透明物体的颜色是由它反射的色光所决定的。 **魔术揭秘原理图** 分析： 由于不透明而带有颜色的反光卡纸能够将白光中的其他颜色色光吸收，仅让其对应颜色色光通过，因此人眼通过观察，就能看到其对应颜色。			

续上表

教学环节和教学内容	教师活动	学生活动	设计意图
接着,教师引导学生一起跟着其用投影仪来再做一个透光卡纸显示色光实验。 **透明卡纸配合投影仪做实验** 为了使实验效果更加明显直观,教师将PPT背景设置为黑色,同时利用投影仪引入一道白色光线。当分别将红、蓝、绿三种颜色的透明卡纸挡住白光时,学生看到原本显示白色的屏幕位置变成了对应卡纸的颜色,如果人眼在卡纸后面观察时,就可以看到对应颜色的色光了。因此,通过这个实验所观察得出的现象,我们不难得出以下结论:透明物体的颜色是由其通过的色光所决定的。 分析:由于透明而带有颜色的卡纸能够将白光中的其他颜色色光吸收,仅让其对应颜色色光通过,因此,人眼通过观察,就能看到其对应颜色。	提问6: 既然不透明的物体的颜色是由它反射的色光所决定的,那透明物体的颜色又取决于什么因素呢? 提问7: 当老师将对应颜色卡纸挡在投影仪发出的白光束前面时,你能观察到什么颜色的色光通过卡纸照在屏幕上?	疑惑、猜疑、思考。 期望回答: 对应卡纸的颜色的色光。	采用透光卡纸配合投影仪进行进一步实验演示,使得多媒体教学平台能充分应用于教学中,并再一次引出透明物体颜色成因的概念。

续上表

教学环节和教学内容	教师活动	学生活动	设计意图
【联系生活】 1. 电脑显示屏幕上的调色工具。  到了这里学生已经将本节课的知识学习得差不多了，教师将在此举出生活中一些常见例子来进行详细解说。 首先，最典型的是我们日常生活中常用计算机里面的调色工具，当打开电脑调色软件时，学生发现，电脑上显色屏上的各种各样的颜色也是由红、绿、蓝三种颜色按不同比例调配得到的结果，因此，电脑显示屏上的颜色也是由红、绿、蓝三种基色按不同比例调出来的。 2. 彩虹形成的过程。 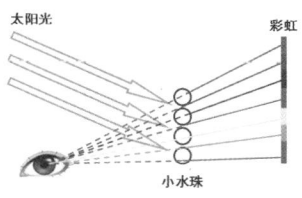 **彩虹形成原理图**	提问8： 如果老师将鼠标移动到不同颜色的位置，红、绿、蓝三种基色的比例也会随着鼠标所在位置颜色的变化而有所变化吗？ 提问9： 在小水珠色散三棱镜时，我们可以把小水珠类同于前面色散白光的什么实验器具呢？	期望回答： 改变！ 期望回答： 三棱镜。	带领学生联系生活，并举出电脑显示屏上的调色工具和雨后彩虹形成的过程等例子来进行一一解说，让学生感受到物理来源于生活，生活中处处有物理，从而加深其对知识的理解，进而巩固新课的学习内容。

续上表

教学环节和教学内容	教师活动	学生活动	设计意图
【知识应用】 最后,教师请学生欣赏这两张图片。这两张图片出自西方教堂,都是向我们展示西方教堂的彩色玻璃窗户,请学生课后利用我们本节课所学知识内容去思考这样一个问题,为什么教堂的窗户能够呈现给我们如此美丽的图案呢?带着这个问题课后去讨论,老师下节课再进行详细解说 教堂的彩色玻璃窗1 教堂的彩色玻璃窗2	提问10: 请同学们课后利用我们本节课所学知识内容去思考这样一个问题,为什么教堂的窗户能够呈现给我们如此美丽的图案呢?	思考、讨论、好奇。	通过图片的展示,教师向学生抛出问题,为什么教堂里的彩色窗户能呈现给我们如此美丽的图案呢?并将这部分内容布置成作业,让学生利用本节课所学到的知识在课后进行思考讨论,并解释说明,从而使得课堂得到进一步延伸

九、板书设计

板书设计如图 2 所示。

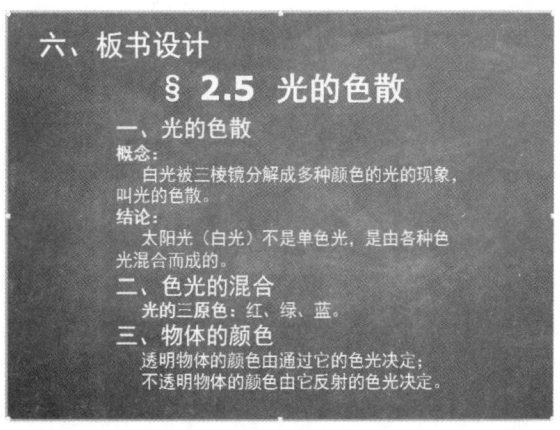

图 2　板书设计

十、创新之处

1. 三色光混合演示仪设计简介

本实验器材设计的目的旨在方便配合教师在物理课堂教学中向学生演示三色光混合实验,其能让学生通过直观而形象的方式来解决平时课堂所难以展示的实验现象,并力求通过实验的演示,将对应的知识点化抽象为形象,化间接为直观。同时,实验器材在设计上的便携性、易操作性和直观性以及实验器材取材的廉价性也使得本实验演示仪在中学物理课堂的广泛应用和推广得到有力的保障。

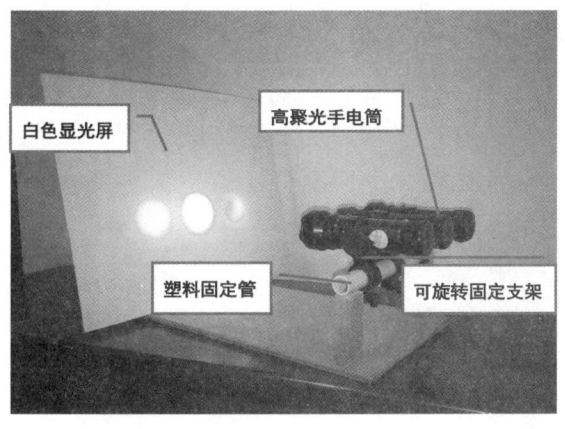

图 3　教具设计

三色光混合演示仪由三支分别能发出红、绿、蓝三种基色光的高聚光手电筒及相关支架和白色显光屏幕组成，设计上是将三支手电筒通过可旋转夹子固定在同一水平面上，并在手电筒的前端放上一个白色显光屏幕。

当打开手电筒将其发出的色光投影在白色屏幕上时，旋动固定夹子，使得色光打在屏幕的同一位置进行混合，然后观察实验现象和记录下实验结果。

我们可以知道，红、绿、蓝是色光的三原色，本实验的原理就是利用光的三原色来对色光进行混合。通过打开相对应的色光手电筒并旋动固定夹子让色光进行混合，学生可以在显光屏上非常直观和形象地观察到混合后的各种对应的颜色。同时，手电筒也可以调节发光强弱档次，让混合的色光比例发生改变，使得实验效果和实验现象更加多样化。

本实验教具的设计较为简单且富有创意，能很好地让教师在课堂上向学生展示三原色色光混合的实验现象。同时，从取材上的廉价性、器材携带上的便携性、器材使用上的易操作性和实验过程中实验现象的明显程度等特点也使得教具在中学物理课堂的广泛推广成为可能。

2. 魔术导入部分的创新思想

本教学过程利用调酒魔术作为趣味导入，有利于激发学生的好奇心，同时在揭秘过程中也可以使得整个结构完整紧密，前后呼应，得出相关知识概念。

3. 投影仪配合透明卡纸的实验探究

利用投影仪配合进行课堂的实验探究，使得整个教学过程内容安排和创新方面体现得淋漓尽致，并且充分利用到教学中的相关已有器材，使得实验探究变得简单、直观、易懂。

"探究平面镜成像的特点" 教学设计

张晓纯

【课   题】探究平面镜成像的特点
【教学时间】15 分钟
【教学对象】初中三年级学生
【教   材】人教版《物理（八年级上册）》第二章第三节

一、教学内容分析

1. 教材的地位和作用

平面镜成像是人教版物理八年级上册第二章第三节的内容。"探究平面镜成像特点"是在学习了光的直线传播、光的反射定律的基础上编排的，是对光的反射定律的应用，也是学生首次接触"像"的概念。同时它是为后面进一步学习凸面镜、凹面镜做铺垫。平面镜与生活联系密切，平面镜的现象随处可见，在生活生产中应用广泛。本节内容的学习有利于培养学生通过观察和实验来研究物理问题的思想和方法，初步培养学生探索科学的能力，同时开拓学生的眼界，提高学生运用知识解释现象、解决实际问题的能力，很好地体现了新课程中"从生活走向物理，从物理走向社会"的理念。

2. 新课标要求

通过实验，探究平面镜成像时像与物的关系。

3. 教材处理

该部分内容在教材中是以实验探究的形式出现的，先提出问题，然后是设计实验和进行实验，最后分析实验现象，归纳出平面镜成像的特点。

4. 教材的特点

本节课重视实验探究，给学生经历科学探究过程提供很好的途径，是培养学生发散思维、进一步提高学生科学素养的好素材。

二、学情分析

1. 知识基础

初二的学生在上一节已经学习了反射的概念，对反射的特点和规律已有一定的认识，而且对平面镜非常熟悉。

2. 认识特点

初二的学生正处在形象思维阶段，即从具体形象思维向抽象思维的过渡，所以在归纳总结规律时有一定的难度。

三、教学目标

1. 知识与技能

（1）了解平面镜成像的特点；

（2）理解平面镜在实际中的应用。

2. 过程与方法

通过实验探究平面镜成像特点的过程，初步学会科学的实验探究方法，培养观察与思考的能力。

3. 情感态度与价值观

（1）联系生活现象，领略物理现象的美妙与和谐；

（2）培养学生实事求是的科学态度，获得发现成功的喜悦。

四、重点难点

1. 重点：通过实验，探究平面镜成像特点。

2. 难点：分析实验现象，归纳总结出平面镜成像的特点。

五、教学法

1. 教法

（1）演示法。

在导入新课环节，演示自制教具"神奇的小屋"，吸引学生的注意力，并成功导入新课。而在课堂延伸环节，演示万花筒，向学生展示万花筒的神奇之处。

（2）实验法。

探究平面镜成像的特点是本节内容的重点部分。在这部分我主要采用实验法，使学生从具体、形象的实验中获取新知识，加深印象，突出本节课教学的重点，体现以学生为主体的教学理念。

（3）讲授法。

根据实验现象分析归纳平面镜成像的特点是本节课的难点，因此我在分析实验现象，归纳总结平面镜成像的特点时，采用引导性的讲解方式，结合实验现象、直观教具，启发学生的思维，使学生逐步从感性认识上升到理性认识，进而突破本节课教学的难点，体现以教师为主导的教学理念。

2．学法

在教师的指导下引导学生联系生活实际，注重培养学生观察与思考的能力、从实验中掌握科学研究方法。

六、教学用具

多媒体课件、自制万花筒、玻璃板、平面镜等。

七、教学流程

教学流程如图1所示。

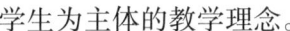

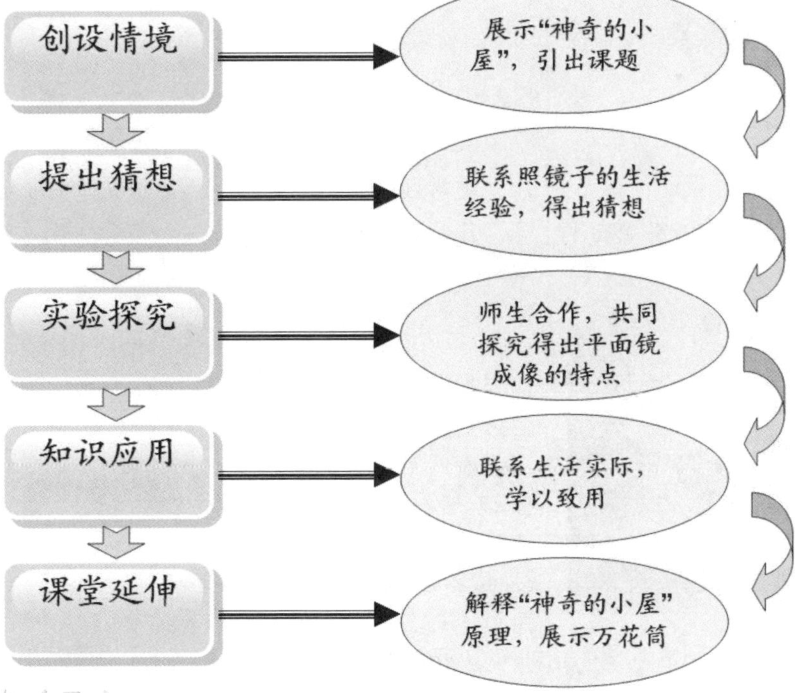

图1　教学流程图

八、教学过程设计

教学过程设计如表1所示。

表1　教学过程设计

教学环节和教学内容	教师活动	学生活动	设计意图
【创设情境】 展示自制教具"小屋子"。	向同学们展示"神奇的小屋" 提问：为什么有了这两个放置在中间位置的平面镜，残缺的屋子就能变完整呢？平面镜成像有什么特点呢？	观察、思考、好奇	①创设情境，通过展示"神奇的小屋"给学生视觉上的冲击，并设下疑问引入课题，从而吸引学生的注意，激发学生的学习兴趣。 ②紧扣课题，为学习新知识做好充分的准备
【提出猜想】 让学生联系照镜子的生活经验，引出像的概念，并让学生猜想平面镜成像时像与物的关系	演示：移动物体，引导学生观察平面镜里像的运动。 提问1：根据生活经验，同学们猜想物与像到镜面的距离应该是什么情况？ 提问2：当我们照镜子时，像是变大还是变小，还是不变？	思考 ①回答：相等。 ②回答：不变	联系照镜子的生活经验，情景模拟，形象具体，使猜想有理有据

续上表

教学环节和教学内容	教师活动	学生活动	设计意图
【实验探究】 师生合作，寻找一个可以与像重合的小模型。	1. 移动物体，并让学生观察像与物到镜面的距离。 分析实验现象，得出结论：物与像到镜面的距离相等，且连线与镜面垂直。 2. 尝试不同大小的模型，和学生一起寻找和像重合的模型。 分析实验现象，得出结论：物与像大小相同	观察、思考、回答	1. 彩色的小模型代替蜡烛，这样比较安全，又可以解决蜡烛因燃烧而变短的问题。 2. 用坐标板来代替白纸，学生通过数格子就能知道物与像到镜面的距离，便于观察与测量，节省时间，而且现象直观、明显
【知识应用】 平静的水面相当于平面镜，水中倒影即为像。	简单介绍湘子桥，分析倒影相当于平面镜成像中的像，平静的水面相当于平面镜。	思考、回答	简单介绍中国四大古桥之一湘子桥，开拓学生的眼界，丰富学生的课后知识，同时也让学生领略平面镜成像的和谐与美妙

续上表

教学环节和教学内容	教师活动	学生活动	设计意图
潜望镜。	向学生介绍潜望镜的原理。	观察、思考。	介绍能改变光路的潜望镜,从而让学生领略平面镜的巧妙运用。这样不仅使学生对平面镜有更加深入的了解,同时也有效激发学生课后探索的欲望。
拓宽空间。	向学生展示图片,简单讲解。	观察、思考。	介绍现代家居设计中巧妙利用平面镜来拓宽空间,拓宽学生的知识面,也真正体现从生活走向物理。同时引导学生发现生活中的物理现象,让学生体会到物理是一门与生活紧密联系的学科。
舞蹈室。	向学生展示图片,简单讲解。	观察、思考。	介绍舞蹈演员可以利用平面镜来纠正他们的舞姿,拓宽学生的知识面,让学生深刻认识到,生活处处有物理。
光污染。	简单介绍光污染	观察、思考。	引导学生用一分为二的观点看待问题,并思考如何充分利用优点,减少危害

续上表

教学环节和教学内容	教师活动	学生活动	设计意图
【课后延伸】 	解释课前提出问题："为什么有了这两个放置在中间位置的平面镜，残缺的屋子就能变完整呢？"	思考、回答、观察	用所学知识解释课前的疑问，一方面揭开奥秘，起到首尾呼应的作用；另一方面巩固知识，培养学生学以致用的能力。
	播放自己拍摄的万花筒的视频		向学生展示万花筒的神奇之处，给学生视觉上的冲击，激发学生课后动手动脑的兴趣

九、板书设计

板书设计如图 2 所示。

§2.3 探究平面镜成像的特点

一、像

二、平面镜成像的特点
- 物与像到镜面距离相等
- 大小相同
- 物与像的连线与镜面垂直

三、应用

图 2　板书设计

十、创新之处

1. 原创素材新颖，自制教具精美

本节课的教学设计十分合理，循序渐进，符合学生的认知规律，原创素材新颖，自制教具精美环保，寓科学性和教育性于整个教学过程中，体现新课标的要求。

（1）自制"神奇的小屋"。

自制一个背后挖空的屋子，学生从正面看时，是一个底部方形的完整屋子，如图3所示，有效启发学生的学习兴趣，让学生带着问题走进课堂，同时也启发学生可以利用平面镜来拓宽空间，让学生意识到生活处处有物理。

图3　神奇的小屋

（2）自制万花筒。

自制万花筒，如图4所示，并让其一端对着电脑屏幕，另一端放置相机，不断移动万花筒，并拍录下来，带给学生视觉上的冲击，体会到平面镜的神奇之处，激发学生的学习兴趣，培养学生课后动手动脑的习惯。

图4　万花筒

2. 创造性地改进实验装置，使现象明显、直观，增加实验的趣味性

由于蜡烛燃烧会使其变短，而且存在一定的安全隐患，同时测量数据又比较枯燥和繁琐，因此，我对课本中的实验加以改造。

（1）我用彩色的小模型代替蜡烛，这样比较安全，又可以解决蜡烛因燃烧而变短的问题。

（2）用坐标板来代替白纸，学生通过数格子就能知道物与像到镜面的距离，现象直观、明显。如图5所示。

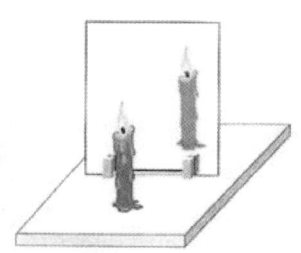

图2.3-1 探究平面镜成像的装置

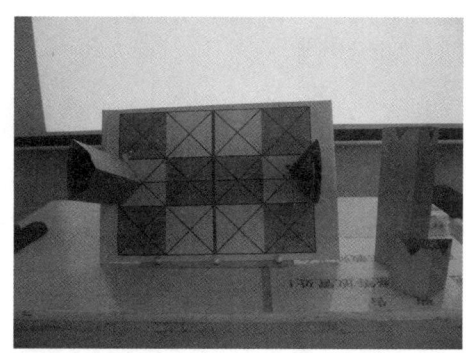

图5 坐标板